문학의 새로운 이해

문학의 이동과
움직이는 좌표들

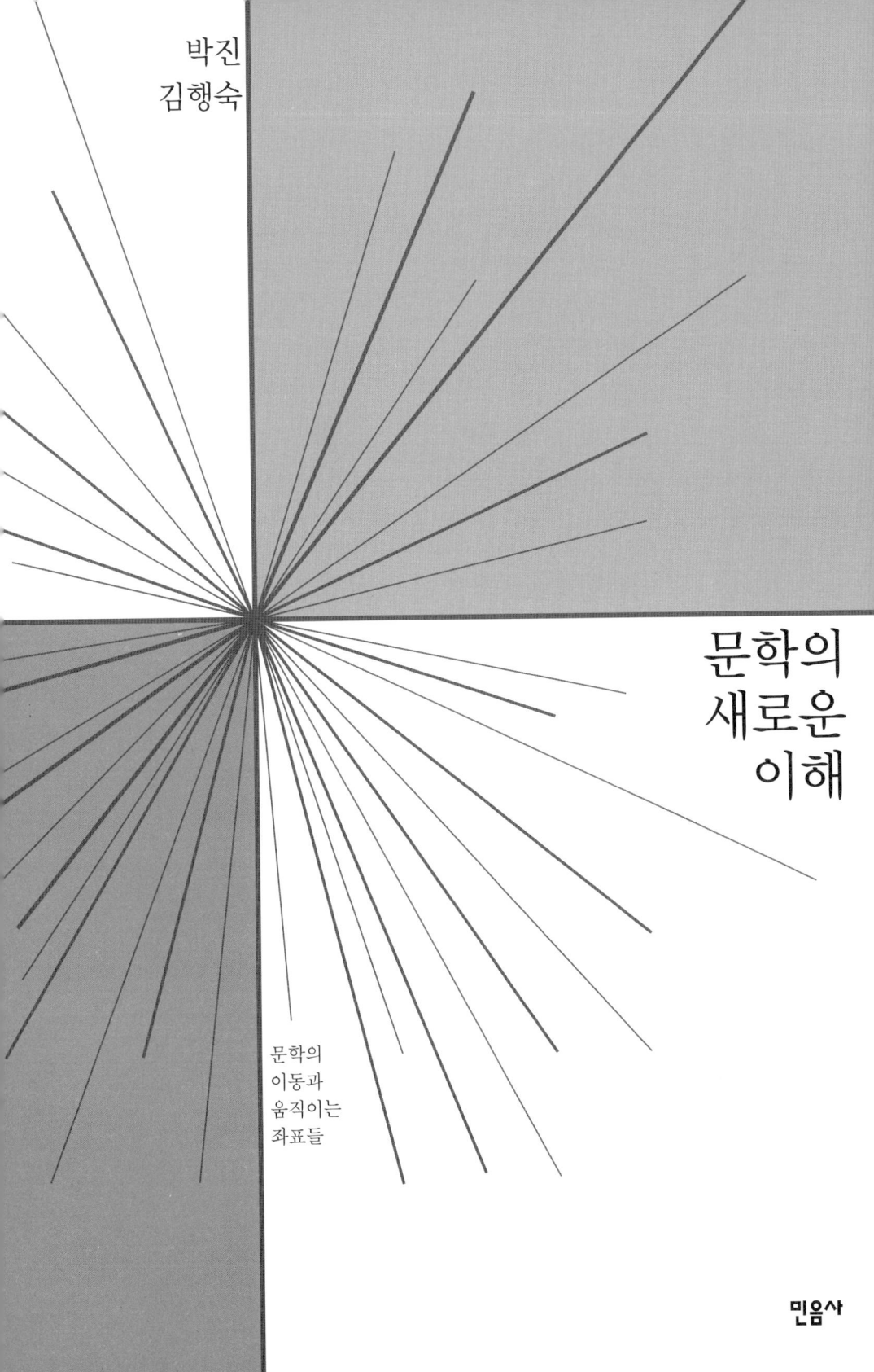

초판 서문

'문학이란 무엇인가'라는 익숙하고 오랜 질문이 지금은 전혀 다른 의미에서 새롭고 문제적인 것이 되었다. 이제까지 자명하게 받아들여 왔던 문학의 본질과 가치와 위상 등에 대한 믿음이 의문에 부쳐지고, 문학의 개념은 오늘날 전면적으로 새로이 구성되고 있기 때문이다. 문학이라 불리던 배타적인 영역은 지금, 한편으로는 다양한 매체를 통해 폭발적으로 양산되는 허구적인 이야기와 이미지들 속으로, 다른 한편으로는 그동안 비허구적인 것으로 분류되어 왔던 온갖 종류의 글쓰기들 속으로 스며 들어가고 있다.

이제는 상투적이 되어 버린 '문학의 죽음'이라는 말은 다들 알고 있던 기존의 문학 개념이 더 이상 유효하지 않음을 선언적으로 말해 준다. 그렇지만 문자 그대로 문학이 죽었다고 한탄하는 목소리에는 과거적인 의미의 문학만을 인정하는 완고한 태도가 깔려 있다. 문학이 과거의 영예와 독보적인 지위를 더 이상 누리지 못하고 고유한 영역을 상실하게 될 바에야 차라리 명예롭게 자결이라도 하기를 바라는 것일까? 그들에게 "문학은 움직이는 거야."라고 말했다가는 신성 모독이나 명예 훼손쯤으로 여겨질지도 모른다.

　우리는 과거의 문학이 죽었는지, 빈사 상태인지, 아니면 소생 가능성이 있는지 하는 것에는 별로 관심이 없다. 우리의 관심사는 바로 지금 문학이 어디에 있으며 어떻게 있는가 하는 것이다. 문학이 아니었던 것들, 문학이 못 되었던 것들, 문학 바깥에 있던 것들과의 관계 변화와 새로운 자리 배치를 통해, 문학은 이동하고 있다. 이런 변화는 문학 안에서도 일어나고 있다. 문학의 중심에 있던 것들, 문학의 정수이자 본질이라 생각되던 것들, 문학의 권위를 지탱해 왔던 것들이 문학 안의 또다른 것들과 지금 자리를 바꾸고 있는 것이다. 아직 안정된 모습을 갖추지 않은 이 분주하고 혼란스러운 움직임에 우리는 관심이 있다.

　이 책의 1부에서는 다양하고 이질적인 서사 양식들 속에서 문학의 위치를 살펴보았고, 2부에서는 시라는 문학 장르 안에서 일어나는 자리 이동을 살펴보았다. 문학의 바깥에서 안으로, 안에서 바깥으로 향하는 두 필자의 전혀 다른 시선이 궁극적으로 어떤 일치된 지점에서 만나는 것을 확인할 수 있어 기뻤다. 처음 이 책은 대학의 '문학의 이해' 교재로 기획되었다. 문학을 골동품이나 화석 전시장처럼 보이게 만드는 기존의 문학개론 강의와 교과서들이 불만스러웠고, 학생들이 흥미진진하게 공감할 수 있는 문학을 이야기하고 싶었다. 써 놓고 보니 이 책은 문학과 이야기를 좋아하는 좀 더 폭넓은 독자들에게 재미있게 읽힐 수 있으리라는 생각이 든다. 문학이 죽었든지 살았든지 간에, 대륙의 대이동처럼 지금 활발히 움직이고 있다는 데 동의하는 문학 전공자들에게도 읽을 만한 책이 되었으면 하는 바람이다. 1부는 박진, 2부는 김행숙이 썼다.

2004년 4월
박진, 김행숙

개정판 서문

『문학의 새로운 이해』를 낸 2004년 이후 우리가 예상했던 것 이상의 변화가 일어났다. 당시 낯설고 과감하거나 어쩌면 무모했을지 모를 우리의 관점이 이제는 자연스럽게 받아들여질 만큼, 문학을 둘러싼 상황과 문학의 위상 등이 달라졌다. 우리는 인터넷에서 스마트폰과 SNS로, 문학에서 디지털 콘텐츠와 스토리텔링으로 이행하는 변화의 아찔한 속도를 경험했다. 『문학의 새로운 이해』도 다시 새로워져야 할 필요가 있었다. 급변하는 미디어와 문화 환경을 수용하고, 출간 이후 쏟아져 나온 '젊은' 텍스트들을 포함하는 개정판을 내게 된 것을 기쁘게 생각한다.

1부에서는 최근의 영화, 드라마, 웹툰 등을 추가하여 주로 환상과 미메시스, SF, 멜로드라마 장을 수정했다. 2부에서는 2000년대 시의 다양한 목소리와 시적 모험들을 새롭게 불러들였다. 마치 기다리고 있었다는 듯이 책의 곳곳에 찾아와서 대화를 나눠 준 텍스트들 덕분에 이 책이 다시 한 번 진동하고 운동할 수 있었다. 이 책을 처음 구상하고 숨 가쁘게 쓰던 때가, 돌이켜보니 10년 전 2003년 여름이다. 이른바 문학 이론 중심의 안정적인 '문학의 이해'가 아니라, 우리 시대의 텍스트들이 움직이면서 만들어 내는 진행형의 '새로운 이해' 속으로 미끄러져 들어가면서 뭣도 모르고 숨이 가빴던 것 같다. 언제나 미완일 수밖에 없는 이 책의 운명을 새삼 생각해 보면서, 다만 미지의 문학을 향해 작은 문이지만 활짝 열어 놓고 있는 책으로 독자와 만나기를 바란다. 이 책의 젊은 독자들과 이 책을 교재로 수업을 듣는 대학생들이 동시대의 친숙하고 흥미로운 텍스트들과 함께 바로 지금의 문학을 더 잘 이해하고 공감할 수 있었으면 한다.

『문학의 새로운 이해』를 눈여겨보시고 개정판 출간을 먼저 제안해 주신 민음사 장은수 선생님, 빠듯한 일정에도 정성껏 원고를 매만져 준 편집부에도 감사드린다. 학기마다 '문학의 이해' 관련 과목에서 이 책이 지닌 잠재력 그 이상을 끌어내 강의하시는 교수님들이 꽤 많으시다는 것을 안다. 마음으로는 늘 가까워도 자주 만나지 못하는 선후배, 동학, 문우들부터 개인적으로 잘 알지 못하는 분들까지, 강의실에서 이 책의 또 다른 가능성을 실현해 주시는 여러 선생님들께 이 자리를 빌려 고마움을 전하고 싶다.

2013년 2월
박진, 김행숙

차례

초판 서문 4
개정판 서문 6

1부 서사

1 서사
서사와 문학 13 | 서사성 16 | 서사적 욕망 20

2 서사의 플롯
플롯을 바라보는 다원적 관점 24 | 플롯의 종류 28 | 플롯의 기능 33

3 환상과 미메시스
미메시스 중심의 문학관 36 | 리얼리티와 핍진성 39 | 서사의 장르와 좌표 42

4 우의와 상징
우의와 상징의 개념 49 | 우화와 동화 51 | 환상적 소설의 상징성 55
우의적, 상징적 해석의 한계 61

5 판타지
장르로서의 판타지 64 | 판타지의 세계관 70 | 판타지의 영웅, 소년 소녀들 73

6 SF
판타지와 SF 76 | 과학에의 공포 81 | 기계 인간의 존재론 86

7 멜로드라마
멜로드라마의 장르적 특성 91 | 장르적 관습의 반복과 위반 96
멜로드라마 장르의 패러디 99

8 메타픽션

메타픽션의 정의 104 | 소설과 메타픽션 107 | 서사극과 메타픽션 117
영화와 메타픽션 123

9 영화와 문학

영상과 언어 128 | 소설의 영화화 130 | 영화와 소설의 교섭 양상 136

2부 시

1 시적인 것

시적인 것과 시 145 | 낯설게 하기 148 | 모호성 155 | 숨은꽃과 곰팡이꽃 161

2 고백

고백의 감수성 169 | 몇 가지 자화상들 174 | '고백'의 현대적 의의 187

3 상상력

흰 종이 192 | 기억, 공상력, 제1상상력, 제2상상력 197
작품을 통해 본 '상상력'의 의미와 양상 201

4 기억

기억과 진실 216 | 기억과 정보 218 | 기억과 파토스 221 | 기억과 시간 227

5 은유와 환유

수사학인가 세계관인가 240 | 은유 247 | 환유 257

6 이미지

'이미지'라는 말의 용법 268 | 이미지의 힘 274 | '키치' 세대의 시 283

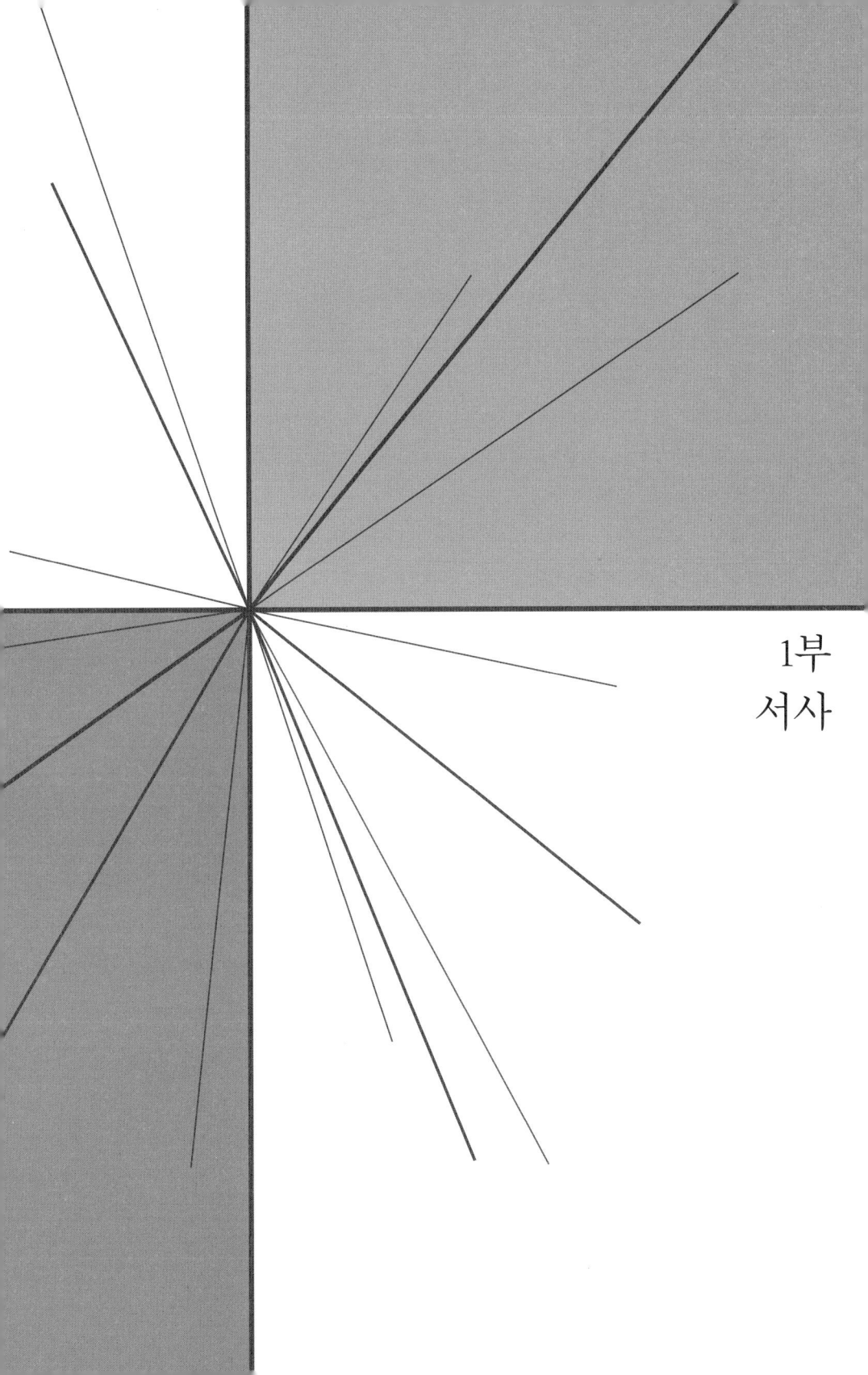

1부
서사

1 서사

서사와 문학

서사(narrative)는 문학보다 큰 개념이다. 서사에는 이야기(story)라 부를 수 있는 것을 담아내는 모든 매체와 형식들이 포함된다. 음성 언어나 문자 언어로 된 것들 이외에도 우리는 무수한 종류의 서사물들을 만날 수 있다. 이를테면 교회나 성당의 유리창을 장식한 스테인드글라스를 상상해 보자. 아기 예수가 태어난 장면, 어린 예수가 양을 치거나 목수 일을 하는 장면, 성년의 예수가 기적을 베푸는 장면, 가시 면류관을 쓰고 십자가에 못 박힌 장면 등을 묘사한 일련의 스테인드글라스 창문들은 예수의 생애와 죽음을 이야기하는 서사물임에 틀림없다. 사찰의 외부 벽면을 따라 그려진 십우도(十牛圖) 연작들 역시 잃어버린 소, 곧 자기 자신의 마음을 진정으로 발견하기까지의 과정을 이야기하는 서사물이라 할 수 있다. 발레와 마임의 동작들, 광고와 뮤직비디오와 MMORPG[1]의 동영상들도 이야기를 전달하는 데 손색이 없는 매체들이다.

한편 언어로 된 것들 중에도 문학의 테두리를 훌쩍 넘어서는 다양한 종류의 서사물들이 존재한다. 역사 텍스트나 뉴스의 보도 내용은 물론이고, 환자의 병력(病歷)과 치료 과정을 적은 병원의 의료기록부, 법정의 재판 기록들, 연례행사 일정표나 과학 시간의 실험 보고서 등도 서로 다른 시간에 발생한 사건들의 연쇄라는 점에서 일종의 서사물이 될 수 있다.

서사의 범주를 이렇게 포괄적으로 설정하는 관점은 문학을 서정과 서사 등으로 가르고 서사를 문학의 한 갈래로 보는 익숙한 사고방식의 전환을 요구한다. 이러한 관점의 전환은 변화된 시대의 요청을 반영한다. 그동안 근대 소설(novel)로 대표되던 근대 문학은 서사의 제유로서의 대표성을 지니면서 배타적인 지위를 차지하고 있었다. 그러나 근대의 쇠퇴와 더불어 근대 소설은 서사의 중심을 점유했던 자신의 자리를 다양한 여타 서사 양식들에게 내주게 되었다. 이와 함께 소설과 문학에 대한 관심도 자연스럽게 서사 일반과 스토리텔링(storytelling)에의 관심으로 이동하게 된 것이다.

여기에는 물론 우리를 둘러싼 매체 환경의 급격한 변화가 하나의 주된 요인으로 작용하고 있다. 과거에 소설이 맡아 왔던 서사적 기능의 상당 부분을 지금은 영상 서사물이 담당하고 있다. 특히 영화는 대중적 친화력과 영향력 면에서 소설을 압도하며 주도적인 서사 양식으로 부상했다. 이러한 시대적 변화에 대한 열린 시각을 가질 때에만 오늘날 문학의 위치와 그것이 담당하는 기능에 대한 온당한 이해와 평가도 가능해질 것이다.

사실상 문학(literature)의 개념 자체는 역사적으로 계속 변화해 왔다. 근대 이전에 문학은 본래 '글쓰기'나 '글로 쓴 모든 것'을 뜻하는 가치 중립

---

1 Massive Multiplayer Online Role Playing Game. 대규모 다중 사용자 온라인 롤 플레이 게임.

적인 용어였다.[2] 우리가 지금껏 당연하게 받아들여 왔던 문학의 개념은 근대에 와서 형성된 것으로, 근대적 개념의 문학은 다분히 가치 지향적인 성격을 띠고 있었다. 그동안 문학은 세계와 자아에 대한 인간의 경험을 기록한 성스러운 신화이자, 문화가 그 어느 것보다도 소중히 간직해 온 인류의 재산으로 여겨져 왔다.[3] 특히 상상력을 바탕으로 한 창조적인 글쓰기라는 낭만주의적 문학 개념이 등장한 이후 문학과 비문학의 구분은 창조적·미학적 가치의 유무를 전제로 하고 있었다.

그러나 오늘날 문학에 대한 기존의 가치들은 끊임없이 의문에 부쳐지고 있으며, 문학의 개념은 전면적으로 새로이 구성되고 있다. 어찌 보면 문자 문화를 중심으로 한 근대를 거치며 과도하게 신비화되었던 문학의 개념이 이제 다시금 제 위치를 찾아가고 있는지도 모른다. 우리는 바로 그 탈신비화된 동시대적 개념의 문학에 관해 이야기하고 싶다.

이 책에서 우리는 문학과 비문학의 경계를 배타적이거나 위계적으로 설정하지 않고 다양한 서사 양식과 장르들을 살펴보게 될 것이다. 그중에서도 우리가 주로 다루게 될 대상은 허구 서사물(narrative fiction)들이다. 허구(fiction)는 참이라거나 거짓이라거나 하는 규정으로부터 자유로우며, 그런 의미에서 '진리의 시험'을 받지 않는다. 우리는 허구적인 이야기를 듣고 난 뒤 "진짜? 그게 정말이야?"라고 묻지 않으며, 허구에 대한 그런 질문은 아무런 의미도 소용도 없는 것이다. 허구로서의 지위는 문학이라는 서사의 두드러진 한 측면을 설명해 주는 것이기도 하다. '문학적'인 것의 정의나 가치 평가나 엄격한 경계의 설정을 유보한 채로, 우리는 허구 서사물 전반에 관해 생각해 볼 수 있다.

---

[2] Jonathan Culler, *Literary Theory*(New York: Oxford University Press, 1997), p. 19.
[3] 앨빈 커넌, 최인자 옮김, 『문학의 죽음』(문학동네, 1999), 10쪽.

서사성

문학에서 서사로 관심의 방향을 돌렸으므로, 오늘날 모호하고 논쟁적인 것이 되어 버린 '문학성(literariness)' 대신에 '서사성(narrativity)'에 관해 이야기하기로 하자. 다 같이 서사물에 속하는 것들이라도 서사물들이 지닌 서사성의 정도에는 상당한 차이가 날 수 있기 때문에, 서사와 비서사를 가르기보다는 서사적인 정도의 폭넓은 스펙트럼을 생각해 보는 편이 좋을 것이다.

우리는 어떤 서사물이 다른 서사물에 비해 상대적으로 서사성이 높은지 여부를 직관적으로 판단할 수 있다. 예를 들어 대부분의 사람들은 "거짓말하는 것들은 사랑할 자격도 없어!"/"사랑만 갖고 사랑이 돼?"라는 남녀의 대화로 이루어진 음료수 광고보다는 「신데렐라」 이야기가 훨씬 더 서사적이라는 데 동의할 것이다. 그렇다면 이런 느낌은 어디에서 비롯되는 것일까? 혹은 서사성이 높다는 것은 어떤 기준에 근거하는가?[4]

이와 관련하여 먼저 스토리의 지속 시간을 고려할 수 있다. 동시적으로 느껴지는 상황에 비해 시간 연속이 긴 스토리는 한결 더 서사적이다. 앞에서 언급한 광고는 남녀 간의 언쟁 장면을 보여 주는데, 언쟁이 일어나기 전이나 이후의 상황은 모두 생략되어 있다. 그들이 주고받는 말들을 통해, 여자가 자기 애인에게 거짓말을 한 것이 언쟁의 직접적인 발단이 되었으리라는 점과, 사랑을 지나치게 이상적으로만 생각하는 남자가 뭔가 여자의 필요를 충족시켜 주지 못한 것이 그들 관계의 근본적인 문

---

[4] 이에 관한 논의는 Gerald Prince, *Narratology: The Form and Function of Narrative*(Berlin·New York·Amsterdam: Mouton, 1982), pp. 148~158 참조.

제였으리라는 점을 추측할 수 있을 뿐이다. 만약에 그들의 사랑이 시작되고 잠재적인 문제가 발생하고 그것이 가시화되어 싸움이 일어나고 결국 화해하거나 이별하는 전 과정을 보여 주는 서사물이 있다면, 위의 광고보다 더욱 서사적일 것이다.

반대로 스토리의 지속 시간에 비해 그것을 전달하는 담화(discourse)의 시간이 상대적으로 길어지면 서사성은 낮아진다. 버지니아 울프의 『댈러웨이 부인』은 장편 소설 전체에 걸쳐 단 하루 동안에 일어난 일들을 그리고 있다. 스토리는 댈러웨이 부인이 파티를 준비하기 위해 꽃을 사러 나가는 아침나절에 시작하여 파티가 절정에 달하는 한밤에 이르러 마감된다. 이 소설의 중심을 이루는 것은 외부적인 사건들의 연쇄가 아니라 인물들의 내면에서 일어나는 심리적 변화와 자유로운 연상의 흐름이다. 내면 풍경의 묘사를 위해 동원된 장황한 담화는 외적인 스토리의 진행을 의도적으로 이탈하고 지연시키는데, 이로 인해 이 소설은 상대적으로 비서사적인 경향을 띠게 된다.

또한 서사물에서 다루어지는 사건이 구체적이고 특수한 것일수록 서사성은 높아진다. '사람은 누구나 죽는다./소크라테스는 사람이다./그러므로 소크라테스는 죽는다.'라는 추상적이고 일반적인 진술보다는 소크라테스의 생애와 업적과 인간적 면모를 구체적으로 그린 서사물이 훨씬 더 서사적이다. 또 매일 반복되는 입시생의 평범한 하루 일과보다는 수능 시험날이나 수시 면접날에 일어난 일들을 담은 이야기가 더 서사적일 수 있다. 지하철에서 소매치기를 당한 유난히 운이 없는 날이나, 첫사랑의 소녀를 삼 년 만에 영화관에서 다시 만난 특별한 날의 이야기는 별다른 사건이 벌어지지 않은 여느 날들의 이야기보다 더 서사적이라 할 수 있다.

서사물은 갈등을 그릴 때에도 한층 서사성이 높아진다. 남녀가 처음 만나 사랑이 싹트고 그 사랑이 점점 깊어지다가 결혼을 하여 평생 행복하게 살았다는 이야기보다는, 그 사랑이 부모의 반대에 부딪히거나 삼각관계에 빠져들어 갈등을 겪다가 대립이 중재되는 과정을 담은 이야기가 우리에게 훨씬 더 서사적으로 느껴진다.

원인과 결과의 설득력도 서사성을 높여 주는 한 요소이다. 우리는 우연성에 의존하는 이야기보다는 인과적으로 연결된 이야기를 더욱 서사적이라고 느낀다. 가난하지만 성실하고 착하게 사는 흥부가 제비 다리를 고쳐 주었다가 보은의 박씨를 얻어 부자가 된다는 이야기는 게으른 가난뱅이가 로또 복권에 당첨되어 인생 역전을 이룬다는 이야기보다 더 서사적이다.

완결성이 높은 결말도 서사적이라는 인상을 강화시킨다. 이런 이야기는 어떨까? 옛날 옛날에 장마가 들어 홍수가 나자 쥐들이 이사를 가게 되었다. 쥐들은 일렬로 줄을 지어 앞선 쥐의 꼬리를 물고 물웅덩이를 건너갔다. 꼬리에 꼬리를 물고……. 쥐들이 어찌나 많은지 그 행렬은 끝이 보이지 않고 계속되었다. 꼬리에 꼬리를 물고, 꼬리에 꼬리를 물고……. 아직도 쥐들은 그렇게 웅덩이를 건너가고 있다. …… 이렇게 미완의 결말로 끝이 나는 이야기는 그다지 서사성이 높다고 말할 수 없다. 반면에 쥐가 들끓던 마을에 이상한 피리 부는 사나이가 나타나 피리를 불며 강으로 걸어 들어가자, 쥐 떼들이 피리 소리에 이끌려 홀린 듯이 그를 따라가서는 모두 강물에 뛰어들어 빠져 죽고 말았다는 이야기는 (비록 동화 전체로 보면 절반에 해당하는 전반부의 에피소드가 끝났을 뿐이지만) 벌어졌던 사건이 제대로 마무리되었다는 완결감 때문에 훨씬 더 서사적으로 느껴진다.

한편 우리는 인간화된 세계가 그려질 때 서사성이 높다고 생각한다. 원자핵 반응의 실험 스토리보다 「우주 소년 아톰」의 이야기가 더욱 서사적인 이유 가운데에는 분명 그것이 인간화된 스토리라는 점도 포함될 것이다. 마찬가지로 순수한 동물들의 세계를 그린 「동물의 왕국」의 이야기보다는 이솝 우화의 의인화된 동물 이야기가 더욱 서사적이라 하겠다. 이는 서사물의 이야기를 자신과 연관 짓고 싶어 하는 수용자의 요구를 반영하는 것이기도 하다.

하나의 이야기는 또한 사건들의 총합 이상의 의미를 가질 때 서사성이 높아진다. 흔히 주제라고 불리는 이야기의 요점이 없을 경우, 우리는 "그래서 뭐 어쨌단 말야?"라고 되묻게 된다. 그런 이야기는 서사물에 대한 우리의 상식적인 기대를 채워 주지 않기 때문이다. 예를 들면 이런 종류의 우스운 이야기들이 그러하다. 콩쥐가 깨진 독에 물을 채우지 못하고 울고 있을 때 두꺼비가 나타나서, "밥을 먹고 나면 독에 물을 채우는 것을 도와주겠다."라고 말한다. 콩쥐가 기뻐하며 밥상을 차려 주었더니 두꺼비는 밥을 다 먹고는 그냥 집으로 돌아가 버렸다는 이야기. 이 이야기가 허탈한 웃음을 자아내는 것은 「콩쥐 팥쥐」 이야기가 약속했던 권선징악과 인과응보의 익숙한 메시지를 여기서는 전혀 찾아낼 수 없기 때문이다.

각각의 서사물들은 이런 여러 가지 요소들의 복합적인 관계에 따라 다양한 정도의 서사성을 갖게 된다. 그렇다면 특정한 서사물에 서사성이 높다는 것은 무엇을 의미하는가? 한 가지 분명히 지적해 두어야 할 것은, 서사성이 서사물의 본질적 특성을 설명하는 하나의 유효한 기준일 뿐, 그 자체로 서사물의 우열을 평가하는 기준은 아니라는 점이다. 서사성이 높다는 것이 반드시 훌륭한 서사물임을 뜻하는 것은 아니며, 더욱이 훌륭한 문학 작품임을 뜻하는 것은 결코 아니다. 서사물이 지닌 서사성 이외의 것들, 예를 들면 재치나 심리적 통찰이나 사상의 깊이 등과 같은 다양한 측면들이 서사물에 대한 우리의 가치 판단에 폭넓은 영향을 미칠 수 있다. 서사성이 높다는 것은 그 서사물이 서사물로서의 전형적인 특성들을 더 많이 보여 준다는 뜻으로 받아들이면 좋을 것이다.

한편 서사성이란 관련성을 부여하고 전후 맥락을 발견하고 개별적인 사건들을 결합함으로써 '의미화'하고자 하는 인간의 강한 욕망을 대변한다. 인간은 서사화 행위를 통해 의미를 만듦으로써 살아가는 존재이고, 그래서 본질적으로 서사적 존재이다. 서사에 관한 관심이 인간학이나 존재론으로도 이어질 수 있는 이유가 여기에 있다.

서사적 욕망

서사는 인간의 근원적인 욕망을 반영하며, 그 욕망을 충족시킴으로써 만족감을 준다. 그것이 서사의 기능이자 존재 이유이다. 따라서 인간의 서사적 욕망에 관해 좀 더 생각해 볼 필요가 있다.

서사적 욕망은 본질적으로 '알고자 하는 욕망'과 결부되어 있다. 서사의 운동은 이야기의 결말을 알고자 하고 숨겨진 비밀을 발견하고자 하고 진실을 찾아내고자 하는 욕망에 의해 추동된다. 인간이 자기 자신과 타인과 세계를 이해하는 방식 역시 스토리의 논리에 의해서이다. 우리는 자신의 뒤엉킨 감정 상태를 정리하고 스스로에게 납득시키기 위해 유난히 긴 일기를 쓰기도 하고, 도무지 이해할 수 없는 기이한 장면과 마주쳤을 때는 그것을 말이 되게 설명하기 위한 그럴듯한 가설들을 세워 보기도 한다. 만난 지 얼마 되지 않은 여자 친구의 숨겨진 모습들을 더 잘 이해하기 위해 그녀의 유년 시절이나 학창 시절 이야기를 듣고 싶어 하기도 한다. 이처럼 서사는 인간이 혼돈스러운 세상을 질서 지음으로써 안정감과 안도감을 추구하는 행위와 관련된다.

알고자 하는 욕망은 미지의 영역을 정복하고자 하는 근대적 욕망과도 통할 수 있다. 실제로 근대적 사유 안에서 서사는 흔히 지식의 근본 형태로 받아들여졌으며, 이야기의 가치(story-value)는 무엇보다도 진실성 또는 진리가(眞理價)에 달려 있는 것으로 생각되었다. 즉 인간과 세계에 대한 타당하고 깊이 있는 이해를 담고 있는 이야기가 가치 있고 훌륭한 서사라는 것이다. 근대 소설이 다른 흥미 위주의 서사 양식들보다 진지하고 우월한 장르로 평가되었던 것도 이 같은 믿음에 근거한 것이라 하겠다.

그런데 서사는 과연 진실을 해명하는 최선의 방법일까? 서사적 논리는 이해와 설명의 가능성을 제공하는 동시에, 어쩌면 그 이상으로, 오해와 왜곡의 가능성으로도 작용할 수 있다. 여기 오랫동안 사랑하다가 헤어진 한 쌍의 연인이 있다. 그런데 그들에게는 각자 다른 사랑과 이별의 스토리가 있다. 남자는 자신이 여자를 너무나 사랑했으며, 그 사랑이 지나쳐서 여자에게 구속이 되고 부담을 주었으며, 그래서 여자가 결국 자신을 떠났다고 생각한다. 한편 여자는 그 남자가 집에 바래다주지 않는 날이 많고, 기념일에 근사한 선물을 해 준 적이 없고, 친구들과의 모임에서 다정한 모습을 보여 주지 않는 등 자신을 소홀하게 대했기 때문에 그 남자와 헤어지게 되었다고 생각한다. 그렇다면 그들 관계의 진실은 과연 어디에 있는 것일까? 그들 각자의 스토리는 이별을 합리화하는 논리일 뿐, 진실과는 아무런 상관도 없었던 게 아닐까? 논리적으로는 설명할 수 없는 미묘한 감정의 흐름과 변화를 명료하게 이해하고자 하면 할수록, 그들의 스토리는 오히려 진실을 가리고 왜곡하게 되는 것은 아닐까? 서사란 혹시 설명할 수 없는 것, 또는 '말이 되지 않는' 진실을 억압하고 배제하는 논리가 아닐까?

이렇듯 서사의 왜곡시키는 힘에 대한 인식이 확대됨에 따라 오늘날 진실에 다가가고자 하는 서사적 욕망은 역설적으로 비서사적인 방식을 통해 추구되는 경향이 있다. 매끄러운 서사의 흐름을 의도적으로 파괴하고 서사적 논리의 균열을 자의식적으로 드러내고 손쉬운 의미화에 저항함으로써, 서사는 자신의 한계를 넘어서고자 하는 것이다. 프루스트의 『잃어버린 시간을 찾아서』는 그 좋은 예를 보여 준다. 『잃어버린 시간을 찾아서』에서 지나간 시간들의 진실은 능동적이고 이성적인 사유를 통해서가 아니라 우연히 되살아난 감각과 함께 찾아온 수동적인 마주침을 통해 발견된다. 그것은 계시와도 같은 비서사적인 순간들과 관련된다. 문득 되살아난 과거의 장면들은 끝없이 확장하고 분산되면서 일관된 전체로 통합되기를 거부한다. 또한 이 소설은 이미 그 의미를 이해하고 있다고 생각했던 과거의 한 시절이 전혀 다른 의미로 되돌아오는 과정들을 반복함으로써, 진실은 고정된 의미로부터 끊임없이 달아나는 운동 속에만 존재함을 암시한다.

진실을 알고자 하는 욕망과 더불어, 서사가 충족시켜 주는 부정할 수 없는 또 하나의 욕망은 순수한 놀이로서의 즐거움의 추구이다. 우리는 어린아이 적부터 끝없이 이야기를 듣고 싶어 했다. 그것은 알지 못하는 세상에 대한 지적인 호기심이었을 뿐 아니라 아무 일도 일어나지 않는 심심하고 따분한 시간들을 신나는 사건들로 활기 있게 채우고 싶은 욕구이기도 했다. 동화 속의 앨리스처럼, 우리는 졸음에 겨운 나른한 날이면 흰 토끼를 쫓아 신기한 모험이 펼쳐지는 이상한 나라로 여행을 떠나고 싶었던 것이다. 그 욕망은 어른이 된 뒤에도 여전히 남아 있다. 그래서 우리는 주인공이 결국에는 악의 세력을 물리치고 승리할 것이며 주인공의 사랑은 온갖 시련에도 불구하고 이루어질 것임을 알면서도 영화관을 찾고 주말 연속극에 열중한다.

서사는 권태롭고 답답한 일상적 삶의 구속으로부터 벗어나 전혀 다른 흥미진진한 세계로의 진입을 가능하게 한다. 그 세계가 지금 여기의 삶과는 아무런 관련이 없다고 해도, 바로 그렇기 때문에 오히려 우리는 실현 불가능한 꿈들이 얼마든지 이루어지는 무한한 자유를 경험할 수 있다. 서사의 이런 측면은 그동안 현실 도피라는 비난을 면하기 어려웠다. 그러나 권태로부터의 탈출과 놀이와 소망 충족의 꿈은 인간의 근원적인 욕망이며, 이를 충족시켜 주는 것은 서사의 정당한 기능이다. 어쩌면 톨킨의 말대로 우리가 서사를 통해 문명화된 산업 사회의 감옥과도 같은 삶에서 도피할 수 있다면, 그것이야말로 서사가 제공하는 유익한 선물일는지 모른다.[5] 더욱이 오늘날 우리의 삶은 점점 더 파편화되고 비서사적으로 변하고 있으며, 그로 인해 우리는 의미감의 부재에 시달리고 있다. 이와 맞물려 진실의 탐색으로서의 서사의 기능은 점점 더 회의를 불러일으키고 있다. 위안과 즐거움과 결핍에 대한 보상으로서의 서사의 의의는 지금, 이전 어느 때보다도 강조되고 있는 것이다.

이렇듯 모든 서사는 진실의 탐색이라는 지적인 욕망과 소망 충족의 꿈, 이 두 가지 서사적 욕망의 양 극점 사이에서 진동하고 있다.

---

[5] J. R. R. Tolkien, "On Fairy-Stories", *The Tolkien Reader*(New York: Ballentine, 1966), pp. 54~61.

2 서사의 플롯

플롯을 바라보는 다원적 관점

아무 관련 없이 나열된 사건들은 이야기를 만들지 못한다. 이야기가 되기 위해서 사건들은 어떤 식으로든 결합되어야 하고 서로 관련을 맺어야 한다. 서사물의 사건들이 조직되고 관계를 맺는 방식을 우리는 플롯(plot)이라고 부른다.

사실 서사 이론에서 플롯이라는 용어만큼 혼란스러운 개념도 없을 것이다. 이는 스토리와 플롯을 구별하는 기준이 저마다 다르기 때문이다. 누구는 스토리가 시간적 연속에 따라 이루어지는 반면, 플롯은 인과적 논리에 근거한다고 말한다. 그러나 시간성과 인과성은 그리 쉽게 분리될 수 있는 것이 아니다. 우리는 '그는 가난했다./그러다가 그는 열심히 일했다./그 후에 그는 부자가 되었다.'는 이야기를 '그는 가난했다./그래서 그는 열심히 일했다./그 결과 그는 부자가 되었다.'로 받아들이는 경우가 많다. 우리에게는 시간적 선후 관계를 원인과 결과의 연속으로 해석하고자 하는 경향이 있으며, 실제로 그 둘은 종종 하나로 결합되어 나타난다.

또한 인과성을 플롯의 필수 요인으로 규정하게 되면, 인과적 연결이 상대적으로 약한 이야기들에는 플롯이 없거나 불완전하다는 판정을 내리게 된다. 인과성의 정도에 따라 잘 짜인 플롯과 그렇지 않은 플롯을 구분하는 편협한 시각을 낳을 수도 있다. 특히 요즘의 서사물들은 과거만큼 원인과 결과의 필연적인 연쇄를 보여 주지 않는 경우가 많은데, 플롯에 대한 위의 관점은 최근의 서사물들을 플롯의 파괴나 해체로밖에는 이해하지 못하게 한다. 하지만 인과성 이외에도 사건들을 결합하는 스토리의 논리는 얼마든지 있을 수 있다. 우리는 그 다양한 논리들을 모두 서로 다른 플롯으로 인정하고자 한다. 그러기 위하여 우리는 모범적인 플롯이나 이상적인 플롯 등과 같은 규범적이고 배타적인 플롯 개념을 거부한다.

한편 어떤 사람들은 스토리가 서사물의 재료로서의 원래 이야기라면, 플롯은 그것이 텍스트 안에 재구성된 방식이라고 말한다. 이런 관점에서는 플롯이 스토리의 기술적이고 미학적인 변형으로 받아들여진다. 그러나 스토리가 먼저 있고 그것이 재배열된 상태의 플롯이 나중에 나오는 것인지, 아니면 반대로 텍스트상의 사건 배열이 먼저 있고 스토리는 그것으로부터 나중에 추상된 것인지를 단정 지어 말하기란 어려운 일이다.

친구에게서 들은 이런 이야기가 있다고 가정해 보자. "어제 너무 피곤해서 택시를 타고 집에 갔는데, 내릴 때 돈을 내려고 보니까 지갑이 없는 거야. 생각해 보니까 학교 사물함에 지갑을 넣어 놓고 온 것 같더라고. 그래서 아저씨한테 다시 학교로 가자고 했지. 잠깐 기다려 달라고 하고 뛰어 들어가서 지갑을 찾았어. 근데 택시비가 너무 많이 나와서 지하철 타고 집에 간 거 있지." 이 일상적인 구술 서사물에서 '학교에서 집으로 출발하기 전에 사물함에 지갑을 놓고 나왔다.'라는 최초의 사건은 택

시를 타고 집에 다 와서 지갑이 없다는 것을 알게 된 사건 이후에 가능성으로 암시되고, 사물함에서 지갑을 찾은 사건 다음에야 최종적으로 밝혀진다. 이 서사물의 플롯은 최초의 사건을 뒤로 돌리는 스토리의 의식적인 변형을 보여 주는 것일까? 아니면 서사물의 표면에 나타난 사건들을 시간 순서대로 재배열하는 과정을 거쳐서 스토리가 구성되는 것일까?

다시 이렇게 질문해 보자. 한 서사물의 스토리는 그 서사물이 만들어지기 이전 어딘가에(현실 속에, 아니면 작가의 머릿속에?) 미리 존재하고 있었다고 말할 수 있을까? 오히려 스토리는 서사물이 존재함으로써 비로소 생겨나는 것이 아닐까? 스토리가 있기 때문에 그것이 말해지는 것이 아니라, 이야기하는 행위를 통하여 스토리가 생성된다고도 생각할 수 있는 것이다. 이렇게 보면 발생의 선후 관계에 의존하는 스토리와 플롯의 구분은 매우 모호해진다. 더욱이 우리는 서사물을 작가의 미학적, 기법적 성취의 차원에서 바라보기보다는 수용자의 입장에서 이해하기를 원한다. 수용자의 관점에서 볼 때 우리에게 주어지는 유일한 대상은 서사 텍스트이며, 스토리와 플롯은 모두 텍스트로부터 추상된 것이다.[1]

이런 몇 가지 문제점들 때문에, 우리는 스토리와 플롯을 상호 배제적인 개념으로 만드는 모든 무용한 기준들을 버리고자 한다. 대신에 우리는 플롯을 스토리에서 사건들이 서로 결합되는 원리, 곧 스토리의 논리를 지칭하는 개념으로 정의한다. 이렇게 보면 플롯은 서사물의 본질적 특성과 관련되는 것으로서, 모든 서사물은 플롯을 갖는다고 말할 수 있다. 하지만 이미 말한 대로 플롯은 서사물의 규범이나 모델은 아니다. '원인—결과'이든 '발단—전개—위기—절정—결말'이든 간에, 고정

---

[1] Shlomith Rimmon-Kenan, *Narrative Fiction: Contemporary Poetics*(London and New York: Metheun, 1983), p. 4~6.

된 형태의 모범적인 플롯은 따로 있지 않다.

서사물마다 사건들이 연결되는 원리는 다양하게 나타나며, 그 많은 방식들이 모두 하나의 플롯이 될 수 있다. 그러므로 서사물의 플롯에 관해 생각하는 것은 그 서사물 특유의 조직 원리를 발견하는 일이라고 말할 수 있다. 플롯에의 관심은 또한 여러 서사물들을 서로 비교하고, 그것들 간의 유사성과 차별성을 파악하는 데도 도움을 준다. 플롯의 종류를 크게 몇 가지로 나누고, 그에 따라 여러 서사물들을 분류하는 일도 가능해진다.

그렇지만 세상의 모든 서사물들이 몇 가지 종류의 플롯으로 환원될 수는 없는 일이다. 실제로 몇몇 이론가들은 자신들이 정한 기준에 따라 플롯을 유형화하고, 수많은 서사물들이 다 그 유형들 중 하나에 귀속될 수 있다고 생각했다. 아리스토텔레스는 주인공의 상황이 개선되는가 악화되는가에 따라 행복의 플롯과 불행의 플롯을 구분하고, 이를 다시 선한 인물, 악한 인물, (선한 인물과 악한 인물 사이에 있는) 고귀한 인물의 경우로 나누었다. 프라이는 주인공이 지닌 능력의 정도에 따라 플롯을 다섯 가지로 나누고, 이를 상승과 하강의 운동으로 대표되는 사계절의 순환과 결부시켰다.

그들에게 플롯은 전체 서사물을 구획 짓고 체계화하는 하나의 거대한 구조였다. 그러나 그들이 정한 기준은 다분히 자의적이며, 그 기준에 의해 한 서사물의 플롯을 규정하는 일에도 자의적인 판단이 개입할 수밖에 없다. 이를테면 주인공의 선악이나 성공 여부를 쉽게 단정할 수 없는 서사물도 얼마든지 있는 것이다. 또한 우리는 왜 주인공의 능력이나 계절의 순환이 유독 플롯의 종류를 가르는 결정적인 기준이 되는지에 대해 의문을 품지 않을 수 없다. 이런 문제점들은 그들 이론이 지닌 개별적인 모순이나 한계라기보다는 환원적인 유형화가 가져올 수밖에 없는 문제점을 단적으로 드러내는 것이라 하겠다.

　서사물의 플롯을 구분하는 기준은 얼마든지 다양해질 수 있다. 우리는 그것들 가운데서 특정 서사물의 구성 원리를 설명하기에 적합하다고 판단되는 기준을 임의로 선택할 수 있다. 우리가 다루는 서사물의 성격에 따라, 또는 우리가 비교하고자 하는 서사물들의 서로 다른 성격들에 따라, 그 선택은 매번 달라질 것이다. 하나의 서사물은 여러 가지 구성 원리가 중첩된 양상을 띨 수 있다. 그 서사물이 어떤 플롯을 지니는지를 말함으로써, 우리는 그것의 구성 원리 가운데 두드러진 어떤 특성 또는 우리가 특히 관심을 갖는 어떤 특성에 관해 설명할 수 있다. 하나의 서사물은 반드시 하나의 플롯에 일의적(一義的)이거나 단선적으로 대응하지는 않는다. 한 서사물은 이러한 플롯에 속하는 동시에 저러한 플롯에 속할 수 있다. 이 모든 개방적이고 다원적인 관점을 받아들인다면, 서사물의 플롯이 파괴되어 버렸다고 말하는 오늘날에도 플롯은 서사물의 본질과 종류와 특성들을 밝히는 데 여전히 유용한 개념일 것이다.

플롯의 종류

　플롯의 종류는 서사물의 종류만큼이나 다양할 수 있으므로, 우리는 여기서 그 가운데 몇 가지 분류 가능성만을 살펴보게 된다. 여러 서사물들에서 빈번하게 공통적으로 발견되는 플롯들에는 적당한 이름을 붙일 수 있다. 인과의 플롯, 해결의 플롯, 예언의 플롯 등이 그 예이다. 특정한 플롯을 명명하는 것은 그것을 다른 플롯, 특히 대조적인 플롯과 구별하기 위해서이다. 그러므로 대비되는 플롯들의 몇 가지 쌍을 함께 알아보는 편이 좋겠다.

서사물의 사건들은 인과성의 원리에 의해 결합될 수도 있고, 유사성의 원리에 의해 결합될 수도 있다. 나무 인형 피노키오가 아버지의 말을 듣지 않고 말썽만 부려서 당나귀로 변했다가 잘못을 뉘우치고 위험에 처한 아버지를 구한 결과 진짜 아이가 되었다는 『피노키오의 모험』이야기는 인과성의 플롯을 지니고 있다. 설화를 비롯한 전통적인 이야기들은 대체로 인과성의 플롯을 보여 준다.

　　한편 유사성의 플롯은 서사물의 사건들이 직접적인 인과 관계를 맺는 것이 아니라 비슷한 상황이나 사상 등이 나란히 연결됨으로써 하나로 통합되는 이야기들을 말한다. 황순원의 「별」은 한 행을 띄워 놓은 형식으로 분리된 아홉 개의 에피소드로 이루어져 있는데, 그 에피소드들은 죽은 엄마를 그리워하는 소년 동복이 엄마를 대신하여 자기를 돌보는 누이에게 반발심을 드러내는 여러 가지 상황들을 담고 있다. 소년은 누이가 만들어 준 각시인형을 땅에 파묻기도 하고, 누이가 몰래 쥐어 준 옥수수를 항아리에 빠뜨려 버리기도 한다. 죽은 엄마가 '천상의 별'처럼 아름다웠을 것이라는 소년의 믿음은 그로 하여금 엄마 노릇을 하는 못생긴 누이를 거부하게 하는 것이다. 이 소설에서 각각의 에피소드는 모두 추함과 대비되는 아름다움, 현실과 대비되는 이상을 향한 소년의 강한 동경을 암시하고 있다. 유사한 에피소드들이 반복됨에 따라 소년의 심리와 별의 상징성은 누적적으로 형상화된다.

　　서사물의 플롯은 해결의 플롯(plot of resolution)과 누설의 플롯(plot of revelation)으로 나뉠 수도 있다.[2] '무슨 일이 일어날 것인가?'라는 질문에 답하는 종류의 서사를 해결의 플롯이라 한다면, 문제가 해결된다기보다

---

[2] Seymour Chatman, *Story and Discourse: Narrative Structure in Fiction and Film*(Ithaca and London: Cornell University Press, 1978), p. 48.

는 문제의 상태가 드러나는 서사는 누설의 플롯이라 할 수 있다. 해결의 플롯은 인과성의 플롯과 마찬가지로 전통적인 서사물에서 흔히 발견된다. 『피노키오의 모험』을 예로 들어 보자. 피노키오는 여우와 고양이에게 속아 금화가 주렁주렁 열리기를 기대하고 나무 밑에 금화 한 개를 묻어 둔 채 잠이 든다. 그때 나타난 여우와 고양이는 금화를 파내어 빼앗고 피노키오를 나무에 매달아 버린다. 이때 요정이 나타나 피노키오를 풀어 주고 간호해 준다. 이렇게 하나의 사건이 해결되고 나면 또 다른 사건이 벌어진다. 집으로 돌아가는 길에 피노키오는 놀이나라로 가는 마차에 타고 만다. 거기서 신나게 놀고먹으며 지내던 피노키오는 당나귀로 변하고 만다. 이제 피노키오는 어떻게 될 것인가? 꼬리를 물고 이어지는 이런 질문들이 이 이야기에 대한 흥미를 지속시켜 준다.

해결의 플롯이 시간적 연속성과 긴밀하게 결부되는 반면, 누설의 플롯에서는 사건들이 최소화되고 인물의 성격이나 상태를 묘사하는 정태적 경향이 두드러진다. 카뮈의 『전락』은 다리 위에서 투신자살하는 여인을 구하지 않고 그냥 지나친 주인공이 그 일로 인해 강박관념에 시달리는 모습을 그린 소설이다. 주인공은 술집에서 만난 한 사람에게 독백과도 같은 긴 이야기를 늘어놓는데, 이 과정에서 그의 심리 상태와 그 원인이 서서히 드러난다. 이 소설에서 외부적인 시간의 흐름이나 사건의 진행은 주인공의 강박적인 심리를 드러내기 위한 부차적인 요소들에 불과하다. 이처럼 누설의 플롯에서는 그의 비밀은 무엇인가, 문제의 본질은 무엇인가 하는 또 다른 형태의 질문이 서사물의 긴장감을 유지시킨다.

이와 유사한 방식으로 시간적 플롯과 공간적 플롯을 구분할 수도 있다.[3] 시간적 플롯은 사건들 간의 관계가 강력하게 시간적 질서의 구속을

---

[3] T. Todorov, *Poétique: Qu'est ce que le structuralisme?*(Paris: Seuil, 1968), pp. 68~77.

받는 경우로서, 앞에서 살펴본 인과성의 플롯이나 해결의 플롯을 지칭하는 다른 이름이 될 수도 있다. 다만 이 같은 구분에서는 특히 공간적 관계에 의한 플롯과의 대비가 강조되는데, 공간적 플롯이란 사건들의 결합 방식이 대칭, 대조, 반복 등과 같은 공간적 배치를 연상시키는 경우를 뜻한다. 이때 사건들은 시간적 흐름 안에 속해 있을지라도 그 연속성의 인상이 약화되면서 공간적 패턴으로 변형된다.

예를 들어 「혹부리 영감」이나 「금도끼 은도끼」 같은 이야기들은 반복과 대조의 원리에 의해 구성되어 있다. 이들 서사물에서 착한 주인공이 경험한 에피소드는 못된 주인공에 의해 다시 한 번 되풀이되는데, 앞선 에피소드가 가졌던 포상으로서의 의미는 처벌이라는 정반대의 의미로 뒤바뀐다. 한편 칼비노의 『존재하지 않는 기사』는 완벽한 질서와 이성과 추상성의 세계를 상징하는 아질울포와, 경험의 구체성과 욕망의 혼돈스러움을 추구하는 람발도 사이의 대칭적 관계를 토대로 하여 설계된 소설이다. 이 소설에서 사건들은 시간의 연속성으로부터 벗어나 기하학적 구도로 재배치되면서 의미론적 관련성을 맺게 된다.

또한 서사물의 사건들이 한 개의 스토리라인(story-line)을 구성하는지 아니면 두 개 이상의 스토리라인을 구성하는지에 따라 단선적 플롯과 다선적 플롯을 구분할 수도 있다. 『피노키오의 모험』은 피노키오가 경험하는 일련의 스토리를 따라 구성된 단선적 플롯의 서사물이며, 「혹부리 영감」은 착한 혹부리 영감의 이야기와 못된 혹부리 영감의 이야기라는 두 개의 스토리로 구성된 다선적 플롯의 서사물이다. 물론 다선적 플롯은 이보다 훨씬 더 복잡하게 얽혀 있을 수도 있다. 텔레비전 연속극 형태의 멜로드라마에서는 주인공 남녀의 사랑 이야기 이외에도 주인공의 동생이나 친구가 만들어 가는 또 다른 사랑 이야기가 주 스토리라인(main story-line)과 교차하며 병행하여 진행되는 경우가 많다. 배수아의 『일요일,

스키야키 식당』은 마(馬)와 돈경숙, 마의 전처 박혜전, 마의 옛 친구 백두연, 돈경숙의 아들 세원, 아랫집 여자 표현정과 딸 부혜린, 마와 백두연의 동창 음명애 등을 비롯한 수많은 등장인물들이 각자 저마다의 스토리를 이끌어 가는 다선적 플롯의 한 극단을 보여 주기도 한다.

그런가 하면 단선적 플롯의 서사가 스토리상의 한 지점에서 두 갈래로 분화되는 경우도 있다. 일례로 존 파울즈의 『프랑스 중위의 여자』는 전혀 다른 두 개의 결말을 지닌 소설이다. 주인공 찰스는 자신을 버리고 사라져 버린 사라를 수소문 끝에 찾아낸 뒤 그녀의 거처를 방문한다. 사라를 다시 만난 찰스는 원망과 저주의 말을 던지고 돌아선다. 첫 번째 결말에서 찰스는 방을 나서지 못하게 만류하는 사라의 제의를 받아들인다. 그 결과 그는 사라가 낳은 자신의 아이를 만나게 되고, 극적으로 서로의 변함없는 사랑을 확인한다. 반면에 두 번째 결말에서 찰스는 사라를 뿌리치고 그대로 그곳을 떠나며, 끝내 오해를 풀지 못한 채 그들의 관계는 끝이 난다. 이 소설에서 일직선 형태로 된 스토리 라인은 결말에 이르러 두 갈래로 분기하는 양상을 띤다. 이로써 신비로운 선택으로 이루어진 인생의 아이러니가 인상적으로 부각된다.

이외에도 서사물의 플롯을 직설법의 플롯과 가정법의 플롯으로 나누어 보는 방법도 가능하다.[4] 직설법의 플롯에서 스토리는 실제로 일어난 사건들로만 구성되지만, 가정법의 플롯에서는 잠재적이고 가상적인 사건이 스토리의 진행에 결정적인 영향을 미친다. 가정법의 플롯은 의무의 플롯, 기원의 플롯, 조건의 플롯, 예언의 플롯 등으로 나눌 수 있다. 가정법의 플롯에서는 '~해야만 한다', '~하기를 기원한다', '~한다면 ~할 수 있다', '~하게 될 것이다'와 같이 아직 일어나지 않은 잠재적 사건들

---

[4] T. Todorov, *La Poétique de la prose*(Paris: Seuil, 1971), pp. 123~125.

이 후에 실제로 수행되는지 여부에 따라 스토리의 방향을 결정한다.

각각의 예들을 살펴보자. 「개미와 베짱이」에서 여름에 개미를 비웃으며 신나게 놀던 베짱이는 겨울에 양식이 없어 개미에게 도움을 청하게 된다. 이 이야기는 베짱이가 '추운 겨울에 대비하여 여름에 부지런히 일해야 한다.'는 의무를 수행하지 않은 결과, 처벌을 받게 되었다는 이야기이다.(의무의 플롯) 『오즈의 마법사』의 여러 주인공들은 '집에 돌아가고 싶다.'거나 '지혜, 사랑, 용기 등을 갖고 싶다.'는 소망을 품고 있다. 이들이 겪게 되는 존재의 통합과 성숙은 그 소망의 실현을 위한 노력과 모험의 결과이다.(기원의 플롯) 「세 개의 깃털」에서는 바보 같은 막내 왕자가 다른 영리한 형제들을 제치고 왕위에 오르게 되는데, 이는 그가 '가장 좋은 양탄자를 구해 와야만 왕위를 물려받을 수 있다.'는 아버지의 시험을 통과한 결과이다.(조건의 플롯) 또한 「잠자는 숲 속의 미녀」는 "공주는 열다섯 살에 물레 가락에 찔려 죽게 될 것이다."라는 저주의 형태를 띤 예언이 수정을 거쳐 성취되는 과정에 대한 이야기라 할 수 있다.(예언의 플롯) 플롯의 이러한 구분법은 특히 우리에게 친숙한 전통적 이야기들이 어떤 원리로 구성되어 있는지를 한눈에 파악하게 해 준다. 이런 플롯들은 오래 전부터 우리가 가지고 있던 사고의 전형적인 패턴들을 반영하는 것으로도 이해될 수 있다.

플롯의 기능

이처럼 플롯은 분리된 사건들을 관련지음으로써 의미를 생성하는 다양한 방식들을 보여 준다. 이는 우리가 세상을 이해하고 질서화하는 방식이기도 하다. 서사물에서 인과적, 시간적 플롯이 흔히 발견되는 것은 우리가 경험하는 복잡한 사건들을 인과성이나 시간성의 논리에 따라 배열하고 연관시키는 우리의 익숙한 사고방식을 대변해 준다. 한편 오늘날 인과성의 플롯이 현저히 약화되는 현상은 세계를 원인과 결과의 밀접한 연관 관계로 해석해 왔던 사고방식이 강하게 도전받고 있음을 증명한다. 단선적 플롯이 무질서한 세계를 하나의 일목요연한 스토리로 정리하고자 하는 욕망과 관련된다면, 복잡하게 구성된 다선적 플롯은 세계의 혼돈스러움을 좀 더 복합적인 방식으로 질서화하려는 욕망을 반영한다. 극단적으로 확장된 다선적 플롯이나 여러 갈래로 분산된 플롯은 혼돈과 무질서 자체를 수용하고 긍정하려는 욕망의 표현이라 할 수 있다.

이러한 여러 가지 플롯들은 우리에게 다양한 종류의 만족감을 준다. 플롯이 제공하는 만족감은 우선 복잡다단하고 불가해한 현실을 파악할 수 있다는 안도감이다. 그 안도감이 숨겨진 진실을 밝혀 줌으로써 얻어지는 것이든 아니면 진실을 파악했다는 거짓 위안의 산물이든지 간에, 그것으로부터 우리는 불안정한 존재의 안정감을 구할 수 있다.

다른 한편 플롯의 다채로운 형식적 패턴들은 그 자체로 우리에게 즐거움을 준다. 우리는 두 번의 실패 후에 성공에 도달하는 「아기 돼지 삼형제」의 플롯이나, 주어진 금기와 금기의 위반과 그로 인해 발생한 위기 상황의 극복이라는 「에로스와 프시케」의 플롯과 같은 익숙한 패턴들을 즐기곤 한다. 플롯이 만들어 내는 반복 속의 변형과 형세가 역전되는 극적인 반전은 우리에게 질리지 않는 즐거움을 선사한다. 퍼즐의 잃어버린 조각을 찾아 맞추는 추리 소설의 꽉 짜인 플롯으로부터 의도된 허술함을 생명으로 하는 허무 시리즈의 플롯에 이르기까지, 우리에게 즐거움을 주는 서사의 패턴들은 참으로 무궁무진하다.

스토리의 논리와 형식적 패턴으로서의 플롯의 기능은 우리를 다시 서사적 욕망의 두 가지 측면과 만나게 한다. 플롯에 관해 논의함으로써 우리는 서사물이 진실과 즐거움을 향한 인간의 근원적 욕망을 충족시켜 주는 구체적인 양상들을 살펴보게 된다. 플롯이 담당하는 기능은 서사의 본질적 기능을 압축적으로 보여 준다고 말해도 좋을 것이다.

3 환상과 미메시스

미메시스 중심의 문학관

문학에 대한 새로운 접근을 모색하기 위해서는 문학 중심의 사고로부터 서사 전반에 대한 포괄적인 사고로 전환하는 일과 더불어, 오랫동안 우리의 생각을 지배해 왔던 미메시스(mimesis) 중심의 문학관을 반성하는 일이 요구된다. 문학은 현실을 모방한다고 하는 미메시스적 문학관은 플라톤과 아리스토텔레스까지 거슬러 올라간다. 플라톤은 시인들이 진리(idea)와는 아무런 접촉을 가지지 못한 채 진리의 가상을 모방하는 모방자에 불과하다는 이유로 문학을 무가치하고 해로운 것으로 규정했다. 반면에 플라톤의 이데아론을 부정한 아리스토텔레스는 현실의 모방으로서의 문학의 기능을 옹호했다. 그는 서사시와 비극과 희극 등을 모두 모방의 양식으로 보면서, 그것들 간에 존재하는 모방의 수단과 대상과 양식의 상이성에 관해 설명했다.

문학이 현실을 모방한다는 생각은 이처럼 그리스 시대로부터 이어져 내려왔으나, 미메시스적 기능의 중요성은 근대에 와서 더욱 강조되었다. 근대 이후 문학은 현실을 모방하기 때문에 가치가 있으며, 모방의 정도와 수준에 따라 문학의 가치가 결정된다는 관점이 강한 영향력을 행사하게 되었다. 그 한 예로 아우어바흐는 『미메시스』에서 서양의 서사 문학 전통을 리얼리티(reality)의 점진적인 증가 과정으로 파악했다. 그는 문학이 경험적 현실에 충실해야 한다는 당위적인 전제 위에서, 개별 작품이 어떻게 스타일의 통일성을 유지하면서 다양한 삶의 현실과 사회적 현실을 수용하느냐 하는 점을 평가의 절대적인 기준으로 제시했다. 결과적으로 그는 호머의 서사시들을 비롯하여 리얼리티와는 거리가 먼 고대와 중세의 수많은 서사물들을 인정할 수 없었으며, 버지니아 울프나 프루스트나 제임스 조이스 등과 같은 20세기의 대표적인 소설가들과도 타협할 수 없었다.

미메시스 중심의 문학관은 이제까지 허구 서사물에 대한 우리의 사고에 깊은 영향을 미쳐 왔다. 고대의 설화나 중세의 로망스 등으로부터 근대 소설이 '발전'했다고 하는 일반적인 견해가 그 한 예이다. 이런 견해는 근대 이전의 서사물들에 근대적 가치관을 일방적으로 적용하는 근대 소설 중심주의를 반영한다.[1] 이에 따르면 비현실적인 요소들로 가득 찬 과거의 서사물들은 리얼리티를 지닌 근대 소설에 '미달'하는 것이 된다. 또한 동시대의 서사물들 중에서도 판타지나 SF 등은 미메시스적인 요구를 외면한다는 이유로 리얼리즘적인 소설에 비해 덜 중요하거나 주변적인 장르로 취급되어 왔다. 실제로 어떤 서사물에 대해 '리얼리티가 없다'거나 '비현실적이다'라고 말하는 것은 그 서사물의 무의미함을 대변하는 치명적인 선고로 받아들여지기도 했다. 이런 관점은 '환상적 리얼리

---

[1] 로버트 숄즈·로버트 켈로그, 임병권 옮김, 『서사의 본질』(예림기획, 2001), 11~18쪽.

즘'이라는 애매한 용어를 만들어 낸 동기와도 관련된다. 어떤 비현실적인 서사물을 환상적 리얼리즘이라고 부르는 것은 그 서사물이 '비록 환상적이지만 그 나름의 현실성과 진실성을 지니므로 가치가 있다.'고 하는 타협적 사고를 반영한다고 말할 수 있다. 여기에는 근본적으로 리얼리티를 벗어나는 진지한 서사물들에 대한 불편한 감정이 내재하고 있다.

이렇듯 미메시스 중심의 문학관은 하나의 획일적인 잣대로 다양한 욕망과 상상력을 지닌 서사물들의 서열을 매기는 편협한 사고로 이어진다. 우리는 리얼리티에 대한 지향이 서사의 한 두드러진 측면을 보여 준다는 데 동의하지만, 이를 결코 절대적이거나 지배적인 특성으로 간주하지 않을 것이다. 우리는 서사가 리얼리티를 추구하는 것과 마찬가지로 또한 리얼리티로부터의 의도적인 일탈과 변형을 추구한다는 데 주목한다. 미메시스적 상상력과 환상적 상상력은 서사를 지탱하는 대조적이면서도 상보적인 힘인 것이다.[2]

서사는 리얼리티와 환상이라는 각기 다른 방식을 통해 진실을 탐구하고 즐거움을 제공한다. 환상은 미메시스적 상상력으로는 포착할 수 없는 시대의 공포나 무의식을 형상화하고 현실의 모순과 폭력성을 더욱 강렬한 방식으로 폭로할 수 있으며, 리얼리티의 좁은 테두리를 넘어서는 상상력의 무한한 자유를 통해 요지부동의 갑갑한 현실로부터 탈출하는 즐거움을 준다. 서사물의 종류에 따라 리얼리티와 환상 가운데 어느 한쪽이 우세하게 나타날 수 있으며, 하나의 서사물 안에서 이 두 가지 상상력이 조화롭게 공존하거나 긴장을 유발하며 충돌할 수도 있다.

우리는 이 모든 가능성들을 차이와 다양성의 관점에서 대등하게 다룸

---

[2] 이런 관점은 Kathryn Hume, *Fantasy and Mimesis: Response to Reality in Western Literature*(New York: Metheun, 1984)에서도 찾아볼 수 있다.

으로써, 그동안 미메시스 중심의 문학관에 의해 억압되고 배제되었던 여러 서사물들에 온당한 자리를 찾아 주고 싶다. 또한 이러한 관점을 통해 오늘날 특히 활발히 생산되고 수용자들에게 사랑을 받고 있는 환상적인 서사물들의 의의를 충분히 논의할 수 있길 바란다.

리얼리티와 핍진성

환상적 상상력의 중요성이 부각됨에 따라 오늘날 미메시스 중심의 문학관은 흔들리게 되었다. 미메시스적 문학관이 회의에 부딪힌 데에는 또한 리얼리티 개념 자체에 대한 회의가 근본적인 원인으로 작용하고 있다.

리얼리티는 흔히 경험적 현실과의 일치로 정의된다. 그러나 어떤 리얼리즘적인 서사도 현실 그 자체를 있는 그대로 모사할 수는 없다. 언어 서사물의 경우, 아무리 객관적 사실에 충실하고자 해도 비규정적이고 비분절적인 현실을 언어로 번역하는 데에는 취사선택과 일반화와 주관적 관점이 개입할 수밖에 없다. 이런 한계는 본질적으로 언어보다 미메시스적인 매체인 영상 서사물의 경우에도 크게 다르지 않다. 다큐멘터리 형식의 기록 영화라 해도 현실의 일부분을 잘라 내어 프레임화하는 과정에서 현실은 어떤 식으로든 변형될 수밖에 없는 것이다.

그렇지만 실제로 우리는 많은 서사물들이 현실을 그대로 재현한다는 느낌을 공유한다. 이런 느낌은 우리가 서사물을 수용할 때 기꺼이 리얼리티의 환영(illusion)을 받아들이는 데서 비롯된다. 어떤 서사물은 수용자들로 하여금 '지금 이 이야기는 현실을 재현하고 있다.'는 강한 인상을 갖게 하며, 수용자들은 관례적으로 이 느낌을 거부감 없이 받아들인다. 이렇게 보면 리얼리티란 서사적 관습에 의해 마련된 일종의 가상이라 할 수 있다.

따라서 서사물에서의 리얼리티는 현실과의 일치라기보다는 일반적으로 현실이라고 받아들여지는 것과의 일치로 정의될 수 있다.[3] 한 서사물이 우리가 현실적이라고 '느끼는' 것을 보여 준다면, 거기에는 리얼리티가 있다고 말할 수 있다. 달리 말하면 리얼리티란 대다수의 사람들이 공유하는 상식이나 여론과의 일치 여부에 근거하는 것이라고 하겠다.

리얼리티에 대한 보편 관념은 시대에 따라 변한다. 과거에는 리얼리티가 있다고 느껴졌던 것이 나중에는 비현실적으로 느껴질 수 있다. 예를 들어 중세적인 배경을 충실하게 재현한 어떤 서사물은 오늘날에는 그 시간적 거리감과 낯섦 때문에 비현실적이라는 인상을 주기도 한다. 반대로 가사 노동을 전담하는 인공 지능 로봇에 관해 이야기하는 「바이센테니얼 맨」과 같은 이야기는 지금은 환상이라고 느껴지지만, 그리 멀지 않은 미래에는 상당 부분 사실적인 것으로 받아들여질 수도 있다.

리얼리티라는 관념은 경험 세계의 변화에 따라서 달라질 뿐 아니라 서사적 관습의 변화에 따라서도 달라진다. 「맨발의 청춘」과 같은 1960년대의 영화에서 주인공들의 독특한 억양과 과장된 몸짓 등은 현재의 우리에게는 참으로 어색하게 느껴지지만 당대의 수용자들에게는 무척 자연스러운 것이었다. 마찬가지로 가부키의 도깨비 같은 분장도 당시에는 지금처럼 리얼리티가 떨어지는 것으로 받아들여지지 않고 그럴듯하게 여겨졌을 것이다.

이렇듯 리얼리티 자체가 가상이고 상대적인 것이라면, 모든 서사물에 대해 리얼리티의 단일한 기준을 적용하는 것은 부당한 일이 된다. 더욱이 「매트릭스」로 상징되는 시뮬라크르의 시대에, 리얼리티라는 개념은

---

[3] T. Todorov(1968), pp. 35~38.

오늘날 참으로 모호하고 불확실한 것이 되었다. 특히 허구 서사물에서 더욱 유효한 기준은 그 서사물이 얼마나 현실적인가 하는 점보다는 얼마나 그럴듯한가 하는 점일 것이다. 이런 이유들 때문에 고정된 리얼리티의 배타적 개념보다는 가변성과 다양성을 중시하는 관점이 필요하다. 이런 관점을 대변하는 또 다른 개념이 바로 핍진성(verisimilitude)이다.

핍진성이 있다는 것은 서사물이 수용자에게 그럴듯하게 보이고 자연스럽게 받아들여짐을 뜻한다. 핍진성은 서사물의 종류에 따라 다양한 양상을 띨 수 있다. 비극은 희극과는 다른 비극의 핍진성을 지니고, 로맨스는 리얼리즘 소설과는 다른 로맨스의 핍진성을 지닌다. 이렇게 생각하면 서사물의 장르만큼이나 많은 서로 다른 핍진성이 존재하게 된다. 이처럼 장르의 핍진성이라는 관점은 서사물의 차이와 다양성과 공존성을 인정하는 열린 시각을 보여 준다.

장르로서의 핍진성은 왜 어떤 서사물에서는 죽은 사람이 살아나는 것이 리얼리티의 규범을 어긴 부자연스러운 장면으로 느껴지고 다른 종류의 서사물에서는 자연스럽게 받아들여지는지를 설명해 준다. 리얼리즘 소설에서 우리는 불을 뿜는 용이 나오는 장면을 용납할 수 없지만, 판타지 소설에서는 그것이야말로 핍진성을 더하게 하는 멋진 장면인 것이다.

판타지 장르에서 단적으로 드러나듯이, 장르의 핍진성은 현실의 핍진성 또는 좁은 개념의 리얼리티와 배치될 수 있다. 예를 들어 추리 소설에서 꼭 범인일 것처럼 보이는 용의자가 범인이 아닌 것으로 판명되고, 가장 범인이 아닐 것처럼 보이는 사람이 범인으로 밝혀질 때, 우리는 썩 그럴듯하다고 느낀다. 이런 상황은 현실적으로는 일어날 법하지 않은 일이지만, 익숙한 장르적 관행에 따라 수용자들에게는 핍진하게 받아들여지는 것이다.

영화 「유주얼 서스펙트」는 그 좋은 예이다. 이 영화에서 경찰은 사건

현장의 유일한 생존자인 버벌을 체포하여 조사하는 과정에서 카이저 소제라는 악명 높은 범죄자의 행각을 듣게 된다. 다리를 저는 소심하고 왜소한 인물 버벌은 카이저 소제에 대한 두려움에 떨며 진술을 마친 뒤 풀려난다. 뒤늦게 그가 한 진술이 즉흥적으로 지어낸 거짓말 일색이었음을 알게 된 경찰은 당황하지만, 이미 그는 사라진 뒤이다. 영화는 마지막 시퀀스에서 그의 절룩거리는 걸음걸이가 유유한 걸음으로 바뀌는 장면과 대기 중이던 부하들이 그를 승용차로 정중히 모셔 가는 장면을 보여 준다. 이름만 들어도 벌벌 떤다는 잔혹하고 카리스마 넘치는 범죄자가 알고 보니 그토록 못나고 볼품없는 인물이었다는 점 때문에, 이 영화는 추리물의 핍진성을 기대하는 수용자의 요구를 만족시켜 준다.

반면에 홍상수 감독의 「강원도의 힘」은 관례적인 핍진성을 깨뜨리면서까지 리얼리티를 추구하는 영화라고 말할 수 있다. 이 영화에서 극도로 사실적인 장면들과 인물의 대사들은 영화의 상식적인 관례에서 벗어난다는 이유 때문에 오히려 어색하고 부자연스럽게 느껴진다. 이로 인해 관객은 때로는 불편하고 불쾌한 감정을 느끼게 되며, 비현실적이라는 느낌마저 받기도 한다. 이는 리얼리티와 핍진성이 마찰을 빚는 또 다른 양상을 보여 주는 것으로서, 우리가 사실적이거나 자연스럽다고 느끼는 많은 것들이 실은 보편적인 관념과 익숙한 관습들에 의존하고 있다는 사실을 증명하는 예라 하겠다.

서사의 장르와 좌표

이처럼 핍진성에 대한 관심은 우리를 서사의 장르와 장르적 관습들에 대한 관심으로 이끈다. 그러나 장르라는 개념 또한 매우 논쟁적이라 할 수 있다. 서사의 장르에 관해 이야기하는 것은 서사물들을 구획 짓고 유형화하고자 하는 욕구와 무관할 수 없다. 여기에는 또다시 배타적인 범주화와 환원적인 단순화의 위험성이 개입하게 된다.

그러나 우리가 생각하는 장르는 사실상 이론적이고 체계적인 유형화라기보다는 직관적, 실용적, 임의적 분류에 가깝다. 우리는 상식적으로 흔히 사용되는 장르의 명칭들, 이를테면 리얼리즘 소설, 판타지, SF, 멜로드라마 등과 같은 장르들을 폭넓게 수용할 것이다. 이는 전적으로 논의의 편의를 위한 것으로, 각각의 개념은 그 용어를 사용하는 사람들이 대체로 공유하는 보편적인 관념에 의존한다.

우리는 이들 각각의 장르들을 배타적인 범주가 아니라 유사한 서사적 특성들로 이루어진 좌표적 군집으로 보고자 한다. 따라서 어떤 장르들은 때로는 다른 장르와 교차할 수 있으며, 여러 장르들을 포괄하는 보다 느슨한 장르도 있을 수 있다. 하나의 서사물은 이런 장르와 저런 장르의 중간적 성격을 띨 수도 있고, 한 장르에 속하는 동시에 또 다른 장르에 포함될 수도 있다. 이처럼 장르를 개방적이고 유연한 개념으로 받아들인다면, 장르의 설정이 초래할 수 있는 모순점과 문제점들 때문에 그것을 아예 폐기해 버리는 것보다는 서사물들 간의 공통점과 상이점을 이야기하는 데 훨씬 도움이 된다.

방금 장르를 좌표적 군집이라고 설명했는데, 이는 실제로 서사물의 장르들을 하나의 좌표면 위에 놓을 수 있다는 구체적인 가정에서 나온 것이다. 그렇다면 그 좌표는 서사물의 본질적인 특성들을 축으로 하여 설정되어야 할 것이며, 한 장르의 좌표적 위치를 지정함으로써 그 장르의 중요한 특성들이 밝혀질 수 있어야 할 것이다. 지금까지의 논의에서 우리는 서사적 욕망과 서사적 상상력을 서사물의 중요한 국면으로 다루었다. 우리는 하나의 장르가 진실의 탐색과 소망 충족의 꿈이라는 서사적 욕망 사이의 어느 지점에 걸쳐 있는지를 밝힘으로써, 그 장르의 중요한 특성을 설명할 수 있다. 마찬가지로 환상과 리얼리티라는 서사적 상상력과 두 극점 사이에서 한 장르가 위치한 지점을 좌표면 위에 나타낼 수도 있다. 서사적 욕망과 서사적 상상력을 두 축으로 하는 서사의 좌표를 그려 보면 아래와 같다.

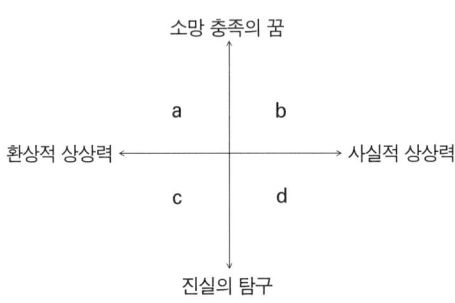

좌표의 세로축은 서사적 욕망의 축이고 가로축은 상상력의 축이다. 개별 서사물이 이 좌표면 위를 움직이는 점이라고 가정하면, 장르는 유사한 특성들을 나타내는 점들의 집합이라고 생각해 볼 수 있다. 이 좌표는 특정한 서사물이나 서사 장르에서 서사적 욕망과 서사적 상상력이 교섭하고 관련을 맺는 양상을 가시적으로 보여 줄 수 있다는 이점이 있다.

편의상 좌표축을 중심으로 나뉜 네 개의 좌표면에 대해 생각해 보자. 좌표면 a에는 환상적 상상력을 동원하여 소망 충족의 서사적 욕망을 실현시키는 서사물들이 자리한다. 이 좌표면은 서사의 폭넓은 영역 안에서 대체로 판타지 장르나 SF 장르의 서사물이 차지하는 영역에 해당된다. 이들 서사물에서 구체적인 사건과 상황과 시공간(chronotope) 등은 일상적이고 경험적인 세계의 리얼리티로부터 일탈하거나 그것을 변형시키는 환상적 상상력을 두드러지게 보여 준다. 또한 이들 장르에서 환상적 요소들은 삶의 진실과 직접 대응하지 않고도 그 자체로 즐거움과 만족을 준다. 이를 기표(signifiant, 언어)와 기의(signifié, 지시 대상)의 관계로 이해한다면, 여기서 환상적 요소들은 기의와 결합됨이 없이도 자족적으로 존재 의의를 갖는 기표의 놀이에 가까울 것이다.

좌표면 b는 사실적 상상력을 통해 소망 충족을 지향하는 서사물들의 자리이다. 이 영역은 멜로드라마로 통칭되는 서사물들의 성격을 단적으로 보여 준다. 멜로드라마는 판타지와는 달리 우리가 사는 일상적 시공간을 배경으로 사실적인 디테일들을 수반하는 상상력의 테두리 안에 머무른다. 그러나 멜로드라마의 관심은 삶의 진실에 다가가는 것이 아니라 오히려 그것으로부터 자유롭게 떠나 버리는 데 있다. 이야기 자체의 흥미와 동일시를 통한 대리 만족과 현실에서 이루어질 수 없는 소망의 실현 등이 멜로드라마적 욕망을 대변하기 때문이다.

좌표면 c는 환상적인 요소들이 진실 탐색의 기능을 하는 서사물들의 위치를 보여 준다. 교훈적인 메시지를 지닌 환상적 동화나 우화 등이 여기에 해당된다. 환상이 상징적 의미를 지니는 대다수의 환상적 소설들도 여기에 포함된다. 이런 서사물들에서 환상적 요소들은 기표의 놀이로 존재하지 않고, 타당한 해석을 거침으로써 기의와 결합한다. 서사물의 환상들이 진실을 발견하는 방법이나 매개로 기능한다는 점에서 이들 서사물은 판타지 등과는 뚜렷하게 구별된다.

마지막으로 사실적 상상력을 통해 진실을 탐색하는 서사물들이 좌표면 d를 차지한다. 역사물이나 전기류가 그 대표적인 예이며, 리얼리즘 소설도 이와 관련된다. 좌표면 a가 오늘날 탈근대적인 에너지를 폭발적으로 발산하고 있는 영역이라면, 좌표면 d는 리얼리즘 소설을 중심으로 하는 근대 문학의 에너지가 분출했던 영역이라 할 수 있다. 물론 소설은 삶의 진실을 발견하고자 하는 강한 동기를 지니고 있을지라도 명시적인 주제나 단정적인 메시지로 환원되기를 거부하는 경향이 있다. 소설의 독자들은 메시지를 해석하는 작업을 수행하는 동안에도 여전히 해석의 그물망을 빠져나가는 서사의 세부적인 요소들을 그 자체로 기꺼이 즐길 수 있다. 따라서 리얼리즘 소설은 가로축을 넘어서 b와 d의 영역에 다소 길게 걸쳐 있는 것으로 이해해도 좋을 것이다.

이처럼 위의 좌표는 서사적 욕망과 상상력이라는 서사의 본질적인 두 측면을 중심으로 여러 서사물들의 공통점과 차이점을 비교하고 설명하는 데 유용하다. 또한 이 좌표는 근대적인 가치관에 의해 배제되어 왔던 다양한 종류의 서사물들을 논의에 포함시킬 수 있는 포괄적인 관점을 제공한다. 진지하지 않다거나 깊이가 없다거나 현실에 대해 말하지 않는다는 등의 이유로 소홀히 취급되어 왔던 서사물들이 이 좌표 위에서는 자신의 자리를 가질 수 있다.

그뿐 아니라 이 좌표는 근대를 통과하며 서사의 에너지가 응집되는 지점이 현저하게 이동한 양상을 설명하기에 적합하다. 앞서 지적한 대로 서사물 전반에 걸쳐 좌표면 d에서 a로의 중심 이동이 일어났다고 말함으로써, 우리는 이 시대의 서사물이 지난 시대와 구분되는 지점을 짚어 낼 수 있다. 우리는 또한 문학의 경우에는 좌표면 d에 집약되어 있던 에너지가 나머지 좌표면들 전체로 분산되거나 확산되고 있다고 지적함으로써, 오늘날 문학의 경계가 모호해지고 그 고유성이 해체되는 상황을 쉽게 설명할 수 있을 것이다. 역사물의 경우에도 팩션(faction, 『다빈치 코드』, 『바람의 화원』, 「공주의 남자」, 「광해」 등 허구적 상상력으로 역사적 사실을 과감하게 변형하는 이야기들)이나 역사 판타지(「태왕사신기」나 「신의」 등 역사적 상황과 초자연적 환상을 절묘하게 뒤섞은 이야기들)라는 신종 장르들이 단적으로 예시하듯이, 우리 시대의 역사물은 고증과 역사적 사실에 대한 강박으로부터 점점 더 자유로워지면서 좌표면 d를 벗어나 a나 b로 확산되거나 이동하는 경향을 띤다. 이런 설명은 근대적인 역사 서사물과 탈근대적 역사 서사물의 차이를 한눈에 알아볼 수 있게 해 준다.[4]

한편 이미 암시된 대로 a~d의 좌표면들은 배타적인 구획을 의미하지는 않는다. 한 장르의 영역은 가로축이나 세로축과 만날 수도 있고, 축을 횡단하여 서로 다른 좌표면에 동시에 걸쳐 있을 수도 있다. 또한 개별 서사물의 경우에도 좌표적 위치는 하나의 점으로 고정되어 있지 않다. 일례로 스위프트의 『걸리버 여행기』는 본래 정치적인 풍자를 의도하고 있었으며 당대의 독자들은 이 사실을 대체로 공유하고 있었다. 그러나 오늘날 이 소설은 단지 흥미진진한 환상적 서사물로 읽히는 것이 보통이다. 18세기에는 『걸리버 여행기』가 좌표면 c에 속하는 서사물이었지만, 오늘날에는 좌표면 a로 이동하게 된 것이다.

이와 유사하게 같은 시대라도 수용자의 태도나 성향에 따라 한 서사물의 성격은 달라질 수 있다. 영화 「엑스맨」에서 어떤 사람은 초능력을 지닌 돌연변이 인간들이 보여 주는 다채로운 환상과 풍부한 액션들을 즐기지만, 다른 사람은 인간의 핍박에 대항하는 돌연변이 인간들의 투쟁으로부터 소수자에의 배제와 탄압에 대한 저항의 메시지를 읽을 수도 있다. 영화 「디스트릭트 9」을 외계인 영화의 특이하고 매력적인 변형으로 기억하는 사람이 있는가 하면, 남아공에서 실제로 있었던 인종 차별에 대한 비판적 풍자로 해석하는 사람이 있는 것도 마찬가지 경우이다. 이처럼 한 서사물의 좌표적 위치는 변화할 수 있는데, 이런 경우에 하나의 서사물은 좌표면 위를 움직이는 점들의 집합으로 넓게 표시될 수 있다. 이렇게 하면 한 서사물 안에 내재하는 이중적 충동이나 다양한 수용 가

---

[4] 팩션을 비롯한 역사물의 새로운 경향에 대해서는 박진, 『장르와 탈장르의 네트워크들』(청동거울, 2007), 15~96쪽에서 자세히 다루고 있다.

능성들을 포용할 수 있게 된다.
 앞으로 우리는 이 좌표를 염두에 두고 이야기를 풀어 가기로 한다. 서사의 좌표와 관련하여, 장르의 공통적 특성에 대한 관심과 개별 서사물의 고유한 특성에 대한 관심이 병행하여 진행될 것이다.

4 우의와 상징

우의와 상징의 개념

서사에서 우의(allegory)와 상징(symbol)은 모두 서사물의 인물과 사건과 상황 등이 그 자체로만 이해되지 않고 또 다른 의미로 해석될 수 있는 경우와 관련된다. 서사의 스토리는 글자 그대로의 일차적 의미로도 충분히 재미와 만족을 줄 수 있지만, 우의적이고 상징적인 스토리는 삶의 진실에 관한 일반적 명제의 형태를 띠는 이차적 의미로의 전환이 가능하다.

그중에서 우의는 일차적 의미가 이차적 의미와 일의적이고 단선적으로 대응하는 경우를 지칭한다. 우의적 서사에서 일차적 의미는 이차적 의미에 강하게 종속되고, 별다른 잉여 없이 이차적 의미로 환언된다. 따라서 우의적 서사는 이차적 의미를 위해 존재한다고 볼 수 있다.

우화(fable)는 우의를 통해 의미를 전달하는 대표적인 서사 장르이다. 「토끼와 거북이」의 전체 스토리는 '재주가 있다고 꾀를 부리다가는 부지런한 자에게 지고 만다.'라는 교훈적, 도덕적 명제로 환언될 수 있다. 이러한 이차적 의미가 먼저 있고, 이를 위해 토끼와 거북이라는 주인공과 그들의 경주라는 상황 설정이 이루어진 것이라고 말할 수도 있다. 이 이야기에서 토끼는 '재주 있고 약삭빠른 자'를 대표하고 거북이는 '느리지만 부지런하고 꾸준한 자'를 대표하는데, 이들은 모두 일반적이고 추상적인 개념을 인물화하여 만들어진 우의적 주인공들이다. 주인공과 그가 대표하는 개념, 스토리와 그것이 전달하는 메시지 간의 거리가 매우 가까워서,「토끼와 거북이」는 별다른 해석의 여지를 남기지 않는다.

이에 비해 상징에서 일차적 의미는 보다 넓은 영역의 이차적 의미와 연결된다. 상징은 단일한 명제나 명백한 개념으로 번역되지 않고, 훨씬 더 복잡하고 다의적인 의미를 산출한다. 때로는 이차적 의미의 영역이 무한하여, 아무리 해석되어도 여전히 불분명하게 남아 있는 상징도 있다. 이처럼 의미의 잉여와 소음(noise)이 많기 때문에, 상징은 우의보다 명쾌함이 떨어지는 반면 더욱 풍부하고 복합적이다.

멜빌의 소설『모비 딕』에서 흰 고래는 고래 이상의 무언가를 의미한다는 인상을 주고, 수용자로 하여금 그 의미를 해석하고자 하는 욕망을 갖게 한다. 그렇다면 흰 고래가 의미하는 것은 무엇인가? 이에 대해 단정적으로 말하기는 쉽지 않다. 모비 딕을 추적하는 에이허브 선장은 어떠한가? 그 추적의 과정은 악의를 품은 대상에 대한 편집광적 복수인가? 아니면 고래의 배후에 있는 우주적인 악의에 대한 인간의 도전인가? 그 의미를 한마디로 규정할 수 없기 때문에, 우리는『모비 딕』을 상징적인 이야기라 부를 수 있다.

우의와 상징이라는 개념을 통해 우리는 진실 탐구의 서사적 욕망에 관해 생각해 볼 수 있다. 우의와 상징은 서사물이 지닌 내재적 특성인 동시에, 서사물을 삶의 진실과 관련지어 이차적으로 의미화하고자 하는 우리의 성향을 대변하는 것이기도 하다. 앞서 살펴본 서사의 좌표를 머릿

속에 그려 본다면, 우리는 지금 진실 탐구의 욕망 쪽으로 치우친, 좌표의 가로축 아래 영역(좌표면 c와 d)에 관해 이야기하고 있는 셈이다. 이어지는 소제목들에서 우리는 주로 환상적 요소를 포함하는 서사물들을 통해(좌표면 c) 우의와 상징의 여러 양상들을 살펴볼 것이다.

한편 우의와 상징은 그 경계가 다소 모호하다고도 말할 수 있다. 우의와 상징의 구분은 일차적 의미와 이차적 의미의 관계가 '얼마나' 밀접하고 명백한가, 혹은 이차적 의미가 '얼마나' 다의적이고 풍부한가 하는 '정도'의 차이에 따라 결정되기 때문에, 그 중간적 성격들의 여러 단계를 생각해 볼 수 있는 것이다. 따라서 지금까지 우리가 계속 그렇게 해 왔듯이 이번에도 우리는 우의와 상징을 배타적 범주로 놓지 않고, 우의적 성격과 상징적 성격의 연속적인 스펙트럼을 가정하기로 한다. 결국 다음 소제목들에서 우리가 고려해 볼 것은 우의적 환상으로부터 상징적 환상으로 이어지는 점진적인 단계들이 될 것이다.

우화와 동화

이미 설명한 대로 우화는 전형적인 우의의 장르이다. 우화와 같이 서사물이 전달하는 메시지가 교훈적이고 도덕적일수록 우의적 성격은 더욱 강해진다. 어려울 때를 대비하여 부지런히 일하지 않으면 나중에 후회하게 된다는 「개미와 베짱이」의 우화나, 남의 입장을 배려하지 않고 자기 편의만 따르게 되면 자기도 똑같은 대접을 받게 된다는 「여우와 두루미」의 우화 등은 모두 우의의 특징을 잘 보여 준다.

우의적 서사에는 개미는 부지런하고 베짱이는 노래하며 놀기 좋아한다는 식의 상식적인 고정관념이 반영되는 경우가 많다. 또 여우의 주둥

이와 두루미의 부리 모양과 같이 동물의 생김새나 고유한 특징 등이 스토리를 이끌어 가는 데 중요하게 작용하는 것도 우의의 한 특성이다. 동물을 의인화한 우화가 아닌 경우에도 우의적 서사에서는 인물의 신체적 특징, 직업, 이름, 별명 등이 그가 대표하는 관념을 직접 연상시키는 방법이 종종 사용된다. '절름발이'와 '소경', '가난뱅이'와 '부자'가 등장하는 이야기들처럼 우의적 서사에서 인물은 특정한 속성과 그것이 대변하는 관념으로 쉽게 환원되곤 한다.

우화를 도입한 오웰의 소설 『동물농장』 역시 우의적 성격을 강하게 드러내는 서사물이다. 이 소설에서 돼지들이 인간에게 반란을 일으켜 공동 농장을 세운다는 이야기는 공산주의 혁명에 대한 명백한 알레고리이다. 지도자인 두 돼지 사이에 권력 투쟁이 일어나고, 평등의 이상에 위배되는 지배/피지배 계급이 생겨나고, 독재 정치가 성립되어 결국은 시초에 부정했던 인간의 악덕이 만연하게 되는 일련의 과정은 공산주의 체제에 대한 신랄한 풍자에 다름 아니다. 이처럼 우화 소설은 우의를 풍자의 도구로 삼는 경우가 많은데, 여기서 우화의 단정적인 메시지와 교훈성은 또 하나의 강압적인 이데올로기로 작용하기도 한다. 공산주의 혁명의 지도자들을 돼지에 빗댄 『동물농장』의 알레고리가 너무 명백하여 끔찍하게 느껴지는 이유가 여기에 있다.

우화가 아니더라도 어린이를 대상으로 하는 동화들은 교훈적인 의도로 종종 우의를 활용한다. 19세기에 이탈리아의 동화 작가 콜로디가 창작한 『피노키오의 모험』은 미래의 주역이 될 어린이를 훌륭하게 교육하여 나라의 일꾼으로 키워 내야 한다는 계몽적 신념 아래 창작된 이야기이다. 이 동화에서 말썽꾸러기 나무 인형 피노키오는 계몽의 대상으로서의 불완전한 존재인 어린이를 대표한다. 피노키오가 진짜 아이, 곧 진정한 인간으로 완성되기 위해서는 학교에 가야 하고 아버지 말씀을 잘 들어야 하고 착한 일을 해야만 한다.

이 이야기의 세부적인 환상들도 우의적 성격을 강하게 띠고 있다. 거짓말을 하면 코가 길어진다는 환상은 "거짓말은 거짓말하는 자의 얼굴에 드러난다."거나 "거짓말쟁이는 인상이 나빠진다."고 하는 유럽식 통념들을 직접 환기시킨다. 디즈니사에서 애니메이션으로 제작된「피노키오」에는 "거짓말은 이렇게 점점 자라는 거야."라는 푸른 머리 요정의 말이 첨가되어 교훈적 성격이 더욱 강조되기도 했다. (디즈니 애니메이션에서 이 요정은 심지어 "착하지 않은 아이는 나무 인형이 되는 게 나아."라는 잔인한 선고를 내리기도 한다.) 피노키오가 학교에 가지 않고 놀고먹기만 하다가 당나귀로 변한다는 환상도 마찬가지이다. 흔히 서양에서 당나귀(ass)는 바보나 고집불통인 사람을 조롱하는 말로 사용되는데, 『피노키오의 모험』에서 이 환상은 열심히 공부하지 않으면 바보가 된다, 사람들의 비웃음을 당하게 된다는 경고의 메시지라 하겠다. 교훈성과 우의성이 너무도 명백한 만큼 이 동화의 환상들은 어찌 보면 지나치게 무서운 것이기도 하다.

계몽적인 의도를 표면에 내세운 몇몇 창작 동화들과는 달리 대부분의 전래 동화(fairy tales)는 교훈성을 좀 더 풍부한 환상들 속에 감추고 있는 경우가 많다.[1] 「헨젤과 그레텔」은 유년기 아이들이 독립심을 키우는 데 필요한 여러 가지 교훈들을 담고 있다. 부모가 헨젤과 그레텔을 숲 속에 버리고 오는 상황은 성장의 단계에서 부모로부터의 분리 불안을 경험하는 아이들의 공통된 심리적 환상이다. 부모가 있는 집으로 돌아오기 위해 애쓰는 그들의 모습은 부모에게 의존하는 상태로의 퇴행 욕구를 대변해 준다. 그들이 숲에서 발견한 사탕과자집을 정신없이 뜯어먹는 환상은

---

[1] 전래 동화에 관한 논의는 주로 Bruno Bettelheim, *The Uses of Enchantment*(New York: Alfred A. Knof, 1977)를 참조했다.

유년기의 구순퇴행과 관련되며, 그 집에 사는 마녀에게 그들이 잡아먹힐 위기에 처하는 것은 구순퇴행이 안락한 유아기로의 복귀가 아니라 그들의 성숙을 방해하는 위험한 욕구임을 말해 준다. 헨젤과 그레텔이 자발적으로 꾀를 내고 용감하게 마녀를 무찔러 보물을 가지고 집에 돌아오는 것은 부모에 대한 의존으로부터 벗어나 스스로 세상을 향해 발을 내딛기를 두려워하지 않는다면 독립심과 성숙이라는 값진 보물을 얻게 될 것이라는 격려의 메시지를 담고 있다.

이렇듯 전래 동화의 환상들은 그 자체로 재미있을 뿐 아니라 어린이가 직면한 현실적인 과제들과 결부되면서 삶의 진실을 가르쳐 주는 교훈적 기능을 한다. 그 환상들은 대체로 성숙의 여러 단계마다 겪게 되는 다양한 심리적 갈등들과 그에 대한 대처의 방법들을 담고 있는데, 전래 동화에서 환상과 의미가 결합되는 양상은 우화나 교훈적 창작 동화에 비해서는 훨씬 덜 직접적이다. 그것들이 함축한 의미는 때로는 모호하고 복합적이기도 하다.

일례로 「백설 공주」는 「헨젤과 그레텔」보다도 한층 폭넓은 해석의 여지를 지닌 이야기이다. 우리는 「백설 공주」에서 이야기하는 것이 성숙의 과정 중에 있는 딸과 어머니 사이의 심리적 갈등의 문제라고 생각해 볼 수 있다. 그 갈등은 자녀의 성적인 성숙과 독립을 인정하지 못하는 어머니의 나르시시즘적 욕망에 기인한 것일지 모른다. 이 같은 나르시시즘은, 코르셋과 머리빗을 얻어서 더 예뻐질 수만 있다면 난쟁이들의 경고에도 개의치 않는 백설 공주 자신에게서도 발견된다. 또는 그들의 갈등은 딸에 대한 어머니의 오이디푸스적인 질투심에서 비롯된 것이거나, 반대로 딸의 오이디푸스적인 심리가 어머니에게로 투사된 결과일 수도 있다. 왕비가 계모로 설정된 것은 오이디푸스적인 갈등을 이야기의 표면에 명시적으로 드러내기 위한 방편일 수도 있고, 아니면 일반적으로 아이들이 성장의 한 시기에 모든 욕구를 충족시켜 주던 유아기의 완전한 어머니가 사라지고 야단을 치거나 이것저것 요구를 하는 새엄마가 나타났다는 심리적 환상을 경험한다는 점과 관련될 수도 있다. (참고로 왕비가 백설 공주의 친엄마로 되어 있는 판본들도 있다.)

어쨌거나 「백설 공주」는 분명 단일한 메시지로 환원되지 않으며, 더 복잡한 심리적 상황과 의미들을 내포한다. 눈처럼 희고 피처럼 붉은 모순적인 두 측면을 지닌 백설 공주,(피부와 입술 색깔의 대조로 표현된 백설 공주의 이런 측면은 그녀가 태어나기 이전부터 예쁜 딸을 소망하는 어머니의 바람을 통해 강조되어 있다.) 어른들의 노동의 세계를 대표하는 한편 성적인 미성숙 단계에 고착되어 있는 일곱 난쟁이들, 유혹과 죄와 성적인 것에 대한 이미지들을 거느린 빨간 사과, 유년기의 죽음과 더불어 성숙을 예비하는 내적인 침잠의 무활동기를 암시하는 유리관 속의 휴식 등등, 「백설 공주」의 스토리는 또한 복합적인 상징들로 짜여 있기도 하다. 이렇듯 전래 동화의 환상들은 메시지의 의미심장한 교훈성에도 불구하고 우의보다는 상징으로서의 성격을 지닌다고 말할 수 있다.

환상적 소설의 상징성

소설의 환상적 요소들도 흔히 상징적인 의미를 갖는다. 소설 속의 환상은 우리 삶과 세계에 대한 비판과 성찰의 메시지들을 환상이 아니고서는 보여 줄 수 없는 방식으로, 인상적이고 강렬하게 그려 내는 경우가 많다.

먼저 최인호의 「타인의 방」을 살펴보자. 방금 남편은 녹초가 된 채 출장에서 돌아왔다. 그런데 아무리 초인종을 누르고 문을 두드려도 아내는 대답이 없다. 서로 얼굴도 모르는 아파트 옆집 사람은 그를 수상한 사람으로 의심한다. 그는 그제야 열쇠로 문을 열고 집으로 들어간다. 그런데 집 안에 아내는 없고 화장대에 쪽지 한 장이 붙어 있다. '오늘 아침에 친정아버지가 위독하다는 전보가 와서 잠깐 다녀오겠다.'는 내용이다. 그는 일정을 하루 앞당겨 집에 돌아왔고 아내도 그가 내일 돌아올 것으로 알고 있으니, 아내는 그에게 거짓말을 한 셈이다. 어질러진 빈 집에서 그는 화를 내며 딱딱하게 굳은 빵을 씹고 욕실에서 샤워를 한다. 그때 집 안의 물건들이 웅웅거리고 덜컹거리며 움직이기 시작한다. 벽은 출렁거리고 소켓은 말을 걸고 옷장 속의 옷들은 펄럭이며 춤을 춘다. 이내 온갖 물건들이 한꺼번에 고함을 지르면서 날뛰기까지 한다. 그와 동시에 그의 몸은 서서히 굳어져 간다. 그는 결국 온몸이 석고처럼 굳어져 하나의 물건이 되어 버린다. 집에 돌아온 아내는 그 새로운 물건을 발견하고 며칠간 곁에 두지만, 아무 쓸모가 없음을 알고는 다락 속에 처박아 둔다. 그러고는 똑같은 메모를 적어 놓고 다시 집을 나간다.

이 소설은 다분히 환상적이지만 분명 우리 삶의 현실에 관해 이야기하고 있다. 사물들이 주인이 되어 집을 차지하고 날뛰는 대신 사람은 물건이 되어 다락에 처박힌다는 이 이야기는 산업화된 사회에서의 인간의 소외와 사물화의 문제를 다루고 있다. 이 소설은 인간이 자기가 만들어낸 것들에 의해 지배되고, 생활의 노동에서 충족감을 얻지 못하고, 인간 상호 관계도 타산적으로 변해 버리고, 그리하여 인간이 인간성을 잃어가는 상황을 환상적 상상력과 사실적 상상력이 혼합된 방식으로 그려 보인다. 그런데 주인공이 하나의 '물건이 되어 버린다'는 환상과 '사물화'라는 관념의 밀접한 관련성 때문에 이 소설의 상징은 다소 우의적으로 느껴진다.

주인공이 사물로 변하는 것이 아니라 한 마리의 벌레로 변한다면 어떨까? 카프카의 「변신」에서 우리는 이런 환상과 만날 수 있다. 가족의 생계를 책임지고 있는 영업 사원 그레고르는 어느 날 아침 잠에서 깨어났을 때 자신의 몸이 커다란 벌레로 변한 것을 알게 된다. 절지동물 중에서도 꿈틀거리는 다지류의 흉측한 독충 말이다. 이 환상 역시 자본주의적 근대 사회에서 인간이 경험하는 소외와 비인간화를 표현한 것으로 이해될 수 있는데, 우리에게 낯설지 않은 이런 개념들은 환상의 구체성과 강렬함 때문에 몹시 충격적으로 다가온다. 벌레가 된 그레고르는 가족들과 의사소통을 하지 못하고, 더 이상 경제적 기능을 수행하지 못한다는 이유로 가족과 사회에서 추방되고, 결국 아버지가 던진 사과가 등에 박혀 고통을 당하다가 죽고 만다. 이런 주인공의 모습은 근대적 삶의 공포를 악몽과도 같이 생생하게 그려 낸다.

다른 한편 이 이야기의 의미는 본래적 자아와 현실적 자아라는 개념을 통해 다시 설명될 수도 있다. 산업 사회에서 기능적, 현실적 존재로 살아가는 동안 인간은 점점 본래적 자아와 괴리되어 간다. 그 결과 본래적 자아는 사회적으로 무가치하고 해로운 것으로 간주된다. 그레고르의 본래적 자아는 타인들의 눈에 거대한 독충처럼 끔찍하고 위험한 존재였던 것이다. 그렇다면 그레고르가 흉측한 벌레로 변한 것은 본래적 자아를 향한 그의 욕망과 이로 인한 죄책감의 표현일 수도 있다. 그가 아버지가 던진 '사과'에 맞아 죽어 가는 것도 서양에서 일반화된 기독교적 상징을 고려하면 그의 깊은 죄의식과 무관하지 않을 것이다. 이렇게 보면 「변신」의 환상은 실존적 고뇌의 기록이라고도 말할 수 있을 것이다. 환상의 이런 다의성은 「변신」을 우의가 아닌 상징으로 파악하게 하는 근거가 된다.

변신에 관한 이야기가 시작되었으니, 이와 관련된 상징적 환상에 관해 이야기를 좀 더 계속해 보자. 한강의 소설 「내 여자의 열매」는 또 다른 변신의 환상을 담고 있는데, 이 소설에서 주인공의 아내는 서서히 식물로 변해 간다. 언제부턴가 몸에 연푸른 멍 자국이 번져 가던 아내는 온몸이 녹색으로 변하더니 음식을 전혀 소화하지 못하고 물만 마셔 댄다. 결국 아내의 머리카락은 싱그러운 들풀 줄기가 되고 허벅지에서는 잔뿌리가 무성하게 돋아나고 가슴에는 검붉은 빛깔의 꽃이 피어난다. 아내는 베란다 쇠창살을 향해 무릎을 꿇은 채 두 팔을 만세 부르듯 치켜 올린 자세로, 그렇게 한 그루의 식물이 된다. 남편은 그녀를 화분에 심어 주고 물을 주고 흙을 갈아 준다.

  우리는 이 환상을 어떻게 받아들여야 할까? 그녀가 식물로 변하기까지 벌어졌던 다른 정황들을 살펴보자. 그녀는 결혼을 하면서 인구 칠십만이 모여 산다는 아파트 단지로 이사했고, 그곳에 사는 것을 견디기 힘들어했다. 그녀가 식물로 변한 것은 인공적이고 도시적인 삶을 온몸으로 거부하는 저항의 행위로 해석될 수 있다. 그녀는 또한 어릴 적부터 언제나 자유롭게 살기를 꿈꾸었으며, 지구 반대편까지 달아나 혈관 속에 뭉쳐 있는 나쁜 피를 갈고 싶어 했다. 어쩌면 그녀는 현실적 삶의 구속 아래서, 육체성의 구속 아래서 이룰 수 없는 꿈을 식물이 됨으로써 이룬 것인지 모른다. 식물이 된 그녀가 이전 어느 때보다도 아름답고 청신하게 보이는 것은 바로 그 때문일 것이다. 그러나 그녀는 좁은 화분에 갇힌 채로 겨울을 나지 못하고 말라죽고 만다. 이는 그녀의 꿈이 현실에서는 실현 불가능한 것이었음을 확인시켜 주는 것으로 해석될 수 있다. 그녀가 남긴 한 움큼의 열매들은 이룰 수 없는 꿈을 희미한 가능성으로나마 남겨 두는 소망의 씨앗일 수도 있다.

  그렇지만 아내가 식물로 변해 버리는 환상은 소설 속의 위와 같은 정황들로도 그 의미가 다 설명되지는 않는다. 이 환상은 식물성과 여성성이 거느릴 수 있는 상징의 전 영역으로 열려 있다. 그것은 도시적이고 근대적이고 합리적이고 남성적인 모든 것들의 저 너머로 우리를 이끌 수도 있다. 그래서 이 소설의 환상은 모호한 만큼 좀 더 풍요롭다.

이번에는 주인공이 사물도 벌레도 식물도 아니라 하나의 장소로 변하는 환상이다. 배수아의 『동물원 킨트』에는 동물원이 되고 싶어 하고 결국 동물원이 되는 한 인물이 등장한다. '동물'이 아니라 '동물원'이다. 매우 독특한 상징이라 하지 않을 수 없다. 물론 이 소설은 주인공이 동물원으로 변해 버린 광경을 그려 보이는 것은 아니다. 주인공은 스스로 자기가 동물원이 되었다고 생각하며, 그런 면에서 이 소설의 환상은 심리적인 것이라 해야 하겠다. 그러나 소설 전체가 리얼리티에 대한 지향을 전혀 보여 주지 않고 구체적인 현실의 배경을 거의 환기하지 않기 때문에, 어떤 면에서 이 소설은 앞의 소설들보다 전반적으로 더욱 환상적이라고 말할 수도 있다.

동물원이 된다는 것은 무엇을 상징하는 것일까? 우선 동물원이 지닌 고립의 이미지를 떠올릴 수 있다. 동물원은 도시의 한 구역에 고립된 공간이다. 동물원은 인간과 동물이 더불어 살아가는 공간이라든지, 인간이 사는 공간과 거리를 두고 존재하는 동물들의 자연적인 터전과는 다르다. 동물원은 인간의 도시 속에 인위적인 울타리를 쳐서 만들어진 섬처럼 고립된 공간인 것이다. 또한 동물원 안의 동물 우리들을 떠올려 보자. 원숭이 옆에 호랑이가, 호랑이 옆에 사자가, 사자 옆에 코끼리가, 모두 우리에 갇힌 채 완전히 고립되어 있다. 이런 이미지 때문에 동물원이 된다는 것은 철저한 고립의 상태를 상징한다고 생각해 볼 수 있다.

특히 이 소설에는 실명(失明)이라는 또 다른 강력한 상징이 등장하는데, 눈이 머는 것 역시 세상으로부터 차단되어 어둠 속에 홀로 고립되는 상태와 관련된다. 주인공은 서서히 시력을 잃다가 끝내 실명하게 되는데, 그는 눈이 먼 상태에서 자기가 이제 비로소 동물원이 되었다고 말한다. 주인공은 고립에 저항하거나 고립의 상태를 자포자기식으로 수용하는 것이 아니라, 자발적으로 기꺼이 완전한 고립을 추구하는 것이다.

한편 인간이 하나의 장소로 변한다는 것은 주체를 지우는 행위를 암시한다. 이는 인간이 사물이 되거나 동물이 되는 것과는 전혀 다르다. 인간이 하나의 사물이나 동물로 변한다면 그것은 아마도 인간성을 상실하고 비인간화된 상태를 뜻하는 것일 테지만, 그래도 여전히 그는 하나의 개체로 남아 있다. 이 때문에 비인간화된 상태에 대한 자의식이나 자의식의 흔적을 남길 수 있는 것이다. 그러나 장소가 된다는 것은 인간이나 생명체만이 아니라 존재하는 어떤 사물이라도 갖고 있는 개체성을 소거하는 일이다.

이 역시 실명의 이미지와도 통할 수 있다. 시각이란 주체와 대상의 일정한 거리를 전제로 하며, 주체를 중심으로 세계를 대상화하는 행위와 깊은 관련이 있다. 눈으로 보는 행위는 대상을 파악하고 관찰하고 인식하는 모든 이성적 행위와 결부된다. (이 책에서도 수없이 사용된 '보다'라는 말의 추상적 의미에 관해 생각해 보라.) 원근법이라는 개념이 잘 대변하듯이, 시각이야말로 주체 중심적이고 근대적인 감각이라 할 수 있다. 『동물원 킨트』는 변신이라는 오랜 환상적 모티프의 탈근대적 변형을 보여 준다. 그러나 위와 같은 해석들에도 불구하고 동물원, 동물원이 된다는 것, 동물원 킨트, 실명 등과 같은 이 소설의 상징들은 여전히 완전하게 해명되지는 않는다. 우리는 어쩌면 이미 해석한 것과는 매우 이질적인 또 다른 의미를 발견할 수도 있을 것이다. 『동물원 킨트』는 한편으로는 상징으로 해석되기를 거부하고 있는지도 모르며, 이 소설의 상징들이 매혹적인 이유도 실은 거기에 있는지 모른다.

우의적, 상징적 해석의 한계

위의 논의는 대체로 우의적 서사보다는 상징적 서사가 더 좋다는 생각을 반영하고 있다. 이런 가치 판단은 문학 중심의 기존의 사고와 부합하는 면이 있다. 일반적으로 상징은 우의보다 더 문학적이고 미학적이고 고차원적인 것으로 평가되어 왔기 때문이다. 그러나 서사물이라는 관점에서 볼 때 상징적 서사가 우의적 서사보다 좋다면 그 이유는 문학적이거나 예술적인 가치 때문이 아니라 상징이 더 흥미로운 이야기를 들려주기 때문이다. 상징적 서사는 다의적이고 풍성해서 보통 더 많은 호기심을 자극하고 더 큰 만족을 준다. 우리는 뻔해서 심심하고 단조로운 이야기보다는 스토리를 다 알고 난 뒤에도 여전히 무언가가 남겨져 있는 듯하여 자꾸만 궁리하게 만들고 여운을 남기는 이야기를 더 좋아하는 것이다.

한편 우의와 상징은 이야기를 해석하는 방법이나 태도와도 관련된다. 우의적이고 상징적인 해석은 서사물을 이차적으로 의미화하는 수용 방식을 지칭하는 말이기도 하다. 이차적 의미화의 과정에서 수용자가 도덕적인 메시지를 찾을수록, 의미를 단일하게 고정시킬수록, 우의적인 해석에 가까워진다.

특히 환상과 관련될 경우, 우의적이거나 상징적인 해석은 서사물의 초자연적이고 비논리적인 요소들을 합리적으로 설명하려는 경향과 연결된다. 우리는 서사물에서 실제로 일어날 수 없는 일이 그려지면, 일단 거기에는 비유적인 해석이 필요하다고 생각하는 경우가 많다. 그렇지만 이런 해석 태도는 때로는 환상의 풍부한 에너지들을 지나치게 축소해 버리는 결과를 낳기도 한다.

그 한 예로 신화를 우의적으로 해석하려는 경향에 대해 생각해 보자.[2] 그리스 신화의 여러 신들이 물, 불, 공기 등과 같은 자연의 원소를 비유한 것이라거나, 지혜, 사랑, 이성, 욕망 등의 추상적 개념을 표현한다고 하는 해석이 널리 유행했던 적이 있었다. 이에 따르면 올림푸스 산에서 신들이 서로 다투었다는 이야기는 원시 물리학의 상극 이론에 대한 우의적 설명이 되고, 아레스와 아테나의 대결은 폭력적인 전투보다 지적인 전술이 우월하다는 우의적 교훈이 된다. 이렇게 신화를 조악한 원시 과학이나 설교용 교화집으로 만드는 해석은 신화의 풍부한 상상력을 거세하는 결과를 초래한다. 제우스가 황소의 모습으로 변신하는 것을 '인간이 욕정에 빠지면 짐승보다 나을 것이 없다.'는 도덕적 설교로 풀이하는 지경에 이르면, 신화는 그야말로 우스꽝스럽게 변하고 만다.

이런 문제는 상징적 해석의 경우에도 발견될 수 있다. 마르케스의 『백년의 고독』에서는 바나나 회사의 동맹 파업과 관련된 환상적인 대학살 장면이 나오는데, 이 사건은 콜롬비아의 근대화 과정에서 있었던 노동운동과 정치적 탄압을 상징하는 것으로 해석될 여지가 있다. 또한 소설 전반의 배경을 이루는 무수한 내전과 혁명/반혁명의 연속은 중남미의 정치적 혼란을 상징하는 것으로 이해될 수 있다. 그런데 이런 식으로 소설 전체를 정치적 현실에 대한 비판적 상징으로 해석하려 하면, 인디오의 설화에 뿌리를 둔 이 소설의 무궁무진한 환상들은 상당 부분 버려지거나 그 빛을 잃게 된다.

『백년의 고독』에서 마콘도라는 환상의 도시는 무엇을 상징하고, 천상으로 들려 올라가는 미녀 레메디오스는 무엇을 상징하는가? 멜키아데스의 예언과 돼지 꼬리가 달린 채 태어난 아우렐리아노는 또 무엇을 상징

---

[2] K. K. 루스벤, 김명렬 옮김, 『신화』(서울대 출판부, 1987), 14~24, 35~39쪽.

하는가? 이런 질문의 대답을 찾는 일은 이 소설을 읽는 데 그렇게 중요한 부분은 아닐 것이다. 엄청난 에너지를 지닌 환상적 요소들을 이성적으로 풀이함으로써 화석화시키는 대신에 그 환상들 자체를 기꺼이 즐기는 편이 이 소설을 읽는 데 더 잘 어울리는 방법일 것이기 때문이다. 환상을 생명으로 하는 서사물들에 대해 합리적 설명과 이차적 의미화를 강요하는 강박적 태도는 신화의 우의적 해석가들이 범한 실수를 되풀이하는 일이 될 수도 있다.

5 판타지

장르로서의 판타지

 이 장에서는 환상을 포함하는 다양한 종류의 서사물들 중에서 판타지(fantasy)라는 장르를 따로 살펴보고자 한다. 이를 위해서는 우선 장르로서의 판타지의 개념과 그 경계에 대한 논의가 필요하다. 서사물의 그 많은 환상들 가운데 어떤 환상이 판타지에 해당되는지, 그리고 환상적 서사물들 중 어디까지가 판타지라고 불릴 수 있는지 하는 문제가 이와 관련된다. 판타지란 환상을 지칭하는 포괄적인 용어이기도 하기 때문에, 이 문제는 이론적으로 그리 단순하지 않다. 하지만 무엇보다도 우리는 판타지를 하나의 장르로 받아들이는 사람들 사이에 공유되는 직관적인 판단에 근거하여 이야기를 진행할 것이다.
 우선 판타지는 비교적 최근에 형성된 장르라는 점을 언급해 두어야겠다. 잘 알려진 대로 판타지가 독립된 장르로 인식되기 시작한 것은 『반지의 제왕』을 쓴 톨킨 이후였다. 환상적 서사의 연원을 거슬러 올라가면 신화로까지 소급되고 『아라비안 나이트』와 단테의 『신곡』 등으로 연결될 수 있지만, 대체로 우리는 판타지의 계보를 18세기 고딕 소설 이후부터로 본다. 호레이스 월폴의 『오트란토의 성』이나 래드클리프 부인의 『유돌포의 기담』과 같은 고딕 소설은 초자연적 현상에 대한 놀라움과 괴이함과 공포를 유발하는데, 이런 감각은 경이, 감탄, 숭고미와 결합되었고 이성에 위협을 주는 것으로 받아들여졌다.

판타지는 초자연적이고 비합리적인 요소들을 자연스럽게, 혹은 진실된 것으로 수용했던 시대의 서사물들과는 구별된다. 그런 면에서 판타지는 고대의 신화나 설화, 또는 중세의 기독교적 상징이나 로망스들과는 성격을 달리한다. 흔히 중세는 기독교가 인간의 자유로운 사고를 억압했던 암흑기로 알려져 있으나, 이는 상당 부분 근대의 시각으로 중세를 바라본 현재중심주의적 해석의 결과이기도 하다. 현재 우리가 알고 있는 기독교는 합리주의나 과학주의와 손을 잡고 미신 타파를 부르짖은 근대적인 기독교이다. 중세의 기독교는 이교적 환상을 폭넓게 수용했으며, 때로는 교화적인 의도로 그것들을 기꺼이 활용하기도 했다. 아서 왕 이야기를 비롯하여 중세에 크게 유행했던 로망스들에는 이교적 환상, 기독교적 상징, 그리스 신화 등이 자의식 없이 혼합되어 있는 것을 쉽게 찾아볼 수 있다. 실제로 중세의 서사물에 용이 등장하면 사람들은 그 용을 환상의 산물이라 여기는 대신에 어딘가에 정말로 존재할지도 모르는 무서운 괴물로 받아들였다고 한다. 중세에 인간들은 신, 요정 그리고 괴물들이 사는 세상에 그들과 함께 살고 있었다고도 말할 수 있다. (판타지가 종종 중세적인 분위기와 디테일들을 부각시키는 것도 우연은 아니다.)

반면에 판타지는 역설적으로 계몽주의와 합리주의의 이상 속에서 탄생한 장르이며, 리얼리즘과 이성중심주의가 지배하는 시대의 보편적 관념을 기본 전제로 한다. 이렇게 보면 판타지의 환상은 근대의 과학과 이성에 의해 추방된 것들을 다시 불러들이는 의식적인 행위와 관련된다고 하겠다.

한편 판타지는 근대의 환상적 소설들과도 구별된다. 앞장에서도 살펴본 환상적 소설들에서 실제로는 일어날 수 없는 환상적 사건들은 수용자로 하여금 그것을 어떻게 받아들여야 할지 망설이게 하고 의문을 품게 한다. 그러나 판타지의 수용자는 서사물에서 어떤 초자연적이고 비현실적인 일이 일어나든지 간에, 그것에 대해 조금도 의심하지 않는다. 이런 일이 어떻게 가능할 수 있는가 하는 질문을 던지지 않는 것이야말로 판타지를 성립시키는 가장 중요한 장르적 관행이다. 환상적 소설이 모호함의 인상과 그로 인한 수용자의 머뭇거림을 유도하면서 현실을 불투명한 의문 속으로 밀어 넣는다면, 판타지는 현실을 지우고 그 자리를 환상으로 대체한다. 더 이상 환상과 현실의 관계나 환상의 현실적인 의미는 문제가 되지 않는 것이다.

이 점은 판타지가 대부분의 환상적 소설들과는 달리 완전히 가상적인 시공간을 무대로 한다는 점과도 관련된다. 환상적 소설에서는 현실적인 시공간 안으로 환상이 침범하여 현실의 질서와 논리들을 뒤흔들어 놓지만, 판타지에서 환상은 그 자체로 자족적인 환상적 시공간에서 안전하게 마음껏 펼쳐진다. 판타지 중에는 『해리 포터』나 「센과 치히로의 행방불명」과 같이 현실적 세계와 환상적 세계의 경계를 포함하는 것들도 있고,(벽을 통과하여 들어가는 호그와트행 급행열차의 9와 4분의 3 승강장 출입구나, 신들의 세계로 건너가는 터널과 강물 등이 그 경계에 해당된다.) 『반지의 제왕』이나 「모노노케 히메(원령 공주)」처럼 환상적 세계만으로 이루어진 것들도 있다.

판타지는 또한 신화적인 상상력을 적극적으로 도입한다. 신화는 원초적인 이야기로서 모든 서사와 문학의 근원이라 할 수 있으므로, 신화의 영향 아래 설명될 수 있는 서사물은 물론 판타지만은 아니다. 그러나 판타지는 신화적 서사 구조와 모티프들을 눈에 띄게 직접적으로 활용한다는 특징이 있다. 어찌 보면 판타지는 인류의 유산인 신화를 변용하여 새로운 작품으로 창작하는 일과 관련된다기보다는, 오히려 그동안 탈신비화되고 문학적으로 변용되어 온 신화를 오늘날 생생하게 되살려 내는 양상을 띤다고도 말할 수 있다.

판타지는 특히 영웅 신화의 구조를 반복하는 경우가 많은데, 롤링의 『해리 포터』는 그 전형적인 예이다. 해리가 훌륭한 마법사인 부모에게서 태어난 것은 고귀한 신분을 지닌 영웅의 출생을 의미하며, 해리의 성장 과정 역시 영웅의 순탄치 않은 어린 시절을 그대로 보여 준다. 악한 마법사 볼드모트에게 부모가 죽임을 당한 뒤 위험에 처한 갓난아기 해리는 이를 극복하고 살아남지만, 볼드모트에 의해 이마에 영웅의 표지인 번개 모양의 흉터를 갖게 된다. 그 후 해리는 적대적인 환경에 버려져 미천한 자에게 양육된다. 해리를 맡은 속물적인 이모네 가족은 마법사를 정신병자로 취급할 뿐 아니라 기본적인 양육의 의무조차 다하지 않는다. 해리에게 이 기간은 영웅이 자신의 신분과 능력을 아직 깨닫지 못하는 잠복의 기간이다. 그러다가 호그와트 마법 학교로부터 입학통지서가 날아오고, 해리는 영웅으로서의 운명적인 소명을 받게 된다. 이후 해리는 괴물을 퇴치하고 악의 세력으로부터 호그와트를 구함으로써 시련을 통과하여 명실상부한 영웅으로 다시 태어난다.

이외에도 『해리 포터』는 그리스 신화, 기독교 신화, 북유럽 신화 등의 모티프를 풍부하게 지니고 있다. 비밀의 방의 지하에서 눈을 마주보면 죽는다는 뱀 형상의 괴물 바실리스크를 무찌르는 과정은 메두사 신화의 반복이며,(흥미롭게도 거울이나 카메라 렌즈 등을 통해 바실리스크를 본 자들은 돌처럼 굳는다.) 생명력을 소생시키는 신비한 힘을 가진 마법사의 돌을 찾아내는 탐색의 과정은 성배 전설과 관련된다.[1] 한편 미야자키 하야오의 「바람 계곡의 나우시카」는 기독교적 메시야 사상과 영웅 신화의 구조(예언된 구원자)를 복합적으로 담고 있는 이야기이다. 「모노노케 히메」에서도 우주목(宇宙木)을 연상시키는 사슴신과 동물 모습을 한 산의 신들은 북유럽 신화와 아이누 신화를, 원한을 품고 재앙신이 된 옷코토누시는 일본적인 모노노케 신앙을 이미지로 형상화한다.

판타지는 이처럼 이미 존재하는 신화적 요소들을 총동원하고 있을 뿐 아니라 또 하나의 신화적 세계를 창조한다. 『반지의 제왕』의 절대 반지는 시구르드의 신화를 연상시키고 엘프, 트롤, 드워프, 용 등은 북유럽의 신화들을 바탕으로 한 것이지만, 중간계(middle earth)를 둘러싼 여러 종족들과 악의 군주 사우론과 마법사 간달프 등은 그 자체로 이미 우리에게 새로운 신화가 되었다. 신화가 문학적으로 다듬어지고 인간화되고 상징적으로 읽히는 동안 그 원초적 에너지를 소진시키는 과정 속에 있었다면, 판타지는 신들과 괴물과 요정이 살아 움직이는 신화적 세계를 오늘날에 되살려 내고 있는 것이다.

신화가 본래 그러하듯이, 판타지는 역사적이고 세속적인 시간을 이탈하여 원초적이고 신성한 시간을 재현한다. 우리는 판타지가 재현하는 시원적 시간을 경험함으로써 일상적 시간의 범속함과 무의미함으로부터 구출된다. 판타지는 또한 이미 오래전부터 우리가 현실에서는 잃어버린 공동체에 대한 결속감과 신화적 질서에의 요구를 충족시켜 준다. 여기에다 이성과 과학과 합리주의가 억압해 온 상상력을 해방하는 자유로움까지 더하여, 판타지는 우리 시대의 대표적인 서사 장르가 되었다. 『반지의

---

1 성배 전설은 본래 풍요와 재생을 기원하는 고대 제의로부터 나온 신화였는데, 후에 기독교의 성찬식과 아서 왕 이야기를 비롯한 민간의 전설들과 결합했다. 성배 전설에 관해서는 J. 웨스턴, 정덕애 옮김, 『제식으로부터 로망스로』(문학과지성사, 1988)를 참조할 것.

제왕』이 나치즘적인 세계 정복의 권력욕에 대한 알레고리가 아니라도, 「센과 치히로의 행방불명」이 현대 사회의 온갖 병리적 현상들을 비판하는 상징으로 짜여 있지 않더라도, 우리는 그 신화적 상상력과 환상의 세계를 사랑하고 필요로 한다. 그것이 판타지 장르의 근본적인 의의일 것이다.

앞의 좌표에서 간략히 언급한 대로, 판타지의 본질은 소망 충족의 환상적 서사물이라는 데 있다. 물론 우리는 판타지 서사물들에서 인간의 탐욕과 환경 오염 등에 대한 현실적인 메시지를 읽어 낼 수 있다. (그러나 그것이 전부라면, 판타지의 환상들은 참으로 비경제적이라고 하지 않을 수 없다.) 그 이차적인 의미화의 가능성들은 판타지의 좌표를 좌표면 a에서 c에 걸친 다소 넓은 영역으로 이해하게 해 준다.

판타지의 장르적 경계는 칼로 자르듯이 명확하지 않으며, 우리는 특정 서사물이 전형적인 판타지에 얼마나 가까운가 하는 정도에 따라 판타지 장르에의 포함 여부를 판단할 수 있다. 예를 들면 『오즈의 마법사』나 『피터 팬』 등의 창작 동화는 전형적인 판타지는 아니지만, 판타지 장르의 성격을 상당 부분 공유한다고 볼 수 있다. 이들 동화에는 무슨 일이든지 일어날 수 있는 현실과는 분리된 환상의 시공간이 존재하며, 악당과 싸워 이기는 어린 영웅들이 등장한다. 이 동화들은 『이상한 나라의 앨리스』 등과 함께 판타지와 동화의 중간 영역, 또는 그것들이 교차하는 영역에 위치한다고 말할 수 있다. 이와 유사하게 『백년의 고독』은 환상적 소설 가운데 비교적 판타지 장르와 가까운 자리에 위치한다고 보면 좋을 것이다.

이외에도 판타지는 공포 서사물, 헐리우드 영웅 서사물, SF 서사물 등과 활발하게 교섭한다. 「드라큘라」 류의 공포 서사물은, 살인마가 등장하거나 죄의식과 정신이상 등이 만들어 낸 가짜 귀신이 출몰하는 이야기들과는 달리, 판타지의 본질적 성격을 강하게 드러낸다. 신화적 환상은 영웅이나 마법과 같은 매혹적인 이미지를 띠기도 하지만 괴물이나 유령 등과 같은 혐오감과 공포를 통해서도 나타난다. 매혹과 공포는 모두 비일상적이고 탈세속적인 신성함의 체험과 통할 수 있다. 또한 스필버그의 「인디아나 존스」 시리즈는 뉴욕의 시가지나 백악관을 배경으로 펼쳐지는 액션물들과 구별되는 판타지의 요소들을 풍부하게 지니고 있다. 「인디아나 존스」 시리즈는 성배 전설을 토대로 하여 이집트의 타니스와 티벳의 샤먼 마을 등 환상적인 공간 안에서 펼쳐지는 모험담을 그리고 있다. SF와 판타지의 관련성은 특히 주목할 만한데, 신화학자 조셉 캠벨이 제작 과정에 깊이 관여했다는 조지 루카스의 「스타 워즈」 시리즈는 전형적인 SF 판타지로 불릴 만하다. 기독교적 신화들에 바탕을 둔 「에반게리온」 역시 SF와 판타지가 결합된 장르의 예라 하겠다. SF 장르에 관해서는 나중에 따로 자세히 살펴볼 것이다.

판타지의 세계관

신들의 세계를 그리는 신화는 인간의 세계를 이야기하는 전설이나 민담 등과는 성격을 달리한다. 신화에도 인간이 등장하고 신들은 인간화되어 나타나지만, 인간은 그 세계의 중심은 아니다. 신화가 신과 인간의 관계, 세계에서의 인간의 위치 등을 통해 인간 존재의 의미를 이야기하는 것처럼, 어떤 판타지들은 인간 세상 너머의 또 다른 세계를 그려 냄으로써 오늘날 인간 존재의 위치와 그 의미를 다시 생각해 보게 한다.

『반지의 제왕』에서 인간은 중간계의 평범한 한 구성원일 뿐이다. 인간은 요정 엘프와 난쟁이 드워프 등 다른 종족과 협력하고 공존함으로써

만 살아갈 수 있다. 엘프가 현명하고 공평하며 영생을 누리는 종족이라면, 드워프는 산마루의 광부이자 힘세고 뛰어난 장인들이다. 반면에 인간은 그 어떤 종족보다도 권력을 추구하는 자들로서, 절대 반지에 대한 욕망에서 벗어나지 못한다. 여기에 평화를 사랑하는 작은 사람 호빗과 나무들의 목자인 엔트족과 인간에게 적대적인 오크족과 트롤 등까지 더하면, 인간은 중간계 안에서도 좁은 영역을 차지하는 특별할 것 없는 종족인 셈이다. 『반지의 제왕』의 이 같은 구도는 세계를 인간 중심의 원근법에 의해 재편했던 근대적인 세계 인식과는 확연한 대조를 이룬다.

신들의 세계에 진입한 한 인간 소녀가 국외자와 이방인으로서 겪게 되는 위기와 모험을 그린 「센과 치히로의 행방불명」은 인간의 세계에 출몰한 귀신을 완전히 낯선 타자로 취급하는 익숙한 종류의 이야기들과는 성격을 달리한다. 자신을 마법에 걸린 곰이라고 생각하고 곰으로 돌아가고 싶어 하는 한 소년의 이야기인 「곰이 되고 싶어요」는 주인공이 벌을 받아 짐승의 모습으로 변했다가 죄를 뉘우치고 결국 인간의 모습을 회복한다는 관습적인 스토리를 전도시킨다. 이처럼 인간 중심의 세계 인식을 뒤엎는 것은 판타지의 근본적인 세계관이다. 인간의 타자, 이성의 타자로서 인간 세계 바깥으로 밀려나고 인간을 위한 배경이나 정복의 대상으로만 존재하던 또 다른 세계들이 판타지에서는 인간과 다름없이 하나의 주체로 우뚝 선다. 그 속에서 인간의 왜소함이 부각되고 이성의 오만함은 무너져 내린다.

인간이 신과 정령들과 미신과 비이성을 축출하고 세계의 중심에서 타자들 위에 군림함으로써 초래된 온갖 비극들은 여기서 다 거론할 필요조차 없을 것이다. 이제 인간 중심적 사고는 그 한계에 도달했으며, 그 결과 당연하게도 인간 스스로의 생존마저 위협받고 있다. 로즈마리 잭슨은 환상에는 현실을 전복하는 힘이 있다고 말한 바 있다. 대체로 환상적 소설을 두고 한 말이지만, 만일 판타지의 환상도 그러하다면 그것은 이성 중심적이고 인간 중심적인 근대적 세계관에 대한 전복의 힘일 것이다. 그런 의미에서 판타지는 탈근대의 대표적인 서사물이라 불려도 손색이 없을 것이다.

「모노노케 히메」를 비롯한 미야자키 하야오의 애니메이션들은 특히 자연 정복이라는 근대적 이상에 대한 비판적 인식을 강하게 보여 주는 판타지들이다. 그래서 때로는 지나치게 무겁거나 알레고리적이라는 인상을 주는 것도 사실이다. 그러나 본질적으로 판타지는 메시지를 내세우는 방식으로 교훈을 주고자 하지 않는다. 판타지는 숲의 정령들이 숨을 쉬고, 서로 다른 종족끼리 우정과 사랑을 나누고, 자연 친화적인 종족들이 평화를 꿈꾸는 이야기들을 통해 인간 세상 이외의 또 다른 세계들에 대한 원초적 기억과 감수성을 일깨워 준다. 서로 다른 종족들이 연대하여 사루만의 군대에 맞서 함께 싸우는 헬름 협곡 전투는 영화 「반지의 제왕: 두개의 탑」에서 가장 감동적인 에피소드이다. 「바람 계곡의 나우시카」에서 곤충들처럼 바람을 타고 날아다니며 성난 왕충(王蟲) 오무를 진정시키는 나우시카, 「센과 치히로의 행방불명」에서 강의 신이자 용인 하쿠와 센/치히로가 나누는 사랑 등도 쉽게 지워지지 않는 인상을 남긴다.

인간은 의미화하는 동물이며, 스토리를 자신의 삶과 관련지음으로써 이차적으로 의미화하고자 하는 경향은 인간의 본능적인 욕망이다. 판타지의 환상들에 현실과의 관련성을 부여하고자 하는 강한 동기 역시 자연스러운 것이라 할 수 있다. 그러나 판타지로부터 유익한 메시지를 찾고자 하는 사람들이라면 판타지의 세부적인 환상들이 현실의 어떤 문제들을 구체적으로 환기하는가 하는 점에 몰두하기 이전에, 먼저 판타지가 되살려 내는 또 다른 세계들과 그 속의 작은 일부로서 살아가는 인간 존재의 의미에 주목해야 할 것이다.

판타지의 영웅, 소년 소녀들

판타지는 주로 영웅 신화의 구조를 지니고 있다고 말했는데, 전형적인 판타지의 두드러진 특징은 그 영웅들이 아직 어린 소년 소녀들이라는 점이다. 판타지 비평가들이 영웅의 성별을 문제 삼는 경우도 있으나, 그들의 성별 자체는 사실상 그다지 중요하지 않다. 소년 영웅들은 대개 섬세하고 부드러운 면을 지니고 있으며, 소녀 영웅들은 용기와 대담함을 갖추고 있다. 그들은 중성적인 혹은 양성적인 성향을 띠고 있는데, 이 점은 서로의 분신과도 같은 남녀 주인공들이 함께 등장하는 것을 통해 부각되기도 한다. 이들 어린 영웅들의 모습을 구체적으로 살펴보자.

『해리 포터』에서 악의 화신 볼드모트를 번번이 무너뜨리는 마법사 해리는 천부적인 능력을 타고난 소년이다. 그리고 해리에게는 그가 영웅의 임무를 수행하도록 돕는 두 친구, 론 위즐리와 헤르미온느가 있다. 삼총사 모티프를 떠올리게 하는 이 세 명의 소년 소녀들은 각자의 장점을 살려 서로 보완하면서 악의 세력에 대항한다. 해리는 영웅으로서의 능력을 타고났지만 마법사 부모를 잃고 머글(마법사가 아닌 일반인)의 손에서 자라는 바람에 마법의 세계에 대한 상식이 거의 없다. 반면에 론은 좀 어리숙하지만 전통 있는 마법사 가문에서 호그와트 선배들인 형제들과 함께 자란 덕에 경험적인 지식이 풍부하다. 헤르미온느는 머글 태생이지만 총명하고 공부를 잘해서 마법의 주문을 줄줄 외우고 도서관에 있는 자료들을 시기적절하게 이용할 줄 안다. 해리를 중심으로 한 이들 그리핀도르 삼총사는 호그와트의 영웅들이다.

「모노노케 히메」의 두 영웅 아시타카와 산은 쌍둥이와도 같은 존재이다. 에시미족의 차기 족장인 소년 아시타카는 부족을 구하기 위해 재앙신 옷코토누시를 쓰러뜨린 뒤 팔에 죽음의 각인을 지니게 되고, 운명의 부름을 따라 서쪽으로 여행하던 중 원령 공주 산을 만나게 된다. 버림받은 인간의 아이로서 흰 들개의 수양딸로 자란 원령 공주 산은 신화적인 소녀 영웅이다. 숲에서 살고 흰 들개 가죽을 얼굴에 쓴 채 들개를 타고 달리는 산은 동물신들과 대화를 나누는 샤먼의 형상으로 나타난다.[2] 아시타카와 산은 서로의 생명을 구하고, 힘을 모아 인간 세계를 대표하는 에보시를 살릴 뿐 아니라, 사슴신의 잘린 머리를 되찾아 줌으로써 숲을 구한다. 이들이 영혼의 교감을 나누는 모습은 인간과 숲, 인간과 동물신들 사이의 화해를 암시한다.

「센과 치히로의 행방불명」에서 센/치히로와 하쿠, 「천공의 성 라퓨타」에서 시타와 파즈의 관계도 이와 흡사하다. 각기 다른 세계에 속한 그들은 서로의 분신이자 어린 연인들이다. 한편 「바람 계곡의 나우시카」에는 자신의 몸을 던져 바람의 계곡을 구하는 소녀 영웅 나우시카가, 『반지의 제왕』에는 절대 반지를 운명의 산 모르도르로 운반하는 호빗족의 소년 영웅들이 등장한다. (이들은 앞의 주인공들보다는 좀 나이가 많아서 청년이라 해야 더 어울릴지 모르지만, 영화에서 특히 시각적으로 강조돼 있듯 작은 사람 호빗족인 이들은 다른 종족들로부터 아이 취급을 당하곤 한다.)

이들 어린 영웅들의 모습은 근대적 가치관 속에서 그려진 소년 소녀(또는 어린이)의 모습과는 매우 대조적이다. 『피노키오의 모험』이 잘 보여주듯이, 근대의 어린이는 계몽의 대상이자 이성의 완성을 향해 진보해야 하는 미숙한 존재들이었다. 이들을 가르치고 바른길로 이끌 책임은 어른들이 지고 있었다. 그러나 판타지는 근대적 가치관이 붕괴된 상황에서 어른들의 우매함과 탐욕에 대항하여 이 시대를 구원할 가능성을 아이들

---

[2] 김윤아, 「일본적 바리데기와 진오귀굿」, 《비평》 2002 가을, 296~312쪽.

에게서 찾고 있다.

해리는 위대한 마법사라는 명성을 얻는 데 초연하며 슬리데린의 후계자가 되기를 원하지 않는다. 프로도와 그의 호빗 친구들은 절대 반지의 유혹에 대항하여 끝까지 싸운다. 나우시카는 인간이 적으로 생각하는 왕충들과 교감을 나누고, 인간의 눈으로 볼 때는 해로운 썩은 바다인 부해(腐海)가 실은 자연의 놀라운 정화 과정의 일부임을 직관적인 통찰력으로 깨닫는다. 센/치히로 역시 부모들은 갖지 못한 또 다른 세계에의 외경심을 본능적으로 지니고 있으며, 감각적인 예지로써 죽어 가는 하쿠 용과 오물신의 모습을 한 강의 신과 괴물 카오나시를 돕고 돼지로 변한 부모를 구해 낸다.

이들 어린 영웅은 탈근대의 아이들이다. 그들은 어른들과는 달리 정복하고 지배하려는 근대적 욕망에서 벗어나 있고, 온갖 중심주의들의 속박으로부터 자유로우며, 이성의 비대함에 짓눌려 다른 감각이 마비되지 않은 조화로운 존재들이다. 판타지의 어린 영웅들은 우리 시대가 필요로 하는 새로운 영웅상을 보여 준다. 그 탈근대의 아이들을 통해 우리는 이성중심주의와 인간중심주의의 재난을 극복할 수 있는 한 가닥의 희망을 꿈꾸게 된다. 그런 면에서도 판타지는 우리 시대의 꿈을 형상화하는 동시대적 소망 충족의 서사 장르라 하겠다.

6 SF

판타지와 SF

판타지와 SF(science fiction)는 매우 밀접한 장르여서 따로 떼어 이야기하기가 어려울 정도이다. SF 서사물은 판타지 서사물과 상당 부분 중첩되며, 관점에 따라서는 판타지 장르 안에 포함되는 것으로 볼 수도 있다. (이렇게 보면 판타지 장르는 마법담 판타지와 SF 판타지로 나뉜다.) 그러나 직관적으로 우리는 전형적인 판타지와 전형적인 SF를 구분할 수 있다. 판타지를 구성하는 기본 요소가 합리주의에 대항하는 초자연적, 비이성적 환상들이라면, SF의 본질은 '과학'에의 상상력이다. 우리가 비현실적이고 환상적이라고 여기는 서사물들 가운데서 스토리상에 과학과 관련된 모티프와 그에 관한 자의식이 강하게 드러나는 것일수록 전형적인 SF에 가깝다.

전형적인 판타지에 SF적 요소가 결합된 서사물들부터 살펴보기로 하자. '옛날 옛적 어느 먼 은하계에서'로 시작되는 조지 루카스의 「스타워즈」는 가상의 별들에서 펼쳐지는 태초의 신화와도 같은 환상적 이야기들을 담고 있다. 이런 특성은「스타 워즈」를 판타지 장르로 이해하게 하는 결정적인 요소가 된다. 그러나 또한 이 이야기에서는 광선검과 우주선과 드로이드(로봇)로 대표되는 과학에의 상상력을 빼놓을 수 없다. 그래서 우리는「스타 워즈」를 마법담 판타지인 『반지의 제왕』이나 『해리 포터』 등과 구별하여 SF 판타지로 분류할 수 있다.

「천공의 성 라퓨타」는 미야자키 하야오의 애니메이션 가운데 SF적인 특성을 비교적 많이 지닌 판타지이다. 비행석 결정 목걸이의 인도를 받아 하늘에 떠 있는 전설의 섬 라퓨타를 찾아가는 류시타 왕녀 시타와 소년 파즈의 모험담은 전형적인 판타지에 가깝지만, 라퓨타가 가공할 만한 과학력으로 전 세계를 지배했던 공포의 제국이라는 설정은 이 판타지에 SF의 색채를 더하게 한다.「천공의 성 라퓨타」에는 또한 라퓨타의 로봇 병사와 비행 전함 골리앗과 해적선 타이거 모스 호 등과 같은 SF적 요소들이 가미되어 있다.

안노 히데야키의「에반게리온」역시 퍼스트 임팩트로부터 묵시록적인 예언의 성격을 띠는 서드 임팩트(거대한 레이와 우주목 형태의 양산형 에바들이 결합하여 일어나는 지구의 대혼돈)에 이르는 서사의 기본 골격은 신화적인 판타지이다. 이외에도 복음이라는 뜻의 '에반게리온'을 비롯하여 '롱기누스의 창'(십자가에 못 박힌 예수의 옆구리를 찔렀던 로마 병사의 창)과 십자가 상징 등,「에반게리온」은 기독교의 신화적 요소들을 풍부하게 지니고 있다. 그러나 특무 기관 네르프가 개발한 인조인간 에바와 에바 영호기에 탑승하는 복제 인간 레이 등은「에반게리온」을 SF와 뗄 수 없게 만드는 요소들이다.

밥 케인의 만화『배트맨』도 판타지의 특성과 SF의 특성을 공유하는 양상을 띤다.『배트맨』의 배경인 고담 시는 성경에 나오는 죄와 형벌의

도시 고모라와 소돔을 결합하여 만든 가상의 도시이다. 이와 더불어 악의 세력이 건설한 지하 세계도 판타지적인 가상의 공간이다. 그러나 배트맨은 슈퍼맨처럼 하늘에서 내려온 신의 아들이 아니며, 선천적인 초능력도 지니고 있지 않다. 배트맨을 존재하게 하는 것은 배트 모빌과 하이테크 갑옷과 최첨단 과학 장비를 갖춘 배트 동굴이다.

『배트맨』의 SF적인 특성은 팀 버튼과 조엘 슈마허의 영화에서도 잘 드러난다. 팀 버튼의 영화들이 원작의 암울한 분위기와 배트맨의 반영웅(anti-hero)적 면모를 부각시켰다면, 이를 유쾌한 할리우드 영웅 서사물로 면모시킨 조엘 슈마허의 「배트맨 포에버」와 「배트맨과 로빈」에서는 SF적인 요소가 더욱 강화된다. 이들 영화에서 배트맨이 맞서 싸우는 악의 세력은 흥미롭게도 모두 과학자들이다. 뇌파 조종 기계를 발명한 리들러 박사, 극저온 냉동 실험을 하다가 미스터 프리즈로 변신한 빅터 프라이스 박사, 식물과 동물의 교배를 연구하던 중 불의의 사고로 포이즌 아이비가 된 파멜라 박사 등은 조엘 슈마허가 만든 고담 시의 악당들이다. 한계를 모르는 과학자의 욕망은 근대 과학의 본성을 대변한다. 「배트맨」 시리즈에서 희화적으로 묘사된 미친 과학자와의 대결은 SF 장르의 중심 테마라 할 만하다.

영화 「아바타」의 경우에는 SF 장르를 중심으로 판타지적 요소가 결합된 예이다. 자원 채취를 위해 외계 행성 판도라를 침공하는 기본 스토리는 우주 정복이나 외계 생명체와의 대결을 다룬 전형적인 SF 서사물의 한 변형이다. 링크 머신에 들어가 나비족의 형상을 한 복제 생명체 아바타와 신경 접속하는 모티프 역시 과학적 상상력에 기반을 두고 있다. 그러나 판도라 행성의 나비족들이 보여 주는 삶의 모습과 세계관은 신화의 세계 그대로이다. 거대한 에이와 나무(영혼의 나무)를 중심으로 모든 생명이 연결된 채 교감을 나누는 나비족의 모습은 우리가 잃어버린 생태적이고 애니미즘적인 신화의 세계를 생생히 되살려 내고 있다.

위의 서사물들에 비해 전형적인 SF 장르의 특징을 더 분명히 드러내는 서사물로는 「백 투 더 퓨처」나 「마이너리티 리포트」 등을 꼽을 수 있다. 「백 투 더 퓨처」는 타임머신을 통한 시간 여행을 소재로 하여 과학의 매혹적인 환상을 그리고 있으며, 「마이너리티 리포트」는 아직 일어나지 않은 살인 사건의 범인을 체포하는 첨단 과학 기술의 힘과 문제점에 관해 이야기한다. 또한 이들 영화는 전형적인 판타지와는 달리 현실과 완전히 분리된 가상의 공간을 설정하지 않는다. 「백 투 더 퓨처」는 제작 당시인 1985년에 미국의 한 평범한 고등학생이 겪게 되는 환상적 모험 이야기이고, 「마이너리티 리포트」는 2050년대의 통제된 미래 사회를 배경으로 한다. 흔히 '그리 멀지 않은 미래'로 표현되는 SF의 시공간은 물론 자유로운 상상력에 의해 만들어진 전적인 허구이며 수용자들도 이를 장르적 관행으로 받아들이지만, 그 시공간은 우리가 사는 세계와 무관한 어느 먼 환상의 세계는 아니다. SF는 과학 기술이 극도로 발전한 미래의 어느 시점에 우리 사회가 도달하게 될지 모를 어떤 세계를 가정하고 있는 것이다.

이런 점에서 SF의 환상은 판타지의 환상과는 다소 성격을 달리한다. 그동안 과학은 실제로 인류의 꿈과 환상을 현실로 만들어 왔다. 과거에는 환상에 불과했던 것들이 과학을 통해 실현된 예를 우리는 얼마든지 열거할 수 있다. 일례로 1897년에 제작된 조르주 멜리에의 단편 영화 「아메리카 의사」는 당시로서는 완전히 환상에 속하는 것이었던 신체 이식 수술을 소재로 한 SF이다. 같은 해에 발표된 그의 영화 「뢴트겐 광선」은 오늘날에는 일상화된 엑스선 촬영을 SF의 소재로 다루고 있으며, 「어릿광대와 꼭두각시」는 로봇이라는 말이 처음 나오기 20여 년 전에 일종의 로봇을 상상한 영화이다. 이런 환상들을 비롯하여, 1902년에 「달나라 여행」에서 상상했던 우주여행 역시 오늘날에는 이미 환상이 아니다. (이 영화에서 천문학회 소속인 여섯 명의 과학자들은 거대한 총알에 몸을 싣고 날아가 보름달의 눈에 박히는 식으로 달나라를 여행하지만 말이다.) 그러니 「백 투 더 퓨처」나 「마이너리티 리포트」의 환상이 미래의 어느 시점에는 지금과는 전혀 다른 방식으로 이해되거나 상당 부분 리얼리티를 지니는 이야기로 받아들여질는지도 알 수 없는 일이다.

특히 생명공학 분야의 비약적인 발전은 이미 현실과 SF의 경계를 무너뜨리기 시작했다.[1] 영화 「가타카」가 문제 삼은 유전자 차별은 실제로 오늘날 이미 현실로 나타나고 있다. 보험 회사와 입양 기관, 영재 학교와 기업 등에서 대상자의 유전자 데이터를 참조하고 그것에 의존하는 비중은 점점 더 높아지고 있다. 태어날 아이의 유전자를 선별하는 맞춤형 아기 역시 먼 미래의 일은 아닐 것이다. 태아 검사를 통해 아직 태어나지 않은 아기의 유전병이나 '결함'을 찾아내는 일이 일반화되고, 시험관 아기의 경우에는 자궁 이식 전에 결함 있는 배를 버리는 일이 당연시되는 지금, 부모에 의한 자녀의 우생학적 개량은 이미 시작되었는지도 모른다. 이 영화가 개봉되기 전(1998년) "자녀의 유전자를 직접 디자인하세요, 가타카."라는 광고 문구와 함께 전화번호를 넣었던 티저 광고는 그 당시 이미 문의 전화가 쇄도하여 회선이 마비되는 웃지 못할 해프닝을 낳았다고 한다. 장기 이식을 위해 복제 인간을 주문 생산하는 「아일랜드」는 또 어떤가? 인공 자궁 내에서 의식 없는(머리 발생을 억제한!) 인간 복제물을 장기 이식용으로 배양하자는 주장이 과학계에 등장하고 배아 줄기세포를 통한 장기 복제가 현실화된 오늘날, 이 영화는 매우 구체적인 현실 비판의 요소를 지니게 되었다. 「아일랜드」를 처음 구상했던 1990년대에는

---

[1] 이에 대해서는 박진(2007), 158~162쪽과 제러미 리프킨, 전영택·전병기 옮김, 「바이오테크 시대」(민음사, 1999), 71~72, 293~298쪽을 참조할 것.

이 영화가 SF였지만 개봉할 당시(2005년)에는 이미 SF가 아니었다(현실성이 너무 높아서)고 하는 마이클 베이 감독의 말은 의미심장하다.

이런 이유들 때문에 SF 장르는 그 자명한 환상성에도 불구하고 과학과 기계 문명의 앞날을 예견하는 서사물이 될 수 있으며, 이와 관련된 현실의 문제를 선취하는 비판적인 서사물이 될 수도 있다. 「블레이드 러너」의 스산하고 암담한 미래 사회의 풍경이나 시스템에 종속된 「매트릭스」의 세계를 불행히도 우리는 단순한 상상력의 유희라고 생각하지 못한다. 따라서 우리는 편의상 판타지와 마찬가지로 주로 좌표면 a에 위치하는 장르로 규정해 두었던 SF를 이제는 판타지와 조금 다른 자리에 놓을 수 있다. SF는 좌표면 a를 중심으로 하면서도 판타지에 비해 상대적으로 좌표면 c에 좀 더 치우친 장르, 곧 즐거움이나 소망 충족의 꿈과 더불어 진실의 탐색과도 상당히 밀접하게 관련된 장르로 이해될 수 있을 것이다.

과학에의 공포

불가능한 꿈을 가능한 현실로 뒤바꾸고 인간의 능력을 신의 경지로까지 끌어올리는 과학의 힘은 매혹적인 만큼이나 공포를 불러일으킨다. SF의 고전이 된 메리 셸리의 『프랑켄슈타인』(1818)은 과학의 무한한 가능성에 대한 희망이 가져다준 19세기 초의 황홀경 속에서 과학의 저주와 재앙을 예견했다. 이 소설은 전기 충격에 의해 개구리의 시체를 움직이게 하는 실험이 처음 행해지고, 유사한 방법을 통해 죽은 사람을 살릴 수 있을 거라는 기대가 번져 가던 시대에 창작된 것이었다.

『프랑켄슈타인』은 생명이 없는 육체에 생명을 불어넣음으로써 죽음으로부터 인류를 해방하겠다는 신념으로 연구에 몰두했던 과학자 빅터 프랑켄슈타인의 이야기이다. 2년여의 치열한 연구 끝에 그는 시체들을 조립하여 드디어 키 2미터 50센티미터 정도의 생명체를 만드는 데 성공한다. (그 방법은 소설에는 암시만 되어 있고 구체적인 과정은 생략되어 있는데, 이 소설이 영화화되면서 후대인들의 상상력에 의해 그 공백이 채워진다. 1994년에 제작된 케네스 브래너의 영화에는 범죄자들의 시체를 잘라서 꿰매고 양수가 담긴 탱크 속에 넣어 전기 자극을 가하는 과정이 상세히 묘사되어 있다.) 그러나 그 형상이 예상과 달리 너무 끔찍한 것에 놀란 빅터 프랑켄슈타인은 두려움과 역겨움에 괴로워하고, 괴물이 죽어 버리도록 그대로 방치한다. 괴물은 빅터에게서 달아나 세상으로 나오지만 단지 흉측한 몰골 때문에 인간들로부터 혐오와 공격의 대상이 된다. 괴물은 복수를 하기 위해 빅터를 찾아가 그의 동생과 친구와 아버지와 아내 등을 살해한다. 혼자가 된 빅터는 증오심에 가득 차 괴물을 쫓아서 북쪽 지방을 헤매다가 쓸쓸히 죽고 만다.

『프랑켄슈타인』의 괴물은 신성을 몰아내고 과학을 새로운 신으로 맞아들인 근대의 공포를 대변한다. 소설에서 빅터의 사연을 세상에 알리는 인물이 북극 탐험가 월튼 선장이라는 사실도 흥미롭다. 지리상의 발견으로 대표되는 미지의 세상에 대한 개척과 정복의 욕망은 과학적 지식에의 신봉과 더불어 근대의 시대정신을 압축적으로 보여 준다. 월튼은 빅터의 이야기를 듣고 그의 최후를 목격한 뒤 목숨을 건 무모한 탐험을 중단하는데, 이를 통해 끝을 모르는 근대적 야망에의 경고와 인간의 한계에 대한 겸허한 자각의 필요성이 암시된다.

프랑켄슈타인은 괴물을 만든 과학자의 이름이지만, 우리는 이름을 지니지 못했던 그의 괴물을 흔히 프랑켄슈타인이라고 부르곤 한다. 괴물은 과학자 프랑켄슈타인의 또 다른 모습이기도 한 것이다.『프랑켄슈타인』이 불러일으킨 이러한 상상력은 스티븐슨의『지킬 박사와 하이드 씨』

(1896)를 거치며 SF의 핵심적인 상상력으로 작용해 왔다. 실험 도중 괴물로 변신하는 과학자 모티프는 「헐크」와 「스파이더맨」(해리의 아버지 노만 오스본) 등으로 이어져 왔다.

또한 자신과 다른 이들의 생명을 희생시키면서까지 자기 연구에 집착하는 광적인 과학자의 모티프도 프랑켄슈타인의 변형이라 할 만하다. 폴 앤더슨의 「이벤트 호라이즌」에서 빛의 속도보다 빨리 가는 우주선을 만든 위어 박사도 그들 중 하나이다. 위어 박사는 우주 공간을 일시적으로 포개어 만든 인공적인 블랙홀을 통과하는 방식으로 수만 광년을 뛰어넘을 수 있는 우주선 이벤트 호라이즌을 발명한다. 2040년에 해왕성에서 실종되었다가 칠 년 만에 다시 모습을 드러낸 이벤트 호라이즌을 조사하기 위해, 그는 구조선에 함께 탑승한다. 블랙홀 안으로 사라졌다 돌아온 이벤트 호라이즌은 이미 탑승자 전원을 희생시켰으며, 이벤트 호라이즌에 도킹한 구조선의 대원들마저 차례로 끔찍한 죽음으로 이끈다. 위어 박사는 우주의 섭리를 거스른 자신의 발명품이 무시무시한 재앙을 초래했음을 확인하고도 이벤트 호라이즌을 파괴하고 탈출하기를 거부한다. 그는 이벤트 호라이즌을 타고 블랙홀로 들어가기 위해 구조선 선원들과 혈투를 벌인다. 위어 박사는 끝내 자신의 발명품과 함께 최후를 맞지만, 탈출한 구조선 대원들에게 그는 악령과도 같은 공포로 살아남는다. 이 영화에서 악의 화신으로 등장하는 미친 과학자의 집념과 광기는 과학의 끝없는 욕망과 그에 대한 우리 시대의 잠재된 두려움을 악몽으로 보여 주는 것에 다름 아니다.

과학에의 공포는 SF 서사물에서 기계와의 전쟁이라는 모티프를 통해서도 표출된다. 인간을 능가하는 기계들에 의해 인류가 지배당하고 그들과의 전쟁에서 인류가 파멸할 위기에 처한다는 극단적인 상상력은 「터미네이터」와 「매트릭스」를 비롯한 SF 서사물들에 반복적으로 나타난다.

인류가 기계의 노예로 전락한다는 상황 설정은 인간이 정복과 지배라는 스스로의 욕망을 끝없이 업그레이드되어 가는 자신들의 황홀한 발명품에 투사한 결과일 것이다. 여기에는 또한 「매트릭스」가 지적했듯이 문명화된 현대 사회는 그 자체로 이미 기계에 종속되고 지배당하는 세상이라는 인식이 바탕에 깔려 있다. (시온 의회의 늙은 지도자가 인간의 자유 도시를 내려다보며 네오에게 하는 말을 떠올려 보자.) 이들 SF 서사물은 오늘날 인간 존재가 기계 문명의 속박으로부터 결코 자유로워질 수 없으며, 이로 인해 결국 인간 자신의 존재성이 위협받고 있다는 절박한 위기감을 반영한다.

    SF 서사물에서 기계에 대항하는 인간의 투쟁은 그 정당성이 의심받을 수 없는 지상의 과제로 설정되는 것이 보통이지만, 승리에의 비전은 점점 더 암담하게 그려지고 있다. 「터미네이터 3」에서는 전편에서 성공적으로 무산시켰던 스카이넷의 핵무기 발사를 끝내 막지 못하며, 기계와의 전쟁(미래 전쟁)이 시작된 뒤를 그린 「터미네이터 4」에서는 인간 저항군 리더 존 코너가 치명적인 부상을 입게 된다. 흥미롭게도 존 코너는 하이브리드 터미네이터인 마커스(뇌와 심장만 인간인 사이보그 형태로 기계 군단의 실험 기지에서 탈출했지만 자기도 모르는 사이에 타깃인 존 코너를 데려와 죽이는 역할을 수행하도록 만들어진 '잠입형 프로토타입'이다. 이 사실을 알게 된 그는 자기 뇌에 삽입된 칩을 파괴하고 존 코너를 구한다.)의 심장을 이식받아 살아남게 되는데, 이런 결말은 인간 대 기계의 이분법적 경계와 그 배타적인 적대성을 의심하는 우리 시대의 변화된 사고를 반영한다. 이 결말은 개봉 전 유출된 스포일러 때문에 급히 수정한 대목이라고 하는데, 처음 구상했던 결말은 존 코너가 죽은 뒤 마커스에게 존 코너의 피부를 이식하여 마커스로 하여금 존 코너를 대신해 저항군 사령관의 역할을 맡게 한다는 내용이었다고 한다. 흥미롭게도 이런 결말은 실제 개봉된 영화의 결말보다 더욱 급진적으로 기계와 인간의 경계를 해체하는 것일 수 있다.

또한 「매트릭스 리로디드」에서는 예언자 오라클과 시온과 인류의 구원자인 네오까지도 시스템의 예상과 통제 아래 있었음이 밝혀진다. 「애니 매트릭스」는 기계와 인간의 전쟁이 기계의 승리로 끝난 이후에 기계가 인간을 자신들의 에너지원으로 사용하면서 둘 사이의 공존이 이루어진다고 하는 섬뜩한 상상력을 보여 주고,(이런 상태는 아이러니컬하게도 '두 번째 르네상스'로 불린다.) 「매트릭스 레볼루션」은 기계에 대한 인간의 승리가 아닌 협상을 통한 타협과 공존을 궁극적인 결말로 제시한다. 기계에 대한 인간의 위대한 승리를 그려 내는 서사물들이 기계의 속박으로부터의 해방이라는 현실에서는 불가능한 꿈을 환상을 통해 충족시키는 역할을 한다면, 그 승리의 불가능성을 암시하는 서사물들은 좀 더 진실에 근접해 있다고 말할 수 있을는지 모른다.

　한편 듀나의 SF 소설 「기생」은 기계의 지배에 대항하는 투쟁의 정당성 자체를 의문시한다. 이 소설에서 인간은 기계들의 완벽한 도시에 기생하는 존재로 그려진다. 치밀하고 아름답게 움직이는 기계들의 도시가 인간이 다스리는 세상보다 못할 수 없다는 신념으로, 역사 선생은 사회 선생이 이끄는 습격대를 밀고한다. 인간이 먹이사슬의 맨 위에 서서 다시 지구를 점령한다는 것은 참으로 부당하다는 생각, 인간의 가치를 넘어 자신만의 문명과 지성을 발전시키는 도시의 틈 사이로 인간이 존재 이유를 잃고 사라진다 한들 후회할 이유는 없다는 생각, 소설의 화자는 역사 선생의 이런 생각들에 공감을 표현한다. 이쯤 되면 SF는 근대의 과학주의와 기계 문명을 정면으로 문제 삼는 데 그치지 않고, 전형적인 판타지와는 또 다른 방식으로 인간중심주의를 해체한다.

　물론 인간에 대한 기계의 우월성을 인정하고 기계에 지배당하는 삶을 기꺼이 수락하는 것이 과학주의와 인간중심주의에 대한 현실적 대안은 아닐 테지만, 그런 상상력 자체만으로도 근대주의적 세계관에 대한 강도

높은 비판이 될 수 있다. 신들과 요정들과 자연과 더불어 살아가던 근대 이전의 삶을 환기시키는 서사물들이 제동 장치 없는 과학과 기계 문명의 질주를 환상을 통해 거꾸로 되돌리는 방법을 취한다면, 위와 같은 SF의 환상은 현실보다 더 빨리 가서 그것을 아예 추월해 버리는 방법을 선택한다. 두 가지의 대응 방식은 모두 실현 불가능하고 비현실적인 것들이지만, 우리의 고정된 사고를 깨뜨리고 현실을 다시 바라보게 하는 힘을 지닌다.

기계 인간의 존재론

최근『프랑켄슈타인』에 대한 관심이 고조되고 있는 것은 특히 이 소설이 유전자 조작과 클론과 인공 지능 등과 관련된 오늘날의 문제의식을 자극하기 때문일 것이다. 이런 문제들은 미친 과학자와의 대결이나 기계와의 전쟁보다도 우리에게 더욱 실제적인 문제로 다가온다.

『프랑켄슈타인』의 괴물이 빅터에게 복수심을 품은 것은 자신을 흉한 몰골로 만들었기 때문이라기보다는, 그것으로 인해 자신이 사회에 동화되지 못하고 인간으로부터 무조건 적대시되어야 한다는 사실 때문이었다. 괴물은 숨어서 인간을 돕기도 하고 위험에 처한 아이를 구하기도 하지만, 그의 존재는 결코 인간들에게 용납되지 않는다. 괴물은 빅터에게 자신과 닮은 여자 괴물을 만들어 달라고 부탁하기도 한다. 자신을 배척하지 않고 사랑해 줄 수 있는 여자 괴물을 만들어 준다면, 그녀와 함께 아무도 살지 않는 북쪽으로 떠나서 다시는 인간들 앞에 나타나지 않겠다는 것이다. 이 부탁이 거절당하자 괴물은 빅터를 증오하고 잔인한 복수를 실행에 옮긴다. 그는 인공적인 생명체로서의 정체성과 소속감의 문제로 괴로워한 존재였고, 그 갈등은 사랑하고 사랑받을 수 있는 권리에 대한 요구로 집약된다.

『프랑켄슈타인』에 담겨 있는 인조인간의 정체성 문제는 SF 서사물의 또 다른 중요한 테마이다. 그 한 예로 영화「A. I.」는 인간의 감정을 지닌 최초의 로봇 데이빗을 등장시킨다. 자녀가 없는 집에 입양시킬 목적으로 제작된 데이빗은 양부모를 사랑하게끔 프로그래밍된 로봇 소년이다. 데이빗은 부모로부터 사랑을 받기 위해 최선을 다하지만, 부모는 그를 진짜 아이로는 받아들이지 못한다. 불치병에 걸려 치료약이 개발될 때까지 냉동 상태로 보존되어 있던 부모의 친아들이 깨어나자, 데이빗은 더 큰 소외감과 갈등에 빠지게 된다. 부모로부터 버림받고 진짜 아이가 되기 위해 긴 여행을 떠나는 로봇 데이빗은 21세기 판 피노키오다.

「A. I.」는 아무리 인간과 똑같아도 로봇은 인간이 될 수 없으며, 인간만이 사랑하고 사랑받을 자격이 있는 존재라는 믿음을 전제로 한다. '사랑을 지닌 존재'란 인간이 스스로를 기계와 차별화하면서 자신에게 부여한 정체성이자, (기계보다 열등한 수많은 결점들에도 불구하고) 기계 인간에 대한 인간의 우월성을 보장하는 근거인 셈이다. 그러나 자신의 종족에게 인간만큼 잔인한 종족은 없다는 사실을 상기하면 불길하게도 그 믿음이 허상은 아닌지 의심스러워진다. 실제로「A. I.」는 인간보다 더 인간적인 로봇의 모습과 기계보다 더 비정한 인간의 모습을 그려 보임으로써, 인간이 과연 기계보다 우월한 존재인가 하는 의문을 던지게 한다.

아이작 아시모프 원작의「바이센테니얼 맨」도 이와 유사한 문제를 다루고 있다. 제조 과정의 실수로 인해 우연히 인간의 지성과 예술적인 감각을 지니게 된 가사 노동 로봇 앤드류는 리처드 가족의 일원으로 살아가는 동안 점점 더 인간을 닮아 가고 사랑의 감정까지 지니게 된다. 작은 아가씨와의 이룰 수 없는 사랑을 겪었던 그는 그녀와 꼭 닮은 손녀딸 포샤와 다시 한 번 사랑을 하게 되고 결혼까지 한다. 그러나 앤드류는 「A. I.」의 데이빗과 마찬가지로 끝까지 인간이 되기를 소원한다. 그는 죽음이 없는 삶을 포기하면서까지 한순간이라도 인간으로서 살고 인간으로 인정받고 싶어 하는 것이다. 「A. I.」와 「바이센테니얼 맨」에서 인간과 전혀 다름이 없는데도 인간으로 인정받을 수 없다는 것은 기계 인간의 가장 큰 고통이자 존재론적 결핍으로 그려진다. 이들 SF 서사물은 인간 존재의 우월성에 대한 인간의 오랜 믿음을 반영함과 동시에, 이를 의문에 부치는 역할을 한다.

이처럼 SF에서 인조인간의 정체성이라는 문제는 곧 현실화될지 모르는 클론이나 인공 지능 로봇이나 사이보그를 인간이 어떻게 받아들여야 하는가 하는 질문에 머무르지 않고, 인간 자신의 정체성에 대한 질문으로 연결된다. 인조인간을 인간의 타자로 규정하고 인간과의 차별성을 세우는 일은 곧 인간이라는 주체를 어떻게 다시 정의할 것인가 하는 문제와 무관할 수 없기 때문이다. SF 서사물들이 인간과 인조인간의 관계를 설정하는 방식의 차이를 살펴보는 것은 그래서 무척이나 흥미롭다.

듀나의 「첼로」에서는 이 문제가 로봇을 사랑하는 인간의 갈등으로 변주되어 있다. 첼로를 연주하는 아름답고 예술적인 로봇 트린과 사랑에 빠진 이모는 처음에는 트린을 통해 강한 소유욕을 충족시키지만, 점차 자신에 대한 트린의 사랑에 불안해하기 시작한다. 로봇 제1법칙('로봇은 인간에게 해를 끼쳐서는 안 되며, 인간이 해를 입을 위험에 처하게 해서도 안 된다.')에 복종하는 트린의 사랑이 자기를 사랑하는 인간에 대한 의무감이 아니라 진정한 감정에 기인한다고 어떻게 확신할 수 있을까? 이런 고민으로 괴로워하던 이모는 트린과의 결별을 선택하지만, 트린에 대한 그리움을 떨치지 못하고 그녀의 발밑에 엎드려 기어서라도 다시 그녀를 애인으로 되찾고자 한다. (원래 연인 관계에서 '약자'는 더 많이 사랑하는 사람이고, 이제까지 로봇과 인간의 사랑에서 진정한 사랑을 받고 싶어 갈등하는 '약자'는 인간이 아닌 로봇이었다.)
「첼로」에서는 인간의 특권으로 여겨졌던 '사랑할 자격'이라는 환영과 그것에 기반을 둔 인간의 존재론적 우위에 대한 믿음이 속절없이 붕괴되는 것을 볼 수 있다. 「첼로」는 인간을 중심으로 한 주체와 타자의 이분법을 전도시켜 버림으로써 SF적 상상력의 새로운 영역을 보여 준다. 이렇게 하여 SF 서사물에서 인간중심주의는 다시 한 번 전복된다.

한편 오시이 마무로의 「공각기동대」는 인간과 기계라는 주체와 타자의 이분법을 무화시키는 전략을 구사한다. 「공각기동대」는 뇌의 일부를 제외하고 온몸이 기계인 사이보그를 주인공으로 등장시킨다. 신종 범죄를 담당하는 공안 9과의 요원 쿠사나기는 사이보그인 자신의 육체에 고스트가 깃들어 있는지에 대해 끊임없이 고민한다. 그러던 중 그는 고스트를 해킹하는 프로그램인 인형사를 조사하다가 그에게 동질감을 느끼게 되고, 서로를 융합하자는 인형사의 제의를 수락하기로 결정한다. 자아의 정체성에 집착하는 것은 의식을 제약하는 일이며 광대한 네트의 세계는 의식을 무한히 업그레이드시켜 준다고 하는 「공각기동대」의 발상은 매우 신선하고 충격적이다. 「공각기동대」에서는 인간과 기계, 인간과 인공 지능 프로그램 간의 존재론적 구분 자체가 가능하지 않게 되며, 정체성에 관한 고민도 이제 더 이상 이전과 같은 의미(내가 진짜 인간인가, 또는 진짜 인간이란 무엇인가 하는 질문들)를 갖지 않는다.

이렇듯 SF가 보여 주는 기계 인간의 모습은 인간의 타자로서 인간과 대립되는 위치에만 머물러 있지는 않다. 이 점은 기계인간에 대한 SF의 상상력이 미래 사회의 환상이기 이전에 현재의 우리 자신에 관한 강렬한 이미지일 수 있다는 점과 관련이 있다. 무수한 사이트에 동시적으로 링크되어 있는 인터넷의 검색 시스템, 언제 어디서나 온라인 상태를 유지할 수 있게 해 주는 스마트폰, 트위터와 페이스북 같은 SNS 등은 이미 우리의 사고 구조와 생활 패턴을 상당한 정도로 변화시켜 놓았다. 워크래프트(WOW) 배틀넷에 접속해 있을 때, 컴퓨터를 켜야만 어떤 작업이라도 시작할 수 있을 때, 스마트폰을 두고 나오면 당장에 아무 일도 할 수 없을 때, 네트는 신체를 넘어 확장된 우리의 신경망이나 다를 바 없다. 「공각기동대」의 쿠사나기처럼 우리는 어느 결에 기계와 더불어 공진화(co-evolution)하는 사이보그의 운명을 받아들인 것인지도 모른다. 기계 인간의 이미지는 바로 지금, 우리 안에 새겨져 있다.

7 멜로드라마

멜로드라마의 장르적 특성

　탈근대의 에너지로 충만한 대표적 서사 장르인 판타지와 SF를 살펴보느라 숨 가쁘게 달려왔으니, 이제 멜로드라마(melodrama)에 관해 이야기하며 숨을 가다듬어 보자. 로맨스 장르라고도 부를 수 있는 멜로드라마는 서사의 영원한 테마인 사랑을 주제로 한 정서적인 이야기들이다. 멜로드라마에는 대체로 유형화된 인물들이 등장하며, 행동보다는 감정이 중시되며, 동일시와 감정 이입을 통한 정서적 반응이 강조된다. 멜로드라마 역시 엄격한 의미의 장르라기보다는 위와 같은 몇몇 특성들을 지칭하는 용어일 수 있으나, 우리가 지금까지 사용해 왔던 개방적이고 느슨한 장르 개념을 적용하면 그 특성들이 효과적으로 설명될 수 있을 것이다.
　멜로드라마는 멀리 보면 중세의 로망스와 깊은 관련성을 지니고 있다. 로망스는 모험과 사랑을 주제로 하는 이상화된 세계를 펼쳐 보이는 데, 이 중 상대적으로 내향적이고 여성적인 경향을 띠는 사랑의 테마가 멜로드라마로 이어진 것으로 보인다. 기사와 귀족 부인 간의 헌신적이고 낭만적인 사랑 이야기는 그 좋은 예이다. 로망스적인 충동은 시대에 따라 매우 탄력 있게 변화하면서 영속적으로 되풀이된다. (그런 의미에서 로망스는 결코 근대 소설에 의해 대체되지 않았다.) 멜로드라마는 낭만적이고 감상적인 로망스의 근대적 변형이라고 말할 수 있겠다.

멜로드라마의 직접적인 연원은 19세기 영국의 대중적 연극으로 알려져 있다.[1] 연극으로서의 멜로드라마는 서양 시민 계층의 형성을 기반으로 한 대중적 오락으로서, 귀족 계급을 위한 이전의 심각한 연극들과 구별된다. 멜로드라마는 부르주아적 가치관과 시민적 사회 질서에 바탕을 둔 대중 서사물이다. 멜로드라마는 사랑을 중심으로 하는 개인의 감정이 사회의 관습이나 가족 관계 등의 장애물과 부딪혀 벌어지는 갈등들을 그려 낸다. 연극에서 출발한 멜로드라마는 이후 영화나 텔레비전 드라마를 통해 폭넓게 확산되었다.

우리나라의 멜로드라마는 신파 연극으로부터도 큰 영향을 받았다. 이는 여성의 수난이나 사랑의 비극 등을 주제로 하여 대중으로 하여금 눈물을 쏟게 하는 경향으로 나타난다. 신파는 식민지 시대에 일본으로부터 유입된 것이지만, 흔히 우리의 고유한 정서로 불리는 한(恨)의 정조와 결합되어 강한 호소력을 지니게 되었다는 견해도 있다. 어쨌든 1960년대의 「미워도 다시 한 번」을 비롯하여 1990년대의 「편지」와 2000년대의 「내 머릿속의 지우개」 등에 이르기까지 한바탕 실컷 울게 해 주는 멜로드라마는 우리나라에서 지속적으로 호응을 얻고 있다.

멜로드라마는 대중성과 오락성, 비현실성과 이데올로기적 보수성 등

---

[1] 유지나 외, 『멜로드라마란 무엇인가』(민음사, 1999), 11~13쪽.

으로 인해 오랫동안 비난을 받아 왔다. 그러나 엘리트주의와 문학중심주의와 리얼리즘 중심의 가치관 등으로부터 자유로울 수 있다면, 우리는 멜로드라마적 욕망과 기능을 그 자체로 더 잘 이해할 수 있다. 멜로드라마는 일상적 시공간을 배경으로 하여 펼쳐지는 소망 충족의 서사물이다.(좌표면 b) 멜로드라마는 운명적인 사랑, 비극적인 사랑, 존재를 건 위험한 사랑 등에 대한 우리의 잠재된 꿈을 충족시켜 준다. 그것은 현실에서는 평생을 가도 쉽게 실현시킬 수 없는 꿈이거나, 때로는 너무 큰 대가를 치러야만 경험할 수 있는 것이다. 그러나 멜로드라마의 세계는 결코 현실과 같지 않은 세계이며, 스스로의 내재적인 법칙에 의해 운행되는 자족적인 세계이다. 그래서 멜로드라마는 심리적 억압과 선입견으로부터 우리를 해방시키고, 제한된 삶의 테두리를 넘어설 수 있게 한다. 프랭크 커모드가 말한 것처럼 근대 소설은 야만적이고 잔인하고 무의미한 것들의 현실을 다루어야만 하며, 그러한 현실의 격렬함 때문에 현실이 이상화되는 것을 참지 못한다.[2] 그러나 로망스적 성격을 띠는 모든 서사물이 그러하듯이, 멜로드라마는 현실의 잔인한 요구에 의해 소설에서는 파괴되어 버린 허구 세계의 법칙을 즐거이 따를 자유를 갖고 있다.

우리는 현실과 멜로드라마를 혼동하기 때문이 아니라 멜로드라마가 현실과는 전혀 다르기 때문에 멜로드라마를 좋아한다. (연애 소설을 너무 많이 읽은 탓에 현실 감각을 잃어버린 『보바리 부인』의 가엾은 여주인공은 멜로드라마의 일반적인 수용자를 대표하지는 못한다.) 오랜 짝사랑이 기적처럼 이루어지고, 엄마가 이루지 못한 슬픈 사랑이 운명처럼 나의 사랑을 통해 완성되는 「클래식」의 마법 같은 세계는 비현실적인 만큼이나 그럴듯하다. 그것이 멜로

---

[2] Frank Kermode, *The Sense of Ending*(London·Oxford·New York: Oxford University Press, 1979), pp. 128~129.

드라마의 장르적인 핍진성이다. 물론 그럴 수만 있다면 우리의 지극히 산문적인 현실의 사랑을 「클래식」의 시적인 사랑과 바꾸고도 싶지만, 그것이 불가능함을 너무 잘 알기 때문에 우리는 이 영화를 좋아하는 것이다.

멜로드라마는 시대와 장소를 초월하여 반복되는 공통적 감정에 기초하고 있지만, 문학의 콘텍스트나 시대적 감수성의 변화에 따라 민감하게 변화하는 서사 장르이기도 하다. 우리나라의 전통적인 멜로드라마가 주로 유교적 관습과 가부장적 가족 제도를 배경으로 한 사랑의 갈등을 다루었다면, 1970년대 이후에는 「바보들의 행진」, 「고래사냥」, 「기쁜 우리 젊은 날」 등과 같이 대학생의 방황과 혼돈을 그린 새로운 멜로드라마가 등장했다. 1980년대에는 「칠수와 만수」를 비롯하여 사회적 맥락을 강조한 멜로드라마가 만들어졌고, 1990년대에는 「미스터 맘마」와 「결혼 이야기」 등을 시작으로 새로운 세대의 감성을 대변하는 로맨틱 코미디류의 멜로드라마가 부상하기도 했다. 2000년대 이후에는 「커피프린스 1호점」, 「미남이시네요」, 「아름다운 그대에게」 등으로 이어지는 여장 남자와의 사랑 이야기,(이는 「개인의 취향」이나 「시크릿 가든」처럼 실제로는 이성애를 중심으로 하면서도 거부감이 생기지 않을 정도로만 동성애 코드를 슬쩍 가미한 최근의 멜로드라마들과도 관련이 깊다.) 「내 이름은 김삼순」, 「파스타」, 「브레인」 등과 같이 다양한 직업적 전문성의 세계를 다룬 사랑 이야기들이 멜로드라마의 새로운 트렌드로 등장하기도 했다. 이처럼 끊임없는 변화 속의 반복은 멜로드라마라는 장르의 생명력을 유지시키는 원동력이라 할 수 있다.

멜로드라마는 다른 장르들과 교섭함으로써 새로운 감수성에 맞게 다시 태어나기도 한다. 일례로 환생 모티프를 중심으로 하여 시대와 죽음을 초월한 사랑을 그린 「은행나무 침대」, 「천년지애」, 「내 여자 친구는 구미호」 등은 판타지적인 상상력과 결합한 멜로드라마이다. 세계적으로 선풍적인 인기를 모은 「트와일라잇」 시리즈 역시 뱀파이어와의 사랑 이야기(인간 소녀와 뱀파이어, 늑대 인간의 삼각관계를 다룬)를 담은 판타지 멜로이다. 최근에는 「해를 품은 달」, 「옥탑방 왕세자」, 「신의」, 「닥터 진」 등과 같이 역사물과 판타지를 뒤섞은 멜로드라마도 인기를 끌고 있다. 또한 「본투킬」과 「비트」 등은 느와르 장르와 혼합된 멜로드라마이고, 「용의자 x의 헌신」과 「백야행」 등은 추리나 스릴러 장르와 결합한 멜로드라마이다. 앞의 두 영화는 필름 느와르적인 영상과 남성적인 액션으로 구성되어 있지만 스토리의 진행에서 중심적인 기능을 하는 것은 여주인공과의 이루지 못한 사랑 이야기이다. 히가시노 게이고의 소설을 원작으로 한 뒤의 두 영화는 범죄와 추리를 전면에 내세우지만 이 과정이 숨겨진 사랑에 의해 추동되는 멜로드라마라 할 수 있다.

김문생 감독의 SF 애니메이션인 「원더풀 데이즈」에서도 서사의 동력은 세 주인공의 삼각관계에 기초한 멜로드라마적 욕망이다. 에코반 경비대원인 제이와 난민들의 거주지 마르에 사는 수하의 사랑은 신분적, 관습적으로 금지된 관계이다. 수하는 마르를 불태워 오염 지역을 늘림으로써 에코반의 에너지를 충전하려는 계획을 저지하고자 에코반의 심장부인 델로스 타워에 침입한다. 이렇게 하여 제이는 첫사랑의 연인 수하를 적으로 다시 만나게 된다. 제이를 사랑하는 경비대장 시몬이 그들의 관계에 개입함으로써 스토리는 급진전한다. 델로스 타워가 파괴되고 푸른 하늘이 다시 열리는 스토리의 결말 역시 그들 세 사람의 감정적 갈등이나 선택과 긴밀하게 결부되어 있다. 이런 이유들 때문에 서사적 관점에서 볼 때 이 영화는 SF 멜로드라마라고 불릴 수 있을 것이다. 「원더풀 데이즈」에서 SF적인 요소들은 다소 진부하고 상투적인 멜로드라마의 스토리를 감각적인 새 옷으로 갈아입히는 기능을 하는 데 머물러 있다고도 할 수 있겠다.

장르적 관습의 반복과 위반

한 편의 멜로드라마를 보는 일은 그것과 연관된 수많은 멜로드라마들을 함께 보는 일이기도 하다. 하나의 멜로드라마는 그것과 유사하거나 그것과 상이한 다른 모든 멜로드라마들과의 관계 속에서만 존재할 수 있기 때문이다. 우리가 만약 「엽기적인 그녀」를 보고 있다면, 우리는 지금 과거의 상처 때문에 새로운 사랑을 받아들이지 못하는 주인공을 그린 멜로드라마들, 사랑과 우정 사이의 미묘하고 안타까운 관계를 다룬 멜로드라마들, 남자 주인공의 헌신적인 사랑과 기다림을 보여 주는 멜로드라마들, 주인공들 간의 운명적으로 예정된 만남을 담은 멜로드라마들⋯⋯을 한꺼번에 보고 있는 것이다. 「엽기적인 그녀」는 그 모든 멜로드라마들과의 유사성 때문에 의미를 지니며, 그것들과의 차이 때문에 또한 멜로드라마로서의 의미를 지닌다. 이 영화는 멜로드라마의 전형적인 관습들을 반복하고 있으면서도 여주인공의 과격하고 '엽기적인' 캐릭터를 통해 멜로드라마적 관습으로부터의 이탈을 시도한다. 바로 그 점이 이 영화를 또 한 편의 새로운 멜로드라마로 존재할 수 있게 해 준다.

「8월의 크리스마스」는 남녀 주인공의 사랑이 시한부 인생과 죽음이라는 장애물로 인해 위협을 받는 모든 멜로드라마와 연결되어 있다. 우리는 유사한 테마의 다른 멜로드라마들 전체를 배경으로 하여 이 영화를 받아들이게 된다. 그런데 이 영화에서는 이루지 못한 사랑의 비극성과 감정의 과잉이라는 멜로드라마적 관습을 전혀 발견할 수 없다. 여주인공 다림은 정원이 불치병에 걸린 것을 알지 못하며, 심지어 그가 죽은 뒤에도 그 사실을 전혀 모르고 있다. 정원이 죽은 뒤 다림은 정원이 예전에 찍었던 그녀의 사진이 사진관에 걸려 있는 것을 보게 된다. 그녀가 자신의 사진을 바라보며 환하게 미소를 짓는 장면에서 영화는 끝이 난다. 그들의 사랑은 인생을 뒤바꾸는 운명적인 것이 아니라 스쳐 지나가는 사랑으로 마감되고, 사랑을 잃은 절망감이나 평생을 간직하며 살아야 할 가슴 아픈 추억 등이 남겨진 여주인공을 얽어매지 않는다. 이런 담담한 절제와 초연한 거리감은 이 영화를 다른 멜로드라마들과 구별시키면서 그것들 속에 자신의 자리를 가질 수 있게끔 만들어 준다.

텔레비전 드라마「네 멋대로 해라」는 주인공들의 삼각관계, 가정사의 비밀과 결핍된 가족 관계, 불륜, 남녀 주인공의 신분 차이, 남자 주인공의 시한부 인생까지, 멜로드라마의 온갖 관습들을 충실히 따르고 있다. 그러나 뇌종양이라는 질병을 그려 내는 이 드라마의 시각은 매우 독특하다. 이 드라마에서 불치의 병은 담담하다 못해 장난스럽게까지 묘사되며, 이런 측면은 인물들의 개성 있고 솔직한 캐릭터와 맞물려 무척 자연스럽게 받아들여진다. DVD로 제작된「네 멋대로 해라」의 영어 제목은 'Ruler of Their Own World'이다. 이 드라마는 주인공들뿐 아니라 스토리상에서 아주 작은 비중을 차지하는 인물들까지도 자신만의 세계를 발견하고 그 세계의 주인으로 살아가는 당당한 모습을 그려 보인다. 이런 특성은 유형화된 주인공들과 이들을 위해 부수적으로 존재하는 기능적인 인물들로 이루어진 멜로드라마의 보편적인 인물 구성과는 대조를 이룬다. 그렇다고 해서 이 드라마의 인물들이 리얼리티를 지니는 것은 결코 아니다. 이들의 모습은 대단히 이상화된 것으로서, 대다수의 사람들이 수동적이고 타성적인 삶을 살아가는 현실의 모습과는 크게 동떨어져 있다. 그러나 이 드라마는 전형적인 멜로드라마의 구조 안에서 또 하나의 참신하고 핍진한 세계를 만들어 냈고, 이로 인해 흥미롭고 의미 있는 멜로드라마가 된다.

한편 네이버에 연재됐던 하일권의 웹툰「안나라수마나라」는 웹툰이라는 새로운 매체가 지닌 혁신적 특성들(스크롤을 내리는 방식에서 발생하는 시간의 흐름과 이미지의 운동성 등)을 충분히 활용하여, 마법사와의 사랑이라는 판타지 멜로적인 이야기를 더욱 환상적이고 몽환적으로 만들어 낸다. 이 웹툰에서 가난한 여주인공 윤아이를 중심으로 한 마법사 ㄹ과 부잣집 아들 나일등 사이의 삼각관계는 어린아이 같은 꿈의 세계를 지켜 나갈 것인가, 아니면 현실적이고 세속적인 어른들의 세계로 들어갈 것인가 하는 갈등과 선택의 문제와 맞물려 있다. 「안나라수마나라」는 멜로드라마의 일반적 관습을 '어른이 된다는 것'의 진정한 의미를 묻는 성장 이야기와 결합하고 여기에 마법과 수수께끼(베일에 싸인 ㄹ의 정체 등)라는 판타지적, 미스터리적 요소를 더한 뒤, 웹툰의 매체적 특성으로 그 개성을 최대한 부각시킨 새롭고 매혹적인 사랑 이야기이다.

이외에도 「봄날은 간다」는 외부적인 갈등의 요인이 부재하는 상태에서 사랑의 감정이 변해 가는 과정을 그렸다는 점에서 신선한 멜로드라마이고, 「질투는 나의 힘」은 삼각관계 속의 두 남자가 맺는 독특한 관계로 인해 새로움을 느끼게 한다. 또 「건축학개론」은 첫사랑의 추억이라는 전형적인 소재를 촌스럽지만 순수하고 아날로그적인 향수를 느끼게 하는 지나간 시절(1990년대)에 대한 그리움과 결합하여 큰 호응을 얻은 멜로드라마이다. 이 영화에서 첫사랑 여인과의 재회는 이루지 못한 사랑을 끝내 실현시키는 과정이 아니라 그녀의 지치고 황폐한 삶을 감싸고 지탱해 줄 '집을 지어 주는' 과정으로 이어진다는 점도 인상적이다.

이들 서사물은 장르적인 관습들을 반복하고 쇄신하는 멜로드라마의 다양한 양상들을 보여 준다. 상투성과 진부함은 멜로드라마 장르의 본질이 아니며, 모든 서사물의 생명을 소진시키는 치명적인 요소일 뿐이다. 멜로드라마라는 장르는 그것을 규정하는 관습과 규범들의 강한 구속력 때문에 존재하는 동시에, 그것을 위반하고자 하는 반대 방향의 또 다른 강력한 힘 때문에 살아남는 것이다.

　토도로프는 문학적인 걸작은 자기 자신 이외에는 어떤 장르에도 들어맞지 않는 반면, 대중 문학은 자기 장르에 가장 잘 들어맞는 작품이 바로 걸작이 된다고 말한 바 있다.[3] 대중 문학의 경우에 장르의 규범들을 개선하는 일은 곧 그것을 위반하는 일이며, 이는 대중 문학이 아니라 문학을 창작하는 일이라는 것이다. 1971년에 나온 그의 발언이 고급 문학과 대중 문학에 대한 뿌리 깊은 위계적 사고를 반영한다고 해서 그리 놀랄 필요는 없을 것이다. (사실 그는 서사와 장르에 대한 각별한 관심과 문학성에 대한 강조 사이에서 끊임없이 고민하고 갈등했던 이론가이다.) 그러나 그의 문학주의적 관점을 유보한 채로 생각해 보면, 좋은 서사물은 특정한 장르적 규범을 의도적으로 위반하는 일을 통해서 만들어질 수 있다는 그의 생각에 어느 정도 동의할 수 있다. 이 점은 멜로드라마의 경우에 특히 잘 드러나는 듯하다.

멜로드라마 장르의 패러디

　한편 멜로드라마에서 장르적 규범에 대한 위반이 좀 더 자의식적이고 전면적으로 행해진다면 어떨까? 우리는 이런 경우를 멜로드라마 장르의 패러디(parody)라고 부를 수 있는데, 그 좋은 예를 홍상수 감독의 영화에서 찾아볼 수 있다. 홍상수의 영화는 극사실주의라는 평을 들을 정도로 리얼리티에 대한 강한 지향을 보여 준다. 이런 경향이 멜로드라마적인 요소들과 결합하면서, 그의 영화는 멜로드라마라는 장르를 근본적으로

---

3 T. Todorov(1971), p. 56.

뒤집는 양상을 띠게 된다.

「오! 수정」은 다섯 개의 소제목으로 나뉘어 있다. 1부(하루 종일 기다리다)와 2부(어쩌면 우연)는 남자 주인공 재훈의 입장에서 스토리가 진행되고, 3부(공중에 매달린 케이블카)와 4부(어쩌면 의도)는 여주인공 수정의 관점에 의해 재해석된 스토리를 보여 주며, 5부(짝만 찾으면 만사형통)는 이 두 이야기를 하나로 만나게 하여 스토리를 완결시켜 주는 부분이다. 1부와 2부에서 재훈은 세심하고 결벽한 성격으로 그려지고, 수정은 순결하고 청순한 여인으로 묘사된다. 또한 그들의 관계는 아름다운 우연에 의해 찾아온 낭만적인 사랑으로 표현된다. 그러나 3부와 4부에서는 재훈이 남부러울 것 없는 부잣집 아들이라는 점과 수정의 가난하고 황폐한 일상이 강조된다. 특히 수정은 명목상의 처녀일 뿐 실은 성 경험이 많은 여자임이 밝혀지고, 그녀가 조건 좋은 남자 재훈에게 의도적으로 접근했다는 사실이 드러난다. 수정이 순결한 여인으로 이상화되었던 것은 그녀를 그렇게 바라보는 재훈의 시선 탓이며, 재훈이 백마 탄 왕자님으로 이상화되었던 것은 수정의 욕망이 반영된 결과이다. 마지막 5부에서는 그런 관점의 차이와 그로 인한 미묘한 갈등들이 사라지고 이들의 사랑이 이루어지는 해피엔딩의 결말을 보여 준다.

대체로 이 영화는 남자의 기억과 여자의 기억 사이에 존재하는 차이와 간극을 부각시킴으로써, 기억의 자의성을 인상적으로 드러낸 것으로 평가된다. 또한 이 영화는 인물의 관점에 따라 매우 다른 스토리가 만들어지는 양상을 보여 준다는 점에서 흥미롭기도 하다. 이 과정에서 멜로드라마의 전형적인 남녀 주인공의 이상화된 모습 속에 내재하는 모순과 위선이 폭로되고, 이들은 보다 현실적인 평범한 인물로 탈바꿈한다.

한편 이 영화의 1, 2부와 3, 4부는 남녀 주인공의 관점 차이 이외에도 리얼리티의 층위라는 차원에서 차별성을 갖는다. 남자의 시선을 중심으로 하는 1, 2부의 스토리는 재훈의 나약함과 심리적 갈등, 수정의 수줍음과 소극적인 태도, 그리고 그들 간의 사랑의 갈등 등을 무리 없이 자연스럽게 그려 낸다. 이 부분이 그럴듯하게 느껴지는 것은 우리에게 익숙한 멜로드라마의 관습들이 어느 정도 지켜지고 있기 때문이다. 그러나 3, 4부에 오면 이들의 모습과 행동과 벌어지는 상황들은 일관성이 없고 앞뒤가 안 맞아 보인다. 3, 4부에서는 수정의 순결함에 대한 환상이 사정없이 깨어질 뿐 아니라, 그녀에 대한 재훈의 태도 역시 순정적인 사랑의 열정이기보다는 여자의 처녀성과 육체적 관계에 집착하는 남자의 모습에 가까워진다. 이 부분에서 수정은 성에 대한 모순적이고 이중적인 태도를 지닌 데다 신경질적이고 자기 방기적인 면을 가진 여자이기도 하며, 재훈은 옹졸하고 소심하고 바람기가 있는 남자이다. (특히 수정이 알지 못했던 재훈의 여자관계를 보여 주는 장면은 3, 4부를 단순히 수정의 시선과 기억으로 규정하기 어렵게 만든다.) 이런 이들의 모습은 이제까지의 멜로드라마에서는 전혀 볼 수 없었던 리얼리티를 지니는데, 바로 그 점 때문에 이 부분이 수용자들에게는 오히려 생경하고 어색하고 부자연스럽게까지 느껴진다.

이 영화의 1, 2부가 멜로드라마적인 픕진성을 유지하고 있다면, 3, 4부는 멜로드라마의 관습에 전면적으로 도전하면서 리얼리티를 지향하는 부분이라 할 수 있겠다. 이렇게 리얼리티의 층위가 다른 부분들을 연달아 배치함으로써 이 영화는 멜로드라마와 현실, 픕진성과 리얼리티의 간극으로 수용자의 주의를 환기시킨다. 또한 영화의 5부는 누가 보아도 비현실적으로 느껴질 만큼 지나치게 미화되고 이상화된 결말을 보여 주는데, 이 부분이 첨가되면서 리얼리티의 서로 다른 세 층위가 더욱 선명하게 대비된다. 「오! 수정」은 멜로드라마가 보여 주는 세계가 현실과 얼마나 동떨어져 있는지를 강조함으로써 멜로드라마 전체를 되돌아보게 한다. 이 영화는 멜로드라마라는 장르의 패러디를 통해, 현실의 사랑이 무엇인가를 이야기하는 동시에 멜로드라마가 무엇인가에 대해 이야기하는 것이다.

「생활의 발견」도 이와 유사하게 멜로드라마의 익숙한 관습들을 자의식적으로 위반한 영화이다. 이 영화에서 남자 주인공 경수를 사랑하는 명숙과 경수가 사랑하는 여인 선영은 스토리가 진행됨에 따라 서로의 차이가 무화되고 하나의 인물처럼 닮아 간다. 이로써 삼각관계의 안정된 구도 자체가 무너져 버린다. 또한 경수는 자신에게 집요하게 사랑을 강요하며 귀찮게 구는 명숙을 비웃지만, 선영과의 관계에서는 그 자신이 명숙의 행동을 반복한다. 이 영화에서는 불륜의 사랑이라는 낭만적인 테마 역시 희화적으로 다루어진다. 경수가 오래전에 만난 일이 있었던 운명의 여인 선영과의 사랑은 그녀가 이미 결혼을 했다는 사실 때문에 비극적으로 그려지기는커녕 우스꽝스럽게 끝나고 만다. 이 모든 모순과 부조리함은 멜로드라마의 세계와는 완전히 구별되는 현실에서의 사랑을 암시하는 것으로 이해될 수도 있다.

그런데 이들 세 인물은 모두 지나치게 과장되고 희화화되어 있어서 사실상 그다지 현실감을 주지 않는다. 이들 인물은 현실적인 남녀의 모습을 반영한다기보다는 멜로드라마적인 관습을 비틀어 의도적으로 왜곡시킨 결과 탄생한 인물들이다. 그로 인해 생겨나는 부자연스러움과 기이함의 인상은 우리가 너무도 익숙하게 받아들였던 멜로드라마의 관행을 새삼 가시적으로 드러내는 기능을 한다. 이런 점에 주목한다면 「생활의 발견」은 「오! 수정」에 비해 멜로드라마라는 장르에 대한 관심이 더욱 두드러진 영화라고도 말할 수 있겠다.

미카엘 하네케 감독의 「피아니스트」(로만 폴란스키 감독이 만든 동명 영화가 더 유명하지만, 2차 세계대전 당시의 실화를 바탕으로 한 로만 폴란스키 감독의 「피아니스트」와 미카엘 하네케의 「피아니스트」는 전혀 다른 영화이다.) 역시 멜로드라마 장르의 패러디로 볼 수 있는 영화이다. 영화 초반부에서 금발의 꽃미남 공대생 클레메는 세계적인 피아니스트이자 마흔 살의 독신녀인 에리카에게 사랑을 느낀다. 이 같은 모습은 이 영화를 지적인 연상의 여인과 순수하고 매력적인 제자 사이의 낭만적인 사랑 이야기로 짐작게 한다. 그러나 이 영화는 그런 낭만적 환상을 참혹할 정도로 사정없이 깨뜨려 버린다. 여주인공 에리카는 이상화된 모성적 연인이기는커녕 정신병적이고 변태적인 캐릭터로 묘사되기 때문이다. 그녀는 레슨이 끝나면 섹스 숍에 들러 혼자 포르노를 보고 자동차 극장에서 연인들의 애정 행각을 훔쳐보며 만족을 느낀다. 엄격하고 냉정하기만 하던 그녀가 드디어 클레메의 사랑을 받아주는가 했더니, 이내 그녀는 그에게 자신을 강간해 달라는 요구를 한다. 괴상하게 비틀린 그들의 관계는 씁쓸하거나 충격적일 뿐 아니라 불쾌하고 역겨운 감정마저 느끼게 한다. (에로틱하거나 야하다고 하기에는 별로 어울리지 않는다.) 이는 중년 여성의 성욕에 대한 사실적 묘사에 기인한다기보다는 멜로드라마의 자연스러운 환상을 의도적으로 짓밟고 비웃어 버리는 데서 비롯된 현상일 것이다.

멜로드라마뿐 아니라 어떠한 장르나 관습이라도 상투적으로 되풀이되어 에너지가 소진되면 패러디의 대상이 되곤 한다. 패러디의 의도는 가벼운 웃음으로부터 냉정한 비판과 근본적인 반성에 이르기까지 폭넓게 펼쳐져 있다. 멜로드라마는 패러디에 의해 조롱되거나 희화화될 수도 있고, 장르적 관습의 쇄신과 변혁으로 이어질 수도 있다. 어느 쪽이든지 간에, 멜로드라마는 패러디를 통해서도 전통적인 멜로드라마의 계승과는 좀 다른 방식으로 자신의 생명을 이어 가고 있다.

8 메타픽션

메타픽션의 정의

장르의 패러디는 하나의 서사물이 허구적 스토리 자체보다도 자기가 속한 장르의 서사적 관습에 주의를 집중하는 양상을 보여 준다. 이때 서사물은 현실이나 허구적 세계라기보다는 오히려 자기 자신에 대해 말하고 있는 것이다. 서사물의 이러한 자기 지시적(self-referential) 성격을 우리는 메타픽션(meta-fiction)이라는 용어로써 포괄적으로 지칭한다. 꼭 장르 전체가 아니라도 기존의 서사물을 자기 반영적으로 재현하는 패러디 양식은 전반적으로 메타픽션의 영역 안에 포함되는 것으로 볼 수 있다.

메타픽션이란 '픽션에 관한 픽션'으로, 가공물로서의 자신의 위상에 대해 자의식적이고 체계적으로 관심을 갖는 허구 서사로 정의될 수 있다.[1] 메타픽션의 대표적인 특징은 픽션 내부와 외부 사이의 경계를 문제

---

1 메타픽션의 개념에 대해서는 퍼트리샤 워, 김상구 옮김, 『메타픽션』(열음사, 1989), 15~35쪽 참조.

삼음으로써, 허구와 리얼리티의 관계에 의문을 제기하는 것이다. 서사물은 자신을 현실과 분리시켜 주는 보이지 않는 울타리 안에 존재할 때에만 허구적 세계의 독립성을 보장받을 수 있고, 그런 전제 아래서만 리얼리티의 환영(illusion)도 유지될 수 있다. 그런데 메타픽션은 그 울타리를 가시적으로 드러내 보이거나, 일부러 허물어뜨리거나, 마음대로 넘나든다. 이렇게 함으로써 환영으로서의 리얼리티는 여지없이 깨어지고, 대신에 현실의 문맥으로부터 허구의 문맥으로의 변환이 함의하는 것과 이 두 문맥 사이의 복잡한 상호 침투라는 감춰졌던 문제들이 드러나게 된다.

　메타픽션은 오늘날의 서사물에 두드러지게 나타나는 주목할 만한 현상이다. 이는 우리 시대의 문화 전반에서 발견되는 자의식과 메타성의 고조를 예시하는 것이기도 하다. 메타픽션은 서사가 허구로서의 자신의 정체성을 성찰하는 과정이자 그 결과라고 할 수 있는데, 이런 성찰은 특히 리얼리티에 대한 전면적인 회의와 깊은 관련이 있다. 현실을 반영하고 재현하는 일의 불가능성에 대한 인식이 점증함에 따라, 서사는 현실이 아니라 서사적 담화들 자체를 재현하고 픽션의 거울을 픽션의 구조와 매체들을 향해 비추어 보기 시작했다. 메타픽션은 픽션이 어떻게 상상 세계를 창조하는가를 보여 줌으로써 리얼리티가 어떻게 '구성되는가'를 드러내고자 하는 것이다.

　메타픽션은 종종 허구 서사물 내에서 그것의 제작 과정이나 서사화 행위 자체에 대한 진술을 수행하는 방식을 통해 서사의 틀을 파괴하고 스토리에 대한 몰입을 차단한다. 이를테면 메타픽션은 수용자를 향해 이렇게 말하곤 한다. "속지 마십시오. 당신이 듣고 있는 이 이야기가 진짜 있었던 일이거나 지금 벌어지고 있는 일이라고 생각하신다면 엄청난 착각입니다. 이건 그저 내가 만들어 낸 이야기일 뿐이라구요. 이제 아시겠어요?" 메타픽션은 또한 서사물 안에 비평적 진술들을 통합시킴으로써 창작과 비평, 창작과 창작론 사이의 경계를 해체하는 방식을 취하기도 한다. 말하자면 이런 식이다. "내 예상대로 당신은 이 이야기를 이렇게 받아들이셨군요. 그렇지만 이 이야기는 저런 식으로도 받아들여질 수 있지 않습니까? 나는 그런 의도로 이 이야기를 지어낸 것이 아니거든요. 이야기를 만들어 낸다는 것에 대한 내 생각을 한번 들어 보시겠습니까?"

메타픽션은 서사의 유희적 성격과도 밀접하게 연관된다. 픽션은 근본적으로 '~인 체하기(pretending)'의 방식이고, 그것은 놀이와 게임의 기본적인 요소이다. 놀이는 자율적인 규칙과 역할 분배 등을 통해 허구적 세계를 가동시키고 즐거움과 만족감을 준다. 메타픽션은 허구 세계에서 작동하는 규칙들을 탐색하고, 놀이로서의 픽션의 기능을 자의식적으로 드러낸다. 수용자에게 "자, 우리 이제 게임을 시작해 볼까요?" 하고 제안하는 것은 메타픽션의 두드러진 한 특징이다. 메타픽션은 창작자와 수용자가 허구 서사 일반의 관례와 규칙들을 암묵적으로 공유한 상태에서, 그것들 중 일부를 파기하고 수정하고 뒤엎어 버리면서 가지고 노는, 매우 세련되고 지적인 놀이이다. 이런 경향은 허구 서사물이 무엇인가를 반드시 지시하거나 의미해야 한다는 의무감으로부터 해방되고자 하는 충동과도 연관될 수 있다.

오늘날 서사 전반에 걸친 메타적 경향의 팽창은 탈근대적인 인식이나 감정의 확산과 불가분의 관계를 맺고 있다. 메타픽션은 근대적인 서사의 양식과 관례와 수용 태도 등이 시대적 요구와 감수성의 변화 속에서 낡아 가고 무용해지는 것에 대한 픽션의 한 대응 방식으로 이해될 수 있다. 특히 문학의 경우에 메타픽션은 소설의 위기와 에너지의 고갈을 단적으로 드러내는 징후이자 쇄신의 전기로서 주목되기도 한다. 그렇지만 메타픽션의 파격적인 전략들 역시 반복을 통해 익숙해지고 나면 하나의 관습으로 굳어진다. (아마도 여러분은 이미 상투화된 메타픽션을 경험한 일이 있을 것이다.)

그리하여 메타픽션의 관습은 또 다른 파격에 의해 전복되기를 기다리는 운명에 처하게 된다.

끝으로 메타픽션은 우리가 사용해 온 느슨한 개념으로도 하나의 서사 장르로 보기는 어려우며, 여러 장르의 서사물에 두루 나타날 수 있는 독특한 경향으로 보는 편이 바람직하다는 점을 지적해 두어야겠다. 메타픽션은 자의식적이고 자기 지시적인 성격 때문에 허구 서사가 지닌 여러 가지 본질적 특성들을 과시적으로 드러낸다. 메타픽션은 리얼리티에 대한 허구 서사의 관심을 과장하여 보여 주는 한편, 고도의 환상성과도 통할 수 있다. 메타픽션은 또 놀이로서의 서사의 기능을 최대한으로 부각시키는 반면, 진실 탐구에 대한 극단적인 집착을 드러내기도 한다. 그러므로 메타픽션은 서사의 좌표 안에 놓인 특정한 하나의 영역으로는 설명될 수 없다. 메타픽션의 영역을 굳이 서사의 좌표 안에 그려 넣고자 한다면 그것은 아마도 좌표면의 맨 가장자리를 이루는, 정사각형의 테두리 부분이 될지 모른다.

다음 소제목들에서 우리는 그 다양한 가능성들을 구체적으로 살펴보게 된다. 메타픽션은 서사의 매체와 장르적 차이에 따라 조금씩 다른 특징들을 나타낼 수 있기 때문에, 소설과 연극과 영화를 구분하여 각각의 메타적 경향들을 차례로 검토해 보는 것이 좋을 듯하다.

소설과 메타픽션

메타픽션의 자의식적인 특성과 자기 성찰의 성격은 언어를 매체로 하는 소설에서 특히 두드러져 보인다. 소설에서 메타픽션은 문학의 본질과 의의와 기능에 대한 진지한 성찰을 담고 있는 경우가 많다. 메타적인 소설들은 진실 탐구로서의 문학의 기능과 그것의 한계에 대한 깊은 반성을 포함하기도 한다. 먼저 우리 소설들 가운데서 메타픽션의 예들을 찾아보자.

박태원의 「소설가 구보 씨의 일일」은 소설가 박태원이 자신의 창작 방법론을 그대로 소설화한 메타픽션이다. 공책과 단장을 들고 종로 한복판을 거닐며 거리 풍경과 사람들을 관찰하다가 찻집에 들어가 글을 끄적이던 박태원의 모습은 1930년대에 문단의 가십거리가 될 정도로 유명했다고 하는데, 이런 그의 모습은 소설 속의 구보에게 그대로 투영되어 있다. 구보는 소설의 주인공일 뿐 아니라 박태원 자신이기도 하며, 「소설가 구보 씨의 일일」의 작가이기도 하다. 구보는 상념에 잠긴 채 하루 종일 거리를 배회하다가 친구에게 이제부터 창작을 하겠노라고 말하고는 집으로 돌아간다. 이 소설의 서두 부분은 밤늦게 집으로 돌아온 구보가 책상 앞에 앉아 원고지를 펴 놓는 장면을 보여 주는데, 이 장면은 소설의 결말 이후에 벌어지는 상황으로도 생각될 수 있다. 이처럼 「소설가 구보 씨의 일일」은 결말이 서두와 맞물려 순환하면서, 소설의 끝에서 바로 이 소설이 창작되기 시작하는 자기 증식적 소설의 한 형태를 보여 준다.

이 소설은 또한 창작 과정과 창작의 방법론뿐 아니라 소설 창작의 의미에 대한 자의식적 탐색을 담고 있다. 삶의 방관자로서 하릴없이 거리를 떠도는 구보의 모습은 생활인으로 살아가지 못하는 소설가의 삶을 대변하는 것이기도 하다. 하우저는 예술가가 인생을 묘사해야 하면서 그 인생 자체로부터 쫓겨나 있다는 것은 그들 존재의 역설이라고 말한 바 있다. 관찰과 창작이라는 구보의 일상은 예술가의 이 같은 보편적 삶의 조건을 말해 준다. 구보는 창작이라는 것이 생활의 행복과는 배치되는 가치임을 알고 있으며, 이로 인해 끊임없이 갈등한다. 그러나 그는 소설의 결말부에서 결국 자신의 행복을 발견하는데, 그것은 역설적이게도 행복과 상반되는 지향점이었던 창작에서이다. 소설가로서의 진정한 행복은 세속적인 생활에 있지 않고 소설을 창작하는 데 있음을 확인함으로써 구보는 작가 의식을 더욱 확고히 한다. 이렇게 박태원의 「소설가 구보 씨의 일일」은 소설을 쓴다는 것의 의미를 소설을 통해 탐구한다는 점에서도 메타픽션의 성격을 지니고 있다.

이외에도 이 소설에서는 메타적 경향을 부각시키는 대목들을 쉽게 찾아볼 수 있다. "이 작품의 결말은 이대로 좋은 것일까", "이것은 한 개 단편 소설의 결말로는 결코 비속하지 않다, 생각하였다. 어떠한 단편 소설의……. 물론, 구보는 아직 그 내용을 생각하지 않았다."와 같은 부분들이 그 좋은 예이다. 이런 대목들은 소설의 인물인 구보의 창작을 위한 고민의 과정을 드러내는 것이면서, 동시에 아직 쓰이는 과정 중에 있는 이 소설 자체에 대한 작가의 언급이 될 수 있다.

최인훈의 『소설가 구보 씨의 일일』 역시 메타픽션의 특징들을 두드러지게 보여 준다. 이 소설은 우선 박태원 소설의 패러디 작품이라는 점만으로도 메타픽션과 밀접하게 관련된다. 현실, 인생, 세계보다 허구적 가공물인 다른 작품을 모방함으로써 패러디는 자기 응시적으로 자신의 성격을 인식하기 때문이다. 최인훈의 소설에는 자신의 소설에 대한 메타적인 발언을 통해 리얼리티의 환영을 의도적으로 깨뜨리는 장치들이 곳곳에 마련되어 있다. "우리들의 주인공이 마침 저렇듯 졸고 있는 사이에 이 사람이 대체 어떤 사람인가를 좀 더 알아보기로 하자", "일러둬야 옳겠는데 구보 씨의 이 같은 탄식부터가 모름지기 문필 노동자의 자기 선전이 섞인 넋두리라는 이야기다. 독자여. 책 또한 믿어서는 안 된다. 그러나 이런 불리한 말을 하는 것도 역시 책뿐인 것도 사실이다."와 같은 문장들에서 작가를 대리하는 서술자는 독자를 향해 직접 말을 건네면서 구보가 소설 속의 허구적인 '주인공'이며 그의 이야기는 글로 쓰인 '책' 속의 구성물임을 폭로하고 있다.

최인훈은 또한 내면의 독백과, 질문서에 응답하는 방식과, 대화의 형식과, 대화 내용의 사후적인 요약 정리 등과 같은 다양한 방식들을 동원하여 문학에 대한 비평적 발언들을 소설 속에 포함시키고 있다. 그 예를 살펴보자.

(1) 그들은 계속해서 대략 다음과 같은 얘기를 했다.
(중략)/예술은 현대 문명에서 단일한 의식(儀式)을 가질 수 없다는 것/의식전범(儀式典範)을 통일하려 할 것이 아니라 분파가 택한 전범각기(典範各己)의 테두리 안에서 얼마나 감상을 탈피했는가를 가지고 신심(信心)을 저울질하는 길밖에 없다는 것/문학이 그 가운데서도 특별한 장벽을 가진 것은 인정해야 한다는 것/감각 예술과 같은 순수한 음계의 설정이 불가능하다는 것/문학의 음계는 복합 음계로서 풍속의 지시를 포함하지 않을 수 없다는 것

(2) 당신의 작품은 어떤 목적에 봉사하는가? — 내가 생각하기에 '인간의 행복을 가장 촉진한다고 생각하는 생활 원리를 작품을 통해 보급한다'는 목적에 봉사합니다. 개인적인 포교입니다. 말하자면, 내가 생각하는 인간의 행복 원리는 ① 자연을 알라; ② 사회를 알라; ③ 혼자만 잘살자고 말아라 하는 것입니다.

(1)은 대화를 요약한 부분으로 현대 예술의 성격, 다른 매체의 예술과 구별되는 문학의 특수성 등에 관한 구보의 생각을 담고 있으며, (2)는 질문서에 대한 응답의 내용을 통해 문학의 목적에 대한 구보의 견해를 단적으로 밝혀 주는 부분이다. 박태원이 그랬듯이 최인훈 역시 구보의 생

각을 빌려 자신의 문학관을 피력하고 있다. 특히 (2)에서는 최인훈 또한 창작의 목적을 '행복'과 관련시키고 있어 흥미로운데, 박태원의 소설에서 지극히 개인적인 차원에 머물렀던 행복이 여기서는 행복의 '보급'과 '포교'라는 관점을 통해 보다 폭넓게 확장되는 것을 볼 수 있다. 이 가운데 행복 원리 ②와 ③은 최인훈이 생각하는 문학의 기능이 대사회적이고 공적인 것임을 분명하게 밝혀 준다. 최인훈은 박태원 소설의 메타적인 성격과 창작의 의미에 관한 성찰을 그대로 도입하면서도, 개인적 차원의 행복 추구에 머무른 박태원의 문학관을 부정하고 의도적으로 패러디했던 것으로 보인다.

이인성의 『한없이 낮은 숨결』은 메타픽션의 성격을 더욱 극단으로 밀고 나간 양상을 띤다. 이 소설의 상당 부분은 독자를 향한 작가의 직접적인 발언으로 되어 있는데, 그것들은 '작가―독자'라는 관계와 그 사이의 소통 가능성과 글 쓰는 행위 자체에 대한 자의식으로 가득 차 있다. 이 소설은 "우선, 이 소설을 읽으려는 당신에게, 잠깐 동안 눈을 감도록 권하겠다."라는 말로 시작된다. 소설 첫머리에서 이런 엉뚱한 문장을 읽었다면 여러분은 어떻게 할까? 속는 셈치고 정말 눈을 감을 것인가, 아니면 무슨 웃기지도 않은 수작이냐고 비웃을 것인가? 그것도 아니라면 어떤 꿍꿍이가 숨어 있을지 궁금증이 발동하여 서둘러 다음 줄을 읽어 내려갈 것인가? 이 소설은 독자의 그런 여러 가지 반응들을 추측하면서, 보이지 않는 독자를 상대로 승강이를 벌인다. 이런 식으로. '그러지 말고 눈을 한번 감아 보지 그래? 아직도 안 감은 걸 다 알고 있어. 자꾸 이러니까 신경질 나지? 이쯤 되면 저절로 당신 입에서 욕이 나올 법도 한데……?'

작가의 의도는 50여 페이지가 넘어간 뒤에야 문면에 드러난다. "이 소설을 쓰는 나는, 이 소설을 통해, 이 소설을 읽는 당신과, 당신 자신을 가지고 노는 놀이를 한판 벌였으면 합니다." 이 놀이를 통해 독자는 소설을 앞에 둔 자기 자신을 보게 되며, 독서라는 커뮤니케이션 상황에서 독자가 담당하는 역할에 대해 의식하게 되며, 소설을 읽는다는 행위에 수반되는 익숙한 관습들을 낯설게 들여다보게 된다.

　이 소설은 또한 한구복이라는 마라톤 선수의 이야기를 통해 현실과 허구 사이의 복잡한 관계를 문제 삼는다. 작가인 '나'는 그의 이야기를 소설로 쓰게 된 동기와 과정에 대해 이야기하고, 그 이야기의 진실을 의심해 본다. 이 소설에 의하면 '나'는 텔레비전 마라톤 중계에서 그를 처음 보게 된다. 그는 20킬로미터쯤에서 갑자기 대열의 앞으로 뛰쳐나왔다가 30킬로미터 지점에서 허망한 몸짓으로 주저앉는다. 그는 더 이상 화면에 모습을 나타내지 않고, 그의 역주를 뜻밖의 놀라운 사건으로 보고하던 아나운서도 더 이상 그에 관해 언급하지 않는다. 그런데 '나'는 다음 날 신문에서 그에 관한 기사를 읽게 된다. 그는 다른 선수가 신기록을 세우게끔 솔선해서 페이스메이커 역할을 수락했다가, 제 임무를 다한 뒤 주로를 이탈하여 집으로 돌아갔다는 것이다. 신문기사는 그를 희생정신이 투철한 영웅으로 묘사한다. '나'는 중계방송과 신문 기사 사이의 뛰어넘을 수 없는 간격을 느끼고 스스로에게 질문한다. 그는 과연 자발적으로 희생한 것일까? 혹시 그는 어떤 지시에 의해 그렇게 할 수밖에 없었던 것은 아닐까? 아니, 차라리 그의 폭주는 설명할 수 없는 동기에 의한 자발적인 파행이 아니었을까? 그는 또 왜 경기 도중 집으로 달려갔던 것일까? 그는 도대체 왜 그래야 했는가?

　'나'는 그에 관한 실제 신문 기사를 첨부하고, 그의 진실에 관한 새로운 이야기를 만들어 보고, 그를 찾아 여행을 떠나고, 그 이야기의 후기를 쓴다. 그러나 '나'의 결론은, "사막의 모래알들 사이에 헤아릴 수 없는 모래들이 있다."는 것이다. 이 소설은 세상을 하나의 틀 속에 가두는 것을 거부하고, 끝없는 세상을 틀 지우고자 하는 소설의 욕망에 대항하여 그

틀을 무한히 개방함으로써 진실에 도달하고자 한다. 그러나 역설적이게도 『한없이 낮은 숨결』은 소설적 진실을 향한 극한적인 추구를 통해 진실에의 도달 불가능성을 이야기하고 있다.

이번에는 체코의 소설가 밀란 쿤데라의 소설을 살펴보자. 『불멸』과 『참을 수 없는 존재의 가벼움』에서 작가는 자신이 만든 허구의 공간 속에 마음대로 침입해 들어간다.

(1) 잠시 후 내가 다시 그녀를 관찰하고자 했을 때는 강습이 이미 끝나 있었다. 그녀는 수영복 차림으로 수영장 가장자리를 따라 걸어갔으며 수영 교사를 4, 5미터쯤 지나쳐 갔을 때, 문득 그녀가 그에게로 머리를 돌려 미소 띤 얼굴로 손짓을 했다. 나는 심장이 졸아들었다. 그 미소, 그 손짓은 바로 스무 살 아가씨의 것이 아닌가! 그녀의 손은 눈부시도록 가볍게 날아올랐다. 마치 장난으로 울긋불긋한 풍선을 연인에게 날려 보내기라도 하는 듯이. (중략) 나는 이상하리만치 감동했다. 그때 나의 뇌리에 아녜스라는 단어가 떠올랐다. 아녜스. 나는 지금까지 한 번도 이런 이름을 가진 여자를 만난 적이 없다. (중략)

아녜스는 누구인가?

이브가 아담의 옆구리에서 나왔던 것처럼, 비너스가 물거품에서 탄생했던 것처럼 아녜스는 내가 수영장에서 보았던, 손을 들어 수영 선생에게 작별 인사를 하던 60대 부인의 한 몸짓, 어느새 나의 뇌리에 깊숙이 아로새겨진 그 몸짓에서 나왔다. 말하자면 그녀의 몸짓은 나에게 어떤 엄청나고 불가사의한 향수를 일깨워 주었으며, 바로 그 향수가 내가 아녜스라고 이름 붙인 인물을 탄생시켰던 것이다.

— 『불멸』에서

(2) 작가가 자기의 작중 인물이 실제 살았노라고 독자로 하여금 믿게 하려 한다면 이것처럼 바보 짓거리도 없을 것이다. 작중 인물은 어머니 뱃속에서 탄생한 것이 아니라 몇몇 암시적인 문장이나 어떤 키포인트가 되는 상황에서 탄생한다. 토마스는 '한 번은 없었던 것과 같은 것'이란 관용어에서 태어났고 테레사는 배가 꾸르륵거리는 소리에서 태어났다. (중략)

내 소설의 인물들은 현실화되지 않은 내 자신의 가능성들이다. 그 때문에 나는 그들 모두를 한결같이 좋아한다. 그 때문에 그들 모두는 내게 똑같이 불안을 준다. 그들은 누구나 나 자신은 물러나 피했던 경계선을 넘었다. 그들이 넘었던 바로 이 경계는(이 경계를 넘어서는 곳에서 나의 자아는 끝난다.) 나의 마음을 끈다. 이 경계의 이면에서 비로소 내 소설이 추구하는 큰 비밀이 시작된다. 소설은 작가의 참회가 아니라, 함정이 되어 버린 이 세상에서 인간의 삶은 무엇을 뜻하는가를 추구한다. 그런데 이 얘기는 이 정도로 그만두고 우리들의 주인공 토마스에게로 돌아가자.

―『참을 수 없는 존재의 가벼움』에서

『불멸』의 서두 부분에서 쿤데라는 소설 속에 '나'로 등장하여 이 소설의 여주인공 아녜스를 처음으로 구상하게 된 구체적인 동기에 관해 상세히 이야기한다. 그가 수영장에서 우연히 보게 된 한 노부인의 매력적인 몸짓이 아녜스라는 인물을 창조하게 한 최초의 계기였다는 것이다. 『참을 수 없는 존재의 가벼움』에서는 가벼움의 화신인 토마스와 무거움을 대표하는 테레사 등 이 소설의 여러 주인공들이 어떻게 해서 만들어지게 되었는지를 설명한다. 토마스는 매순간 한 번밖에 선택의 기회가 주어지지 않는 인생이란 마치 없었던 것이나 마찬가지로 가벼운 것이라는 생각으로부터 탄생한 인물이며, 테레사는 사랑을 운명으로 생각하여 무작정 짐을 싸서 사랑하는 사람의 집을 찾아갔을 때 대문을 연 그 사람 앞에서 그만 배가 요란하게 꾸르륵거리고 만다는 웃지 못할 상황에 의해 태어난 인물이다. 이런 언급은 토마스의 가벼움 속에 드리운 무거움의 그림자와 테레사의 무거움에 중첩된 가벼움의 또 다른 얼굴을 단적으로 암시한다. '나'는 또한 이 소설의 주인공들이 실은 작가 자신의 현실화되지 않은 가능성들을 인물화한 것이었다고 고백한다. 이런 식으로 그의 인물들이 독자에게 살아 있는 실제 인간이라는 환영으로 남겨질 여지는 애초에 차단된다.

쿤데라는 허구 세계와 그것의 창작 과정에 대한 비서사적 논평 사이를 마음대로 오가며 허구와 현실의 경계를 와해시킨다. 심지어 『불멸』에서 쿤데라의 친구인 아베나리우스 교수는 지하철 보도에서 아네스의 여동생 로라를 만나 사랑에 빠지고, 쿤데라는 아네스의 남편 폴과 수영장에서 우연히 마주치기도 한다. 또한 실존 인물인 괴테와 베티나와 헤밍웨이 등이 등장하여 『불멸』 안에서 또 하나의 허구적 공간을 차지하기도 한다. 이처럼 쿤데라는 허구 자체가 아니라 '허구화'의 문제를 소설로서 제기하고, 허구와 현실의 서로 다른 층위들이 교섭하고 관련을 맺는 복합적인 양상을 통해 소설의 강고한 틀을 허물고 있다.

허구와 현실의 경계 해체에 관해서라면 아르헨티나의 작가 보르헤스의 소설들을 빼놓을 수 없다. 「틀뢴, 우크바르, 오르비스 테르티우스」라는 단편 소설에서 한 비밀 결사 단체는 존재하지 않는 가상의 나라 틀뢴에 관해 연구하고 틀뢴에 대한 체계적이고 방대한 백과사전을 만든다. 그 결과 틀뢴은 놀랍게도 실제의 세계 속으로 침범해 들어온다. 틀뢴의 물건들이 발견되기 시작하고, 틀뢴의 학문이 현실의 학문에 영향을 미치며, 틀뢴의 역사가 현실의 역사를 대체해 나가다가, 결국 세계는 틀뢴이 되어 버린다. 보르헤스는 이 소설에서 '허구의 현실화'에 관해 이야기한다. 현실의 모방을 통해 허구적 세계를 창조하는 것이 아니라, 허구 세계의 창조를 통해 현실을 교체한다는 것이다. 이런 생각은 소설을 쓴다는 것이 리얼리티의 반영이 아니라 새로운 리얼리티를 생산하는 일이라는 그의 문학관을 대변해 준다.

보르헤스의 「허버트 쾌인의 작품에 대한 연구」는 허버트 쾌인이라는 가상의 작가의 작품 세계에 대한 비평문 형식으로 이루어져 있다. 있지도 않은 작가의 존재하지 않는 작품에 대해 비평을 한다는 것 자체가 허구와 현실의 경계를 지우는 작업인 데다, 보르헤스는 여러 실존 인물들과 잡지와 작품 등을 동원하여 가상의 작가와 실제 세계의 구분을 모호하게 만들고 있다. 또한 비평문의 형식으로 소설을 쓰는 행위는 소설과 비평을 완전히 합체시킨 실험적인 방법이다. 이 소설에서 보르헤스는 결말에서부터 서두로 거꾸로 진행하는 소설을 상상하는데, 이는 서사를 구속하는 시간의 불가역적인 흐름을 역전시킴으로써 서사의 근원적 한계를 뛰어넘고자 하는 욕망의 표현일 것이다. 이때 하나의 사건은 과거로 거슬러 올라가는 과정에서 각각 세 갈래로 분기한다. 한 개의 결말 이후에 그것에 선행할 수 있는 서로 다른 세 가지의 가능성들이 이어지고, 그 각각의 사건들에는 다시 그보다 앞선 세 가지의 각기 다른 가능성들이 연결되는 식이다. 이렇듯 시간을 역행하며 끝없이 분기하는 소설을 상상해 봄으로써, 그는 소설의 틀을 무한히 확장하는 동시에 소설의 이름으로 소설의 관습을 완전히 파기하고 새로 쓰는 작업을 시도한다.

이쯤 되면 메타픽션에서 리얼리티에 대한 회의나 진실의 탐색에 대한 고민은 그다지 중요하지 않게 된다. 보르헤스의 메타픽션에서 허구와 현실의 관계는 역전되고, 리얼리티와 진실은 허구 세계의 상상적인 체계와 논리 속에서 자생적으로 배태되는 것이다.

서사극과 메타픽션

연극에서 메타픽션은 무대 위에서 벌어지는 행위가 실제의 상황이며 관객은 이를 엿보고 있는 것으로 간주되는 연극의 관례와, 여기에 바탕을 둔 리얼리티의 환영을 파괴하는 다양한 방법들을 통해 이루어진다. 메타적인 연극은 특히 서사극과 깊은 관련성을 지니는데, 이를 설명하기 위해서는 '서사'와 '극'을 구분하는 장르적 관점과 '서사극'의 개념 등에 대한 논의가 필요하다.

서사와 극의 장르론적 구분은 디에게시스(diegesis)와 미메시스(mimesis)의 구분을 통해 설명될 수 있다.[2] 플라톤의 『국가』 제3편에 의하면 소크라테스는 대화의 제시 방식을 디에게시스와 미메시스로 나누었다. 이에 따르면 디에게시스는 시인 자신이 발화자가 되어 다른 사람의 말을 전달하는 방식을 뜻하는 데 비해, 미메시스는 말을 하고 있는 것이 시인이 아니라는 환영을 만들어 낸다. 플라톤에게서 간접 화법이 디에게시스에 해당된다면, 대화나 직접 화법은 미메시스에 해당된다고 할 수 있겠다. (이미 우리가 알고 있는 것처럼, 이후 대화의 직접 제시라는 미메시스의 좁은 개념은 현실의 재현과 모방이라는 문학의 기능을 지칭하는 폭넓은 의미로 확장된다.)

한편 아리스토텔레스는 『시학』에서 미메시스를 대화의 재현에만 국한시키지 않고 거기에 행동의 모방을 포함시켰다. 이러한 미메시스 개념은 무대 위에서 현실 세계의 사람들이 하는 것과 비슷하게 말하고 움직이며 연기를 하는 배우들을 연상하면 쉽게 이해될 것이다. 이처럼 미메시스가 연극적인 특성을 지니는 반면, 디에게시스는 모든 행동이나 사건

---

[2] 이에 관해서는 Shlomith Rimmon-Kenan(1983), pp. 106~108 참조.

이 서술자의 말로 표현되는 언어 서사물의 성격을 대변한다. 문학에서 극과 구분되는 좁은 의미의 서사는 바로 디에게시스적인 전달 방식에 의해 규정된다.

아리스토텔레스는 협의의 미메시스 개념에 기초하여 모범적인 극작법에 관해 언급했는데, 그 내용은 행동의 통일성, 사건 전개의 인과성, 갈등과 그것의 파국적 해결 등으로 요약된다. 후대의 연극 이론가들은 아리스토텔레스의 원칙을 더욱 엄격히 적용하여 삼일치(Three Unites) 법칙을 만들기도 했다. 연극은 리얼리티를 추구하기 위해 실제로 나타내고자 하는 상황에 가장 근접하게 행위를 연출해야 하며, 그 행위는 단일한 장소에 국한되어야 하고, 아무리 길어도 하루 이내라는 시간적 범위 안에서 이루어져야 한다는 것이다. 실제 연극에서 삼일치와 같은 규칙들이 언제나 절대적인 구속력을 지닌 것은 아니었지만, 이런 규칙들은 무대 상연이라는 특수한 조건에서 비롯된 연극의 양식적인 제약을 단적으로 대변하는 것이기도 하다. 아리스토텔레스적인 규범들은 18세기 무렵까지 대체로 전통적인 연극의 일반적 관습으로 받아들여졌으며, 여기에 바탕을 둔 연극들은 그렇지 않은 연극들에 비해 오랫동안 미학적인 측면에서 더욱 우월한 작품들로 여겨져 왔다.

그러나 아리스토텔레스적인 규범에서 벗어난 연극들도 중세의 종교극으로부터 셰익스피어의 희곡들에 이르기까지 지속적으로 만들어져 왔는데, 특히 브레히트에 의해 서사극의 개념이 정착되면서 그 중요성이 부각되었다. 서사극이란 극이 행위의 모방이어야 한다는 관념에서 벗어나 디에게시스적인 요소들을 적극적으로 도입한 연극들을 포괄적으로 지칭한다. 부조리극이나 언어 연극 등을 비롯하여 비아리스토텔레스적인 경향의 연극들은 모두 넓은 의미의 서사극 안에 포함될 수 있다.[3] 서사극에는 화자가 무대 위에 등장하여 진행 중인 스토리에 주석을 달고 관객을 향해 직접 발언을 함으로써 관객을 자신의 고찰에 동참하게 하는 방식이 종종 활용된다. 서사극은 연극에 언어적인 성찰을 끌어들여 미메시스의 환영을 파괴하고, 무대와 객석을 가르는 심연을 메우고자 한다. 무대와 객석의 경계를 해체하고 무대 위의 연극이 연출된 것임을 폭로한다는 점에서, 서사극은 메타픽션의 흐름과도 맥을 같이 한다.

「코커서스의 백묵원」과 「서푼짜리 오페라」를 비롯한 브레히트의 희곡들은 관객이 무대 위의 연극에 휘말려드는 대신에 거리를 유지하면서 연극이 제기하는 문제에 대해 냉정히 사고하도록 유도한다. 이를 위해서 그의 연극에는 막간 제목을 낭독하고 글자판과 환등기를 사용하고 관객에게 말을 거는 행위 등이 총동원된다. 심지어 브레히트는 「한밤의 북소리」가 공연될 때 "그렇게 낭만적으로 멍하니 구경하지 마시오."라고 쓴 휘장을 객석에 걸어 놓기도 했다고 한다. 그에게 연극은 문제를 취급하는 일종의 보고서로서, 그 문제에 대한 토론을 야기하기 위해 존재하는 것이었다. 브레히트의 「둥근 머리와 뾰족 머리」에서는 서막에서 연출자가 관객을 향해 이렇게 말한다.

"빈부의 차이라는 것이 있습니다.
내 생각에는, 우리는 계속 그렇게 머물러 살아갈 것입니다.
여러분에게 하나의 비유를 들어 보이지요.
그리고 그 안에서 모든 것을 증명해 보이겠습니다."

이 같은 발언을 통해 이 연극의 내용은 하나의 주제를 증명하는 비유적 예시의 성격을 띠게 된다. 연출자는 또한 무대 위에서 배우들에게 직

---

3 서사극에 관한 논의는 마리안네 케스팅, 차영아 옮김, 『서사극 이론』(문예출판사, 1996)을 참조했다.

접 배역을 나누어 줌으로써 이것이 '연극'임을 강조한다. 연극에의 몰입을 차단하고 연극이 허구적 가공물임을 드러내는 메타적인 장치들은 그의 희곡에서는 관객을 활발한 사고 행위와 인식의 길로 인도하기 위한 수단으로 활용된다. 그는 아리스토텔레스적인 연극과 같이 어느 특수한 단면이 아니라 복합적인 세계상을 드러내고자 했고, 화자의 해석에 힘입어 관객에게 교훈의 방향을 잡아 주고자 했다. 이처럼 브레히트의 서사극은 기본적으로 교훈주의적인 의도로 고안된 것이었다.

　브레히트보다 앞선 인물인 피란델로의 「작가를 찾는 여섯 명의 등장인물」은 더욱 전형적인 메타픽션의 양상을 띤다. 제목부터가 메타적인 성격을 강하게 드러내는 이 연극에서 작가를 찾는 여섯 명의 등장인물은 어느 연극의 예행연습장에 뛰어들어 자기들을 무대 위에서 실현시켜 줄 것을 부탁하며 연출자 앞에서 자기들의 작품을 시연해 보인다. 한편 연출자와 배우들은 자꾸만 이의를 제기하여 시연의 과정을 거듭 중단시킨다. 이에 따라 여섯 명의 등장인물들도 번번이 자기 역할에서 빠져나와 그들에게 해명을 한다. 이처럼 현실과 허구의 층들이 쉴 새 없이 교차하며 서로를 지양하는 동안, 줄거리는 성찰적인 요소에 밀려 현저히 퇴각한다. 이 연극에서 연출자는 작가를 찾는 여섯 명의 등장인물에게 이렇게 말한다. "진실이란 존재할 겁니다. 그렇지만 그것이 무대 위에서는 불가능하다는 사실을 아셔야 합니다." 이런 그의 말은 무대 밖의 진실, 또는 내적인 진실을 표현하는 데 있어 연극이라는 허구적 공연물이 지닌 한계를 성찰하려는 이 작품의 메타적인 의도를 암시해 준다.

　손턴 와일더의 서사극들은 연극적인 메타픽션의 또 다른 방식들을 보여 준다. 극 진행자는 자기가 직접 무대 장치를 옮기거나 배우들의 등장과 퇴장을 관장하고, 인물들을 한 사람씩 소개하면서 말을 시키기도 한다. 「우리 마을」에서는 진행자가 자신의 '이야기' 가운데 필요한 장면을 취하여 그것을 무대 장면으로 실연시키는데, 충분히 예시가 되었다고 생각하면 서슴없이 실연을 중단시킨다. 진행자는 결혼식 장면에서 스스로 신부(神父) 역을 맡기도 하고, 장면 전체를 정지시켜 놓고 그 사건이 지닌 일상성과 보편성에 관해 해설을 늘어놓기도 한다.

손턴 와일더는 한 마을에서 벌어지는 소소한 사건들을 통해 그들의 삶 전체를 이야기하고, 사건들 사이의 보이지 않는 고리들을 설명하고, 그들의 과거와 현재와 미래를 연관 짓고 싶어 했다. 이런 문제의식은 모방적 연극보다는 디에게시스적 서사에 훨씬 더 적합한 것이었고, 연극을 통해 이를 표현하기 위해서는 불가피하게 서사극적 요소를 도입해야만 했다. 이처럼 서사극은 연극이라는 독특한 서사 형태가 지닌 한계를 넘어서고자 하는 시도와 관련되며, 그 과정에서 연극적 관습들에 대한 위반이 자의식적으로 행해질수록 메타적인 성격을 강하게 띠게 된다.

이오네스코의 희곡 「의무의 희생자」는 무대 위에 등장하는 작가 니콜라우스의 입을 통해 연극의 낡은 관례에 대해 다음과 같이 발언한다.

"나는 연극의 쇄신에 대해 많은 생각을 했지요. 나는 합리성을 떠난 연극, 그러니까 비아리스토텔레스적 연극을 꿈꿉니다. 보십시오, 친구들, 우리의 연극은 우리 시대의 문화 양식에는 들어맞지를 않아요. 우리 시대가 공표하는 정신적 지조와는 아무 상관이 없다는 말입니다. (중략) 등장인물들의 동일화와 단일성의 원칙을 포기하는 겁니다. 하나의 움직임에 힘입어서……. 우리는 우리가 아니랍니다. 개성이란 존재하지 않아요. 우리 안에는 모순되는 힘과 모순되지 않은 힘이 있을 뿐입니다. 사건 진행과 인과율에 관한 한 더 이상 거론하지 맙시다. 우리는 그런 것을 철저히 제거해야 합니다. 적어도 그런 것을 에워싼 낡고 엉성한 형식만은 말이죠."

관객을 향해 직접 해설을 한다는 것 자체가 서사극적이고 메타적이지만, 언급의 내용은 더욱 그러하다. 연극적 관례의 쇄신에 대한 이런 자의식적인 관심은 서사극과 메타픽션의 형식을 통해서만 연극으로 만들어질 수 있었을 것이다. 이 언급은 메타적인 서사극 형식이 나올 수밖에 없었던 시대적인 요구를 대변한다는 점에서도 주목할 만하다.

페터 한트케의 「관객모독」은 네 명의 배우가 처음부터 끝까지 관객을 향해 내뱉는 언어들로만 이루어진 연극이다. 무대에는 아무런 무대 장치나 소도구도 없고, 객석까지 훤하게 조명이 밝혀져 있다. 배우들은 번갈아 가며, 때로는 동시에, 관객에게 두서없이 제 할 말을 한다. "여러분들을 환영합니다", "여러분이 극장에서 늘 보고 듣던 것들을 여기서는 보지도 듣지도 못할 것입니다", "여러분들은 뭔가를 기대했었습니다. 그러나 그런 여러분들의 기대는 빗나갔습니다", "도대체 허구란 필요가 없습니다. 기대할 필요가 없습니다. 우린 애깃거리를 만드는 게 아닙니다. 여러분들은 어떤 사건의 실마리를 추궁할 필요가 없습니다" 등등.

그러다가 '여러분'은 차츰 '너희들'로 바뀌고 "이 바보들아, 이 버릇없는 놈들아, 방탕아들아, 노상강도들아."와 같은 욕설이 이어진다. 욕설은 감정을 직접 전달함으로써 "무한히 멀었던 여러분과 우리 사이의 간격"을 좁히기 위한 방책이라고 설명된다. 마지막으로 "이 신사숙녀라고 자칭하는 자들, 너희들, 문화계의 명사라는 너희들, 형제자매인 너희들, 친애하는 경청자인 너희들, 이 동포인 자들이여. 여기서 환영을 받으셨습니다. 감사합니다. 안녕히 가십시오."라는 인사말로 연극은 끝을 맺는다.

이 연극은 공연장을 찾는 관객의 의례적인 행위와 수동적인 관람 태도를 돌아보게 하고 (이인성의 소설이 그러하듯이) 관객으로 하여금 자기 자신과 생경하게 대면하게 한다. 관객은 이 연극에서 '모독'의 대상이 될 뿐 아니라 감정적인 반응을 통해 배우들과 직접 연루되며, 그들의 상대역이

자 즉흥적 연극의 공동 연출자가 될 수도 있다. 페터 한트케가 다른 글에서 언급한 바에 따르면 이 연극은 관객이 '자기 인식'에 도달하고 '내적인 유희'를 경험하게 하려는 의도로 만들어졌다. 그러나 그 자신의 표현대로 이 연극은 '서막'에 지나지 않을 것이다. 연극을 통해 연극을 부정하는 메타픽션의 극단적인 형태는 전면적인 파괴에 뒤이어 새로이 무엇을 세워야 할 것인지를 이제부터 발견하지 않으면 안 되기 때문이다.

영화와 메타픽션

영화는 소설에 비해서는 미메시스적이지만, 연극에 비해서는 디에게시스적이다. 영화는 자막이나 화면 밖의 목소리(voice-over) 등을 통해 영화적인 관례들을 깨뜨리지 않고도 어느 정도는 언어적 전달을 수행할 수 있다. 또한 영화의 쇼트(shot)와 커팅(cutting), 카메라의 위치나 편집의 과정 등은 이미 스토리를 중개하는 서술자의 존재를 함축하고 있다.

만일 영화의 첫 장면이 '책상'을 보여 준다면, 우리는 '여기에 책상이 있다.'라는 진술을 듣는 것이다. 이어서 책상 위에 펼쳐진 일기장과 뚜껑이 열린 채 놓여 있는 만년필이 클로즈 업(close-up)되면 '누군가가 일기를 쓰다가 이곳을 떠났다.'는 뜻이고, 다시 책상 뒤로 빗물이 흘러내리는 창문이 보이면 '밖에는 비가 내리고 있다.'는 뜻이다. 이렇게 우리는 영화를 보면서 누군가가 이야기를 하고 있다는 인상을 받게 되는데, 영상을 통해 이야기를 전달하는 중계자를 우리는 영화의 서술자로 생각할 수 있다.[4]

---

4 앙드레 고드로·프랑수아 조스트, 송지연 옮김, 『영화서술학』(동문선, 2001), 34쪽.

영화에서 영상 서술자의 존재가 노골적으로 부각되면 메타적인 경향을 띠게 된다. 일례로 네 명의 일본인 감독이 만든 영화「기묘한 이야기」에서는 영화의 서술자가 마치 서사극의 진행자처럼 인물화되어 등장하는 경우를 볼 수 있다. 이 영화는 신기하고 '기묘한' 이야기 네 편을 에피소드 형식으로 담고 있는데, 각각의 에피소드 사이에 그 이야기를 들려주는 검은 양복과 선글라스 차림의 한 신사가 등장한다. 처음에 그는 비를 피하기 위해 기차역 대합실에 모인 사람들에게 재미있는 이야기를 들려주는 한 인물의 역할을 한다. 사람들이 또 다른 이야기를 듣기 원할 때마다 그는 새로운 이야기를 시작하고, 이런 방식으로 독립된 네 편의 에피소드들이 연결된다. 그러다가 마지막 에피소드가 끝난 뒤 그는 카메라를 정면으로 응시하며 이런 말을 한다. '세상에는 두 종류의 사람이 있다. 하나는 이야기를 듣는 사람이고 다른 하나는 이야기를 들려주는 사람이다. 후자의 사람들은 이야기꾼이라고 불린다. 이야기꾼이 가장 무서워하는 말이 무엇인지 아는가? 그것은 "하나 더!"라는 말이다.'

그의 이런 말은 명백히 화면 밖의 관객을 향한 발언이다. 실제로 이 영화를 보는 관객들은 이 장면에서 다음 에피소드를 기대하며 궁금증을 갖게 되는데, 그는 그런 관객들에게 '다음 이야기란 없으니 하나 더 보여 달라고 조르지 말라.'고 말하는 것이다. 그는 영화 속의 영화인 네 편의 에피소드를 전달하는 한 명의 인물일 뿐 아니라, 이 영화 전체의 서술자이다. 그 보이지 않는 존재가 화면 속으로 들어와 관객을 향해 말을 건네고, 더욱이 서술자로서의 자신의 입장에 대해 솔직히 털어놓는 발언을 하는 것은 이 영화의 메타적 특징으로 이해될 수 있다.

라스 폰 트리에 감독의「도그빌」은 서사극의 메타적인 기법을 보다 적극적으로 도입한 영화이다. 대충 그린 약도를 연상시키는 영화의 인위적이고 휑뎅그렁한 세트, 프롤로그와 아홉 개의 막으로 분절된 구성, 각

부분의 내용을 요약하는 막간의 제목과 보이스 오버 방식으로 끊임없이 개입하는 해설자의 목소리까지, 이 영화는 서사극의 관례들을 전면적으로 모방한다. 이를 통해 감독은 이 영화가 인공적으로 만들어진 것임을 분명히 하고, 영화적인 환영을 애초에 차단한다.

그뿐 아니라 이 영화에서 도그빌 주민의 한 사람인 톰은 브레히트적인 서사극의 세계관을 대변하는 인물로 등장한다. 톰은 마을 회의의 강의와 토론을 통해 마을 사람들을 교화해야 한다는 강한 신념을 지닌 인물이다. 그는 쫓기는 여인 그레이스를 도그빌에 숨겨 주는 사건을 하나의 교훈적인 실례로 삼아 마을 사람들로 하여금 자신의 이기심을 반성하고 서로를 배려하는 마음을 가지게끔 가르칠 수 있다고 생각한다. 그러나 이 사건은 오히려 그레이스를 희생양으로 만듦으로써 마을 사람들의 극대화된 이기심을 충족시키고 톰의 위선과 자기모순을 폭로하는 계기가 되고 만다. 이 영화에서 의식적으로 모방된 서사극의 관례들은 결국 브레히트적인 서사극의 교훈주의를 조롱하고 전복시키는 기능을 한다. 이 점은 그레이스에 의해 도그빌 전체가 불태워지고 톰을 비롯한 마을 사람들이 모두 처단당하는 결말을 통해 분명하게 드러난다. 서사극의 패러디라 할 만한 영화「도그빌」은 영화를 통해 시도된 연극적인 메타픽션이라 보아도 좋을 것이다.

이보다 더욱 영화적인 경향의 메타픽션은 영화의 매체에 대해 자기 반영적으로 관심을 갖는다. 카메라를 향해 물을 뿌린다든지,(이는 뤽 고다르의 영화에서 실험적으로 시도된 바 있고, 드라마「네 멋대로 해라」의 한 장면에서 패러디되기도 했다.) 촬영을 하는 카메라맨의 모습을 찍는다는지(베르도프의「무비 카메라를 가진 남자」에서 이런 방법이 시도되었다.) 하는 것이 그 좋은 예이다.[5] 이런

---

5 영화의 자의식적 서술 기법에 대해서는 Seymour Chatman(1978), pp. 251~253 참조.

방법들은 관례적으로 온전히 은폐되어 있어야 할 카메라의 존재를 고의로 노출시킴으로써, 관객으로 하여금 촬영을 하는 행위에 주의를 돌리게 하고 촬영된 가공물로서의 영화의 성격을 인식하게 한다.

가스파 노에 감독의「돌이킬 수 없는」도 메타픽션으로서 주목할 만한 영화이다. 이 영화에서는 스토리의 결말로부터 일련의 시퀀스들이 거꾸로 진행된다. 모든 것을 잃은 주인공들의 절망적이고 비참한 모습들이 나온 뒤에 이 영화는 시간을 차례로 거슬러 올라가 그들의 행복했던 시절을 보여 준다. 이런 방식은 영화의 제목과 연결되어 현실의 흘러간 시간은 결코 돌이킬 수 없으나, 영화의 필름은 얼마든지 되감을 수 있다는 사실을 환기시킨다. (이 영화의 영어 제목은 'Irreversible'이다.) 이 영화는 또한 시작과 끝 부분, 시퀀스들의 사이사이 등에서 어지럽게 빙글빙글 돌아가는 화면을 반복적으로 보여 주는데, 이런 화면들은 영사기를 돌리거나 필름을 거꾸로 감는 행위를 강하게 암시한다.「돌이킬 수 없는」은 매체의 투명성을 제거하고 현상된 필름과 영사기를 돌리는 행위에 의해 존재하는 영화의 위상을 드러냄으로써, 영화적인 일루전을 파괴한다.

한편 미카엘 하네케의 영화「퍼니 게임」에서는 실제로 영화의 필름이 거꾸로 돌아간다. 인질극을 벌이던 범인들 중 한 명이 인질에 의해 살해되자 다른 한 명은 갑자기 리모콘을 들어 영화의 필름을 되감아 버리고, 그 결과 죽었던 사람은 죽기 전으로 돌아가 멀쩡히 살아 있게 된다. 이 영화는 관객에게 당신이 지금 목격하고 있는 것은 스크린 위에 영사된 허구적 광경일 뿐이라고 폭로하면서, 영화를 만들고 보는 자 사이의 지능적인 '게임'을 이끌어 간다. (이것이 바로 '퍼니 게임(Funny Games)'이라는 이 영화의 제목이 의미하는 바다.) 이 영화는 또한 영화 속 인물이 카메라에 대고 윙크를 하는 등의 장면을 통해 관객을 조롱하는 듯한 포즈를 취하는데, 이로 인해 관객은 대체로 불쾌한 느낌을 받게 된다. 이런 장면들은 (「관객모독」

의 경우와 흡사하게) 감정적 반응을 유도하여 관객을 게임 속에 더 깊이 연루시키고자 하는 메타픽션의 한 속성을 여실히 드러낸다.

이처럼 영화에서 메타픽션은 매체적 특수성에 따른 독특한 기법과 장치들을 동반한다. 영화적인 메타픽션은 언어적 성찰을 극대화시키는 방향으로 시도되기보다는 카메라나 필름이나 촬영 행위 등과 같은 기술적이고 매체적인 특징들을 강조한다. (영화에서 디에게시스적 요소의 과도한 사용은 흔히 비예술적이라고 인식되는 경향이 있다.) 이렇게 영화적인 방식으로 추구하는 메타픽션이 기법적 실험이나 유희나 자의식의 노출 이외에 전면적인 자기 성찰과 자기 쇄신으로의 의미 또한 지닐 수 있을는지는 아직 더 지켜봐야 할 것 같다. 그러나 어쩌면 영화를 두고 이런 요구를 하는 것 자체가 매우 부적절한 일인지도 모르겠다. 영화는 지금 자기 한계에 부딪히기는커녕 자신의 무궁무진한 가능성을 실현하기에도 시간이 모자랄 지경이기 때문에.

9 영화와 문학

영상과 언어

　영화와 소설은 모두 스토리를 전달하지만 근본적인 차이를 내포한다. 영화는 영상을 통해 스토리를 서술하고 소설은 언어로써 그렇게 한다. 영상은 도상 기호(icon)인 데 비해 언어는 상징 기호(symbol)이다. 도상 기호는 기호와 지시 대상 사이의 시각적 유사성에 기초하며, 강력한 직접성을 지닌다. 여배우의 화사한 미소를 담은 한 개의 장면은 여주인공의 아름다움을 묘사하기 위해 소설이 필요로 하는 장황한 문장들을 단번에 대신할 수 있으며, 영화에서 그 아름다움은 개념화의 과정 없이도 무매개적으로 직접 지각된다. 언어는 아무리 애를 써도 영상이 지닌 직접성과 경제성의 매혹을 따라잡을 수는 없다.
　상징 기호는 기호와 지시 대상 사이의 거리가 가장 먼 기호이다. 이 거리 때문에 상징 기호는 필연적으로 수용자의 에너지와 인식의 과정을 요구한다. 도상 기호의 세계에서 상징 기호의 이런 요구는 번거로운 노동으로 여겨질 수 있다. 속도가 경쟁력인 이 시대에 언어의 매개성과 비효율성은 치명적인 약점이 된다. 그러니 오늘날 문학이 영화에 밀려 문화의 주변부로 몰려나는 상황은 어찌 보면 자연스러운 현상일 것이다.

그러나 문학은 바로 그러한 원천적인 결함 위에서 자신의 고유한 존재 의의를 찾을 수 있다.[1] 기호와 지시 대상 사이에 가로놓인 지울 수 없는 거리는 모호성과 의미의 잉여를 생산하며, 언어의 이런 측면은 영상으로 온전히 복원되거나 대체될 수 없다. 오늘날 문학은 언어와 지시 대상의 거리를 최대한 활용하고, 느림과 비경제성의 원리를 적극적으로 실현하는 방식으로, 다른 서사물들과 구별되는 자신의 역할을 수행할 수 있다. 시대의 대세를 거스르는 이런 어리석은 역할을 담당할 자가 문학 외에 또 누가 있겠는가?

지금까지 우리는 의도적으로 '문학적인 것'을 따로 규정하지 않은 채 논의를 진행해 왔다. 이는 '문학적'이라는 말에 겹겹이 덧입혀 있는 오래 묵은 가치 개념을 벗겨 내기 위해서였다. 어떤 서사물을 문학이라 부르고 문학적이라고 평가함으로써 자동적으로 그 서사물의 우월성을 선언하는 일은 더 이상 가능하지 않게 되었다. 그러나 상징 기호인 언어를 매체로 하는 문학은 분명 다른 매체의 서사물들과는 본질적으로 다르다. 이제부터 우리는 그 '다름'을 현저하게 실현하는 언어 서사물에 대해 '문학적'이라고 말해도 좋을 것이다.

---

1 이런 관점은 도정일, 「이미지, 상징, 개념: 영상 기호와 문자 언어」, 《비평》 2001 상반기)에서 찾아볼 수 있다.

소설의 영화화

영화사의 초기부터 소설은 영화에 무궁무진한 스토리를 제공해 왔다. 그러나 한편으로 소설의 영화화에 대한 부정적인 견해 또한 지속적으로 이어졌다. 소설을 영화화하는 것은 문학 작품에 대한 가치 절하와 모독이라는 20세기 초의 극단적인 주장들은 이미 자취를 감추었지만, 소설을 개작한 영화는 대체로 원작만 못하다는 생각 등등 소설의 영화적 각색에 대한 회의는 오늘날에도 여전히 남아 있다.

소설을 영화화하는 일은 원작을 기계적으로 모사하는 것이 아니라 스토리를 서술하는 언어적 관습을 영상으로 '번역'하는 일과 관련된다. 뛰어난 소설일수록 영화화하기 어렵다는 자네티의 말은 소설의 문학적인 요소들을 전혀 다른 매체로 번역하는 데 따르는 문제점을 지적한 것에 다름 아니다. 영화는 소설과 스토리를 공유하며 소설의 세부적인 장면들을 구체적으로 그려 낼 수 있지만, 서술자의 말투나 미묘한 어조를 비롯하여 언어적인 특성들 자체를 표현하는 데는 많은 제약이 있다. 특히 추상화하고 일반화하는 언어의 속성을 영상으로 번역해 내기란 쉬운 일이 아니다. 가령 "모든 행복한 가정은 서로 닮았지만 불행한 가정은 대개 자기만의 방식으로 불행하다."라는 『안나 카레니나』의 첫 문장이 어떻게 영상으로 표현될 수 있겠는가? 또는 『오만과 편견』에서 "부유한 독신 남자에게 아내가 필요하다는 사실은 널리 인정되는 진리이다."라는 문장 속에 담긴 냉소적인 아이러니를 영화는 어떻게 전달해야 할 것인가?

또한 좋은 소설은 종종 다성적(polyphonic)이고 대화적인(dialogic) 성격을 띤다. 하나의 소설 안에는 여러 겹의 시선들이 복합적으로 중첩되어 있기도 하고, 이질적인 목소리들이 수시로 충돌하면서 공존하기도 한다.

이런 소설을 영화화할 때 감독은 흔히 복합적인 시선들 중 어느 하나를 선택하여 부각시키고 나머지는 생략하거나 축소시키는 방법을 취하게 된다. 일례로 나보코프의 『롤리타』를 영화화하면서 스탠리 큐브릭은 어린 소녀에게 성적으로 집착하는 험버트의 강박적인 이상 심리와 그들 부녀의 비정상적인 관계에 초점을 맞춘 반면, 애드리언 라인은 원작에 내재한 낭만적이고 에로틱한 사랑의 분위기를 강조했다. 이러한 선택과 배제는 영화가 대개 두 시간가량의 제한된 상영 시간을 전제로 하며, 보는 사람의 의도에 따라 융통성 있게 감상의 속도를 조절할 수 없다는 점과도 관련된다. 일정하게 흘러가는 영화의 리듬 안에서 원작이 지닌 다성성과 복잡성을 모두 살려 내려 한다면 극심한 혼란을 초래할 수도 있기 때문이다.[2]

확실히 원작의 문학적인 특수성을 영화 속에 고스란히 간직하기란 어려운 일이다. 그러나 영화는 소설을 '영화적으로' 각색할 수 있다. 이때 소설의 문학적인 요소들은 영화적인 것들로 변형된다. 이 과정이 원작이 지닌 문학성을 희생시키는 것인지, 아니면 또 다른 가능성으로 다시 태어나게 하는 것인지에 대한 평가는 각각의 경우에 따라 달라질 것이다. 어쨌거나 영화가 원작을 얼마나 '충실히' 재현했는가 하는 점은 평가의 절대적인 기준이 될 수 없다. 영화는 소설과는 다르며, 원작 소설과도 분명히 다른 것이기 때문이다.

다른 매체로의 각색 과정에서 이루어지는 불가피한 변형은 (소설의 영화화보다는 훨씬 드문 일이지만) 영화를 소설화한 경우에도 유사하게 발견된다. 파스빈더 감독의 영화 「마리아 브라운의 결혼」이 츠베렌츠에 의해 소설화되었을 때, 영화가 영상을 통해서 표현했던 것 전체가 언어로 번

---

2 성은애, 「소설에서 영화로?」, 《비평》 2001 상반기) 125쪽.

역되어야 했고 이를 위해 장면들과 세부 사항들은 상당 부분 재구성되어야 했다.[3] 흥미로운 것은 이 경우에도 원작의 영화적인 특성들이 소설에서는 생생히 살아나지 못했다는 불만이 얼마든지 제기될 수 있다는 점이다. 소설을 영화화하는 과정에서 부딪히는 어려움과 한계는 영화에 대한 문학의 보편적인 우수성을 말해 주는 증거일 수는 없는 것이다.

이제 우리는 소설이 영화적으로 변형된 서로 다른 두 가지 방식을 살펴보고자 한다. 먼저 쿤데라의 『참을 수 없는 존재의 가벼움』을 원작으로 한 필립 카우프만 감독의 영화 「프라하의 봄」을 보자. 『참을 수 없는 존재의 가벼움』은 앞 장에서 살펴본 대로 메타적인 경향을 강하게 지닌 소설이다. 토마스와 테레사와 사비나 등 이 소설의 주인공들은 가벼움과 무거움이라는 추상적 개념에 기초하여 구성된 인물들이다. 작가가 소설 안에서 인물의 구상 과정을 설명하고 그들에 대한 주석적 논평들을 늘어놓았기 때문에, 독자에게 그들은 살아 있는 실제 인물로 다가오지 않고 작가의 철학적인 사색들의 집적물로 느껴진다. 그런데 영화 「프라하의 봄」은 원작의 비서사적 논평들을 완전히 삭제하고 서사적인 스토리만을 추려 내어 만들어졌다. 그 결과 영화에는 원작의 성찰적이고 자의식적인 측면이 부재하는 대신에 주인공들이 생동감 있게 살아나게 되었다. 영화 속의 주인공들은 성격화된 인물로서 관객의 눈앞에서 살아 숨쉬며, 그들 간의 사랑과 감정적 갈등들은 강한 호소력을 띠고 관객의 공감을 유발한다.

원작에의 충실성을 두고 이야기하자면, 이처럼 원작을 배반한 영화도 흔치는 않을 것이다. 소설에서 서사적인 스토리는 절반 이하의 비중을 지닐 뿐이며, 소설의 핵심을 이루는 것은 바로 사색적인 진술들이다. 그

---

3 요아힘 패히, 임정택 옮김, 『영화와 문학에 대하여』(민음사, 1997), 265~301쪽.

런데 영화는 원작의 핵심을 잘라 내고 소설에서 의도적으로 억압된 부분을 최대로 실현시켜 놓았으니 말이다. (이 영화를 보고 쿤데라는 자신의 소설을 포르노로 만들어 버렸다며 분개했다고 하는데, 그가 느꼈을 불쾌감을 어느 정도 짐작할 만도 하다.)

하지만 중요한 것은 이 영화가 원작과는 관계없이 매우 매력적이라는 사실이다. 「프라하의 봄」은 분명 『참을 수 없는 존재의 가벼움』과는 독립적으로 존재하는 또 다른 세계인 것이다. 나아가 이 영화는 원작 안에 이미 내재하고 있었으나 부수적으로 취급되었던 측면에 생명을 불어넣었다고 말할 수 있을지도 모르겠다. 소설의 주인공들이 자신의 실현되지 않은 가능성들이라고 말했던 쿤데라의 표현을 빌리면, 「프라하의 봄」은 『참을 수 없는 존재의 가벼움』의 실현되지 않은 가능성이었던 것이다. 개작의 성공 여부에 대한 이런저런 평가들을 접어 두고도, 「프라하의 봄」과 『참을 수 없는 존재의 가벼움』이 지닌 거리는 영화적인 것과 문학적인 것의 차이를 단적으로 대변하는 예라고 할 수 있겠다.

존 파울즈의 『프랑스 중위의 여자』 역시 비서사적 논평과 서술자의 개입이 매우 중요한 부분을 차지하는 소설이다. 스토리를 먼저 살펴보면, 이 소설은 젊은 영국 신사 찰스 스미슨의 갈등과 고난을 통해 빅토리아 시대의 교만함과 편협함에 대해 이야기한다. 찰스는 시대를 앞서 가는 현대적인 여인인 사라 우프루드에 대한 사랑으로 인해 빅토리아 시대의 도덕적 통념과 선입관을 극복해 간다. '프랑스 중위의 여자'로 알려진 사라는 프랑스 해군 장교와 사랑에 빠졌다가 그에게 버림을 받은 것으로 유명한데, 실은 그녀에게 그런 과거는 없었다. 그녀는 자신이 속한 사회와 시대가 자신과 차이가 있음을 주장하기 위해 그런 사연을 만들어 내고 '프랑스 중위의 여자'로 손가락질 당하기를 자초한 것이었다. 사라는 찰스에게는 도무지 이해할 수 없는 미스터리 그 자체이다. 찰스는 그녀에 대한 열정과 거역할 수 없는 이끌림 때문에 존경받는 신사로서의 명예와 권리를 박탈당하는 최악의 처벌을 받게 된다.

소설의 서술자는 스토리의 시간으로부터 백 년 뒤인 1967년의 관점으로 사라라는 인물을 해부한다. 서술자에 의하면 그녀는 여성의 육체적 사랑과 직업과 평등을 주장하고 자신의 시대의 도덕적 전형에서 이탈하기를 기꺼이 선택한 진화론적 변종이다. 그녀는 "한 세기 전에 가슴에 컴퓨터를 담고 태어난 사람"에 비유된다. 서술자는 빅토리아 시대의 사상적 배경과 정치사회적 상황 등에 관해 수시로 논평하고, 찰스 다윈과 카를 마르크스와 매튜 아놀드의 글과 심지어 《타임》지에 실린 독자의 편지까지 인용하고 있다. 때로는 마치 이 소설의 스토리가 논평을 위한 구실에 불과한 것처럼 보일 정도이다. 이렇게 하여 서술자는 스토리의 사건과 상황들이 지닌 역사적 의미를 탐구하고, 빅토리아 시대의 두 주인공의 사랑을 시대사의 여러 양상들 중 하나로 상대화하여 무한히 가볍게 만들어 버린다.

이 소설의 이러한 서술 방식을 영화가 그대로 모사한다는 것은 사실상 불가능한 일이다. 그러나 카렐 리츠가 감독한 영화「프랑스 중위의 여자」는 원작의 복잡한 성격을 영화적으로 각색하는 또 다른 방식을 보여 준다.[4] 우선 이 영화는 빅토리아 시대의 시선에 맞춰 스토리를 재현하고, 찰스와 사라의 사랑을 공감적인 태도로 그려 낸다. 이로 인해 배제된 서술자의 현대적 시선은 소설에는 없는 인물인 마이크와 안나의 관계를 통해 첨가된다. 마이크와 안나는 영화 속의 영화에서 찰스와 사라 역을 연기하는 현대의 배우들이자 연인들이다. 영화에서는 사라가 지닌 신비로

---

[4] Seymour Chatman, *Coming to Terms: The Rhetoric of Narrative in Fiction and Film*(Ithaca and New York: Cornell University Press, 1990), pp. 161~183.

움이 축소된 대신 여배우 안나가 문제적인 인물로 등장하며, 찰스와 사라의 빅토리아 시대적인 사랑이 낭만적으로 표현된 대신 마이크와 안나의 현대적 사랑은 불가해하게 그려진다. 이처럼 이 영화는 현대의 스토리를 원작의 스토리와 병치시키는 방법으로, 과거와 현대라는 소설의 이질적인 두 시선을 영상화한다.

소설 『프랑스 중위의 여자』는 또한 해피엔딩과 이별이라는 두 개의 결말을 지닌 소설이다.(2장 참조) 영화는 찰스와 사라의 스토리를 행복한 결합으로 끝내는 반면, 현대의 스토리에서는 안나로 하여금 말없이 마이크를 떠나게 함으로써, 소설의 이중적 결말을 두 개의 스토리가 하나씩 나누어 맡게 한다. 그 결과 찰스와 사라의 사랑은 더욱 이상화되고, 현대의 사랑은 한층 더 부조리한 성격을 띤다. 소설에서 찰스와 사라의 관계 안에 내재한 모순적인 두 가지 측면이 영화에서는 찰스와 사라, 그리고 마이크와 안나에게로 각각 분리되어 투영된 것이다.

영화에서 과거와 현대의 사랑이 이루는 선명한 대비는 마이크라는 인물에 의해서도 강화된다. 소설의 찰스가 (특히 비극적인 결말에서) 미래의 여인을 사랑한 비운의 주인공이라면, 영화의 마이크는 과거적 여인을 열망한 불행한 인물이다. 그는 옛날 방식의 사랑이 더 낫다고 생각하며, 안나를 통해 빅토리아 시대의 허구적 여인과의 불가능한 사랑을 꿈꾼다. 이런 면에 유의한다면, 영화는 소설에 나타난 과거와 현재의 관계를 전도시켰다고 말할 수도 있을 것이다. 소설이 빅토리아 시대의 사랑을 비평하는 현대의 관점을 개입시켰다면, 영화는 현대의 사랑에다 그것을 바라보는 빅토리아 시대적인 관점을 중첩시켜 놓았기 때문이다.

영화 「프랑스 중위의 여자」는 원작이 지닌 깊이와 매력을 그대로 복원하지는 못했다 할지라도 원작을 해석하는 새로운 시각과 문학적인 것을 영화적으로 번역하는 독특한 방식을 보여 준다는 점에서 흥미롭다.

이렇듯 소설을 각색함으로써 영화는 소설로부터 기존의 검증된 스토리를 끌어다 쓸 뿐만 아니라, 소설 언어의 풍부한 에너지를 영상화하는 영화적인 방법들을 실험할 수 있다. 원작의 관점이 아닌 영화의 관점에서 볼 때, 문학적인 소설의 영화화는 영화적인 것의 영역을 확장하고 두텁게 만들기 위한 탐구와 모험의 과정이라 할 만하다.

영화와 소설의 교섭 양상

1908년에 테니슨의 소설 『이녹 아덴』을 토대로 하여 「수년 후」란 영화를 만들었던 영화감독 그리피스는 스위치 백(switch-back) 기법의 창시자로도 유명하다. 스위치 백이란 줄거리를 두 갈래의 평행적인 사건으로 나누어 묘사하는, 몽타주(montage)[5]의 독특한 활용 방식을 뜻한다. 예를 들면 「수년 후」에서는 애니가 이녹 아덴을 기다리며 바다를 바라보는 장면에 이어, 멀리 떨어진 섬에 난파된 이녹 아덴의 모습을 보여 준다. 이때 시간적 연속성이나 공간적 연결과 같은 직접적인 연관이 없는 두 장면을 결합시켜 주는 것은 바로 '동시성'이다.[6] 즉 애니가 이녹 아덴을 그리워하고 있는 바로 그 시간에, 이녹 아덴은 난파자가 되어 어느 먼 섬에 살아 있다는 것이다. 공간적으로 분리된 행위들의 동시성에 근거하는 평행적인 몽타주 기법은 흔히 영화 서술의 두드러진 특징으로 평가된다. 그런데 그리피스는 이 기법을 디킨스의 소설로부터 배웠다고 말했다.

---

5 몽타주는 커팅이나 편집과 더불어 영화의 가장 기본적인 기법으로, 쇼트들의 병치를 통해 화면을 구성하는 방식을 가리킨다. 에이젠슈타인에 의하면 몽타주의 핵심은, 어떤 종류의 필름이라도 두 개를 연결시켜 놓으면 그 병치로부터 새로운 개념과 새로운 성질이 나온다는 데 있다.
6 요아힘 패히, 앞의 책, 71~72쪽.

나는 긴장을 고조시키기 위해 한 장면에서 다른 장면으로의 교차 편집을 사용하겠다는 생각을 도입했다. 그러나 그것은 절대 나 자신의 생각이 아니었다. 나는 그것을 디킨스의 작품들에서 발견했다. 그는 항상 내가 좋아하는 작가였으며, 나는 그의 작품을 읽으면서 이 스위칭 오프 기법의 효과를 확신하게 되었다. 그의 모든 다른 작품들에서 그것을 발견할 수 있다. 우선 그는 많은 인물들과 사건들을 도입한다. 그러고 나서 그는 갑자기 중단하여 한 사건에서 다른 사건으로 넘어가고, 마지막에 가서 겉으로 보기에는 분리되어 있는 것 같은 이야기들을 한데 모아 전체를 완성시킨다.[7]

한편 흥미롭게도 톨스토이는 같은 시기인 1908년의 한 인터뷰에서 카메라가 영화를 찍는 것처럼 글을 쓰고 싶다고 고백한 바 있다.

이 빠른 장면 전환, 감정과 경험의 뒤섞임, 그것은 우리가 익숙해져 있는 느리고 지루한 글쓰기 방식보다 훨씬 좋습니다. 그것은 삶에 보다 가깝습니다. 우리의 삶에서도 역시, 변화와 전환들이 전광석화처럼 눈앞에서 진행되고 있습니다. 우리가 느끼는 감정은 회오리바람과도 같은 것입니다. 영화는 움직임의 비밀을 신격화했습니다. 그리고 그것은 대단한 것입니다. 『살아 있는 시체』라는 작품을 썼을 때, 나는 머리를 쥐어뜯고 손톱을 물어뜯었습니다. 여러 장면들과 이미지들을 충분히 표현할 수 없었기 때문입니다. (중략) 그러나 영화! 그것은 경이롭습니다! 드르륵, 하면 하나의 장면이 완성되어 버리죠! 드르륵, 하면 또 하나의 장면이 만들어지지요! 우리는 그저 바라보기만 하면 됩니다.[8]

---

[7] 위의 책, 75~76쪽에서 재인용.
[8] 위의 책, 182쪽에서 재인용.

그리피스와 톨스토이의 말이 단적으로 암시하는 바와 같이, 영화와 소설은 서로에게 강렬한 자극을 주었고 활발하게 영향을 주고받았다. 19세기의 소설들은 영화의 소재가 되었을 뿐 아니라 영화 서술의 중요한 모델이 되었다. 초기에 단순한 연극적 상황을 촬영하여 재생하는 단계에 머물렀던 영화는 시간과 공간을 마음대로 이동할 수 있는 서술의 자유를 소설로부터 배웠다. 1930년대 이후에 영화는 또한 문학 언어에 정확하게 상응하는 등가물로서의 또 다른 언어가 되기를 꿈꾸었다. '카메라 펜(caméra-stylo)'이라는 말로 대표되는 이 같은 지향은 영화를 한 편의 소설처럼 쓰고자 하는 욕망을 반영한다.[9]

그런가 하면 20세기의 소설들은 영화의 시각적인 요소들에 커다란 관심을 나타냈다. 콘래드는 "나의 목적은 독자들로 하여금 보게 하는 것이다."라고 단언했으며, 헨리 제임스와 헤밍웨이를 비롯한 소설가들도 서술자의 존재를 전혀 드러내지 않고 독자에게 모든 것을 '보여 주기' 위해 노력했다. '카메라의 눈(camera eye)'이라는 비유적 표현 속에 직접 명시되어 있는 바와 같이, 서술자의 설명이나 인물의 내면 묘사를 최대한 절제하고 외부에서 객관적으로 관찰한 것만을 기록하는 방식의 언어 서술은 소설에 미친 영화의 영향을 대변해 준다. 이런 경향을 극단으로 밀고 나간 소설가 로브그리예는 인간의 의도나 동기와 같은 심리적인 면을 철저히 불신하고 자신의 소설에서 단지 표면과 외양만을 제시하고자 했다. 누보 로망(nouveau roman)이라고 불리는 그의 영화주의적 소설론은 고도의 시각적인 내용을 갖춘 무질서와 무의미를 지향하는 데까지 나아갔다. 이 외에도 시점의 자유로운 변화에 대한 현대 소설의 높은 관심 역시 수시로 이동하며 촬영하는 카메라의 위치로부터 자극을 받은 것으로 보인다.

---

9 로버트 리처드슨, 이형식 옮김, 「영화와 문학」(동문선, 2000), 18~25쪽.

또한 전통적으로 장면적 묘사와 요약적 설명의 반복적인 교체에 근거했던 소설의 서술 방식은 모더니즘 소설에 와서는 점차 장면들 간의 리듬으로만 이루어지는 경향을 띤다. 모더니즘 소설에서 장면적 묘사의 확장과, 장면들 사이의 비약적인 생략과, 분리된 장면들 간의 몽타주적 연결 등이 두드러지게 발견되는 것은 소설이 영화적인 서술 방식을 수용한 결과로 이해된다.[10] 특히 단절된 이미지들 간의 몽타주적 연결 방식은 현대 소설에서 다양한 의도로 널리 활용되고 있는데, 나보코프의 『롤리타』에서는 그 흥미로운 예를 찾아 볼 수 있다.

> 돌리를 치과에 데리고 간다. 그녀를 바라보며 웃는 예쁜 간호사. 마을에서 돌리와 함께 저녁을 먹을 때 에드가 험버트는 유럽 스타일의 식사 매너로 스테이크를 먹는다. 둘이 함께 음악회를 즐긴다. 고요한 표정을 한 두 명의 프랑스인이 대리석과도 같이 나란히 앉아 있고 H. H씨의 음악적인 어린 딸은 아버지의 오른쪽에, 그리고 W교수의 음악적인 어린 아들은 H. H씨의 왼쪽에 앉아 있다. (그의 아버지는 신의 섭리 안에서 위생적인 저녁을 보내고 있는 것이다.) 차고를 열면, 자동차를 빨아들일 것 같은 불빛이 비치다가 곧 꺼진다. 밝은 빛깔의 파자마를 입고 돌리의 침실 창문의 차양을 내려 준다. 토요일 아침에는 목욕탕에서 자못 엄숙하게, 아직은 보지 못한, 겨울 동안 하얘진 어린 연인의 몸무게를 체중계에 달아 본다.

이 부분은 롤리타의 침대에 누워 나른함과 죄의식이 뒤엉킨 상태로 지나간 시간들을 돌이켜보며 다른 사람들의 눈에 비쳤을 자신의 이미지를 점검하는 험버트의 심리적 연상들로 이루어져 있다. 여기서 험버트의

---

[10] Seymour Chatman(1978), pp. 75~78.

연상의 내용들은 영화의 짧은 장면들처럼 영상으로 환기되어 빠르게 스쳐 간다. 몽타주 기법은 연상의 불연속적인 흐름과 험버트의 불안정한 심리 상태를 여실히 표현해 주는 한편, 베어즐리에서 일정한 기간 동안 지속되었던 험버트의 일상생활을 압축하여 전달하는 역할을 한다. 이는 몽타주 연쇄(montage-sequence)에 의해 긴 시간의 흐름을 요약적으로 전달하는 영화적인 관습이 소설에서 문학적으로 변용된 대표적인 예라 하겠다.

이처럼 영화적인 서술 방식이 글쓰기에 활용되는 광범위한 현상은 소설이 단순히 영화의 기법들을 형식적으로 모방한 데서 비롯된 것은 아니다. 영화에서 두드러지게 나타나는 '움직임'과 기계가 만들어 낸 '속도'와 '시각적'인 것의 과잉 등은 현대적이고 도시적인 삶의 경험과 일치한다. 현대의 도시는 또한 장소의 동시성과 관계의 우연성에 기초하는 불연속적인 인상들을 폭발적으로 생산하는데, 이 모든 경험들은 우리의 지각 방식과 사유 구조에 영향을 미치고 있다. 19세기 말과 20세기 초에 산업화의 자식으로 태어나 기계와 광학의 총아로 자라난 영화는 태생적으로 현대에 걸맞은 표현 양식을 갖추고 있었다. 소설은 변화된 삶의 경험을 표현하기 위해 새로운 모색을 해야 했고, 톨스토이가 그러했듯이 도시적 현실의 표본을 영화에서 발견하게 되었던 것이다.[11] 또한 그리피스의 말처럼 19세기의 소설이 영화적인 것을 선취하고 있었다면, 그것은 당시의 소설들이 이후 영화와 공유하게 될 공통된 경험들에 대해 빠르고 민감하게 문학적으로 반응했기 때문일 것이다.

영화가 문학적인 요소들을 받아들일 때 그러하듯이, 소설에서 영화적인 것은 문학적인 것을 확장하고 새롭게 하는 탐색으로서의 의미를 갖는다. 소설은 영화를 흉내 내는 방식이 아니라 영화적인 것을 언어화하려

---

11 요아힘 패히, 앞의 책, 183~191쪽.

는 노력을 통해 문학의 관례들을 변형하고 새것으로 만들 수 있다. 문학과 영화, 문학적인 것과 영화적인 것은 차별성을 지닌 것만큼이나 상호 보완적이다. 영화는 문학의 영향을 받아 비로소 허구 서사물로서의 가능성을 온전히 실현했고, 영상으로 된 독자적인 서술 방식과 영화의 언어를 발전시켜 왔다. 또한 문학은 영화를 통해 오래전부터 고심하던 소설의 문제들을 해결할 돌파구를 모색했고, 자기 시대의 감수성을 반영하는 현대적인 문학으로 변화해 왔다.

오늘날 문학과 영화가 각자 자기 영역을 구축하고 공존하면서 영향을 주고받는 것은 양쪽 모두에게 긍정적인 자극과 에너지로 작용할 수 있다. 그리고 무엇보다도, 서사를 좋아하는 수용자의 입장에서는 문학과 영화라는 서로 다른 매체의 서사물이 있어 양쪽을 모두 즐길 수 있다는 것은 정말 신나는 일이 아닐 수 없다.

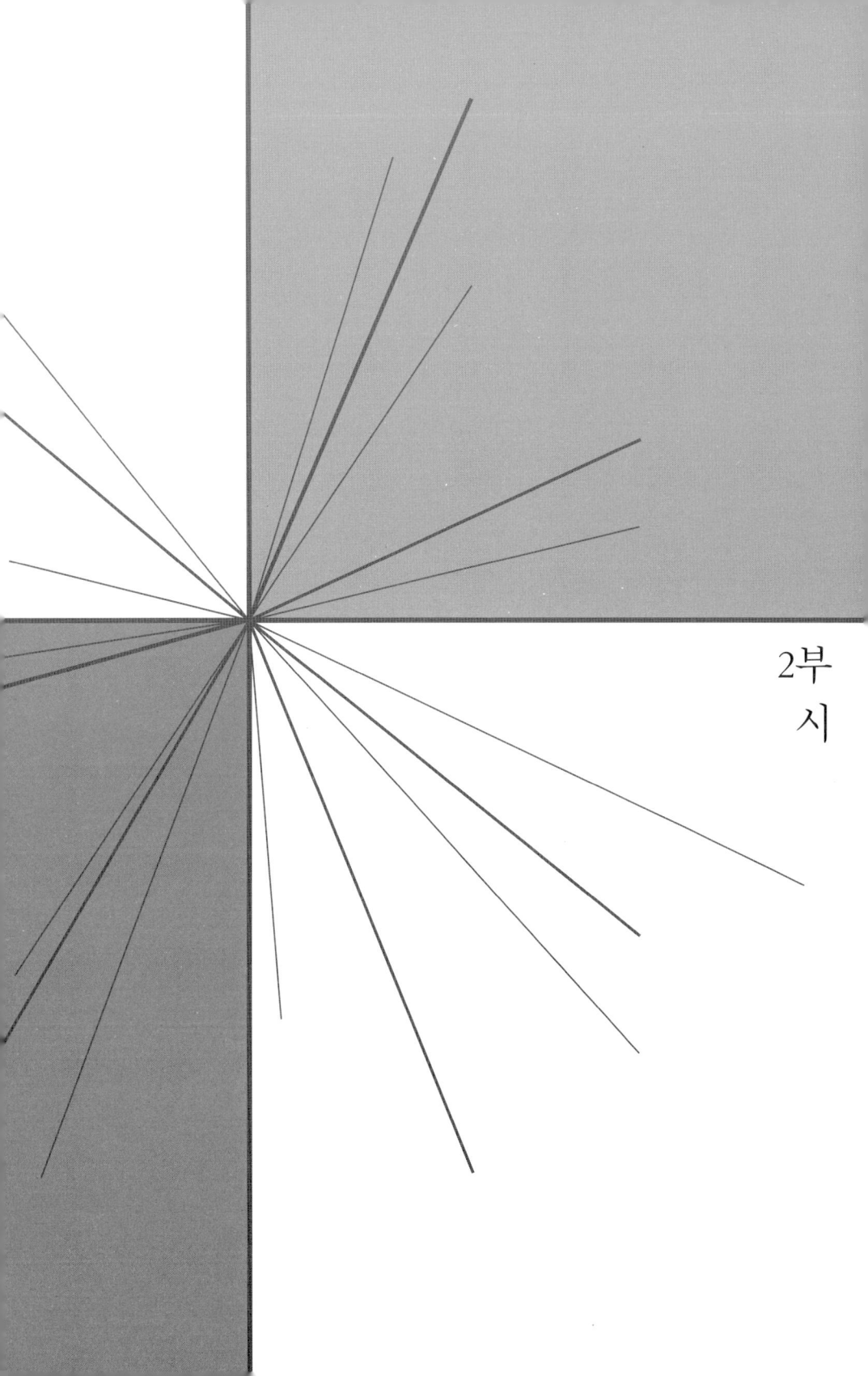

2부
시

1 시적인 것

시적인 것과 시

 '시적인 것'은 '시'라는 문학 장르를 가로지른다. 시적인 것은 일상 회화 속에서도, 다양한 서사물들 가운데서도, 15초 예술이라 불리는 영상 광고물에서도 적극적으로 활용된다. 시적인 것은 시라는 장르 바깥에서, 특히 이미지 산업의 전면적인 확산에 힘입어 풍요롭고 현란하게 실현되고 있다. 외려 우리는 다음과 같은 시를 앞에 놓고서 '시적이지 않다'고, '비(非)시적'이고 '반(反)시적'이라고 당연스레 말할 수 있다.

    예비군편성및훈련기피자일제자진신고기간
      자: 83. 4. 1. ~ 지: 83. 5. 31.
                                              —황지우, 「벽 1」

 우리는 벽에 나붙어 있는 공문을 그대로 옮긴 듯한 이 시에서 "무릇

시란 이런 것이지." 하고 끄덕일 수 있도록 하는 우리의 상식적인 기대 지평을 구성하고 있는 시적인 상상력, 서정성, 주관성, 리듬, 상징, 비유, 이미지 등등의 자질을 발견하지 못할 것이다. '서정시'란 용어는 시, 소설, 희곡으로 문학 장르를 가르거나, 서정, 서사, 희곡, 교술(敎述)로 분할하거나 간에 시 혹은 서정 장르를 가리키는 큰 갈래 명으로 사용된다. 또한 이 용어는 시 장르 내에서 통상적으로 서정시, 실험시 등으로 분류되는 작은 갈래 개념으로도 쓰인다. 이런 용어상의 혼란은 현대시가 서정 장르의 개념과 그 조건으로부터 벗어나는 경우가 많아서 생긴 현상이라고 할 수 있다. 현대시의 다양한 양상들은 자주 서정시라는 용어가 간직하고 있는 서정적 기대를 저버린다. 자아와 세계의 동일성에 대한 감각과 내적 경험의 순간적 통일성에 기초하고 있는 서정적 비전은 여전히 시적이지만 현대시에 작동하는 다양한 예술 의지들을 한데 그러모을 수 있는 최종 심급이 되지는 못한다.

그러므로 '시란 무엇인가'라는 질문은 접어 두기로 하자. 야콥슨의 비유를 빌려 말한다면, 시 작품과 그렇지 않은 것을 가르는 기준은 옛 중국 제국의 변경에 못지않게 가변적이다.[1] 이 비유를 좀 더 과감하게 밀고 나가면, 어느 날 느닷없이 북아메리카 한복판에 중국 제국의 깃발이 펄럭일 수도 있는 것이다. 이 책에서 중요하게 생각하는 것은 '시(혹은 문학)란 무엇인가'라는 인식론적인 물음이 아니라 '시(혹은 문학)는 어떻게 있는가'라는 존재론적인 물음이다. 이 존재론적 질문을 통해 우리는 시의 역사성과 맞닥뜨리게 된다. 또한 우리는 장르의 경계까지 의심하고 해체하려는 전위적 시도들까지 확인하게 될 것이다. 이미 인정된 '시적인 것'은 시 안에서 의식적으로 거부당하거나 배반당하기도 한다. 달리 말해서,

---

[1] 로만 야콥슨, 「시란 무엇인가?」, 『문학 속의 언어학』(신문수 편역, 문학과 지성사, 1989), 148쪽.

시적인 것은 시를 통해 새롭게 발굴되고 재구성된다. 따라서 시적인 것은 시를 통해 한편으론 보존되면서 또 다른 한편으론 적극적으로 변화한다. 오늘 '시적이지 않은 것'이 내일 '시적인 것'이 되기도 한다.

위의 예에서, "예비군편성및훈련기피자일제자진신고기간/ 자: 83. 4. 1. ~ 지: 83. 5. 31."은 벽보에서 시로 옮겨졌다. 이 같은 자리의 전환은 뒤샹이 공산품 변기에 「샘」이라는 제목을 붙여 미술관에 전시했을 때 극적으로 실현된 바 있다. 미술관에 놓여 있게 된 변기가 그 실용성을 잃어버렸듯이, 시 본문의 자리에 놓인 위의 문구는 원래 지녔던 정보의 기능을 전혀 수행하지 못한다. 이 경우에 우리는 이렇게 말할 수도 있다. 의미 정보가 사라지는 지점에서 미적 정보가 발생한다. 일군의 누군가에게 83년 4월 1일부터(自自) 83년 5월 31일까지(至至) 지극히 현실적인 이유에서 유효했을 법한 지시적 정보 대신, 이를 시집에서 읽는 우리는 군사 용어와 경찰 용어로 조합된 비(非)시적인 문구와 시의 연결에서 미학적인 낯섦과 함께 우리의 일상 속에 스며 있는 규율 권력을 날카롭게 느끼게 된다. 또 어떤 이는 '자'와 '지'를 붙여 읽으면서 군대 문화와 성 문화의 비틀린 결합을 떠올리거나, "예비군복을 입은 채 침을/ 타악 뱉고 아무데서나 드러누워 고래고래 소리질렀네/ 훈련 면제를 미끼로 유혹하는 정관수술과 헌혈/ 하나만 낳아 잘 기릅시다 여러분의 피가 생명을/ 살립니다, 예비군복만 입혀놓으면 사내들은 너나없이/ 지리멸렬해지고 주눅들었네 그도 그럴 것이/ 내내 거세(去勢)의 위협에 시달리고 피 뽑혔기 때문일까"(강연호, 「바빌론의 여러 강변 거기 앉아서」)와 같은 구절에 공명할 수 있을 법한 나름대로의 기억과 어렴풋이 연결시킬 수도 있을 것이다.(저출산이 사회적 문제로 부상한 시점에서 보자면, 이런 식의 거세의 위협은 어느새 희미한 과거의 풍경처럼 느껴지겠다.) 물론, "이것도 시야?"와 같은 반응도 얼마든지 예상할 수 있다. 이 시의 효과는 역설적이게도 "이것도 시야?"라는 반응이 충분히 예상되는 지점에서 발생한다.

그렇지만 '이것도 시가 된다'는, 나아가 '이것도 시적인 것이 된다'는 주장은 다시 한 번 더 야콥슨의 다음과 같은 진술에서 힘을 보탤 수 있다. 다시 말해, 이러한 주장은 이미 그다지 놀랄 만한 발언이 아니다.

> 시 작품과 그렇지 않은 것을 가르는 기준은 비유컨대 옛 중국 제국의 변경에 못지않게 가변적이다. 노발리스와 말라르메는 알파벳이 가장 뛰어난 시라고 생각했다. 러시아 시인들은 술 품목표(뱌젬스키), 황제의 의복 일람표(고골리), 시간표(파스테르나크), 심지어는 세탁소의 요금표(크루체니흐)에 깃들어 있는 시적 자질을 상찬하기도 했다. 오늘날에는 얼마나 많은 시인들이 르포르타지가 소설이나 단편 소설보다 더 예술적인 장르임을 주장하고 있는가.[2]

낯설게 하기

우리의 지각 작용은 습관화되면서 자동화된다. 이러한 지각 작용 속에서는 눈을 뜨고 있었기 때문에 귀가 달려 있었기 때문에 뭔가를 보고 들었겠지만, 그 무엇도 기억에 남질 않는다. 그것들은 존재하지 않고 사라져 버린다. "바닷가에 사는 사람들은 점점 파도의 속삭임에 익숙해져서 그걸 듣지 않는다. 마찬가지로 우리도 우리들이 말하는 언어를 거의 듣지 않는다. 우리는 서로 바라보지(see) 더 이상 서로를 주의 깊게 쳐다보지는(look) 않는다." 쉬클롭스키는 「기법으로서의 예술」에서, 삶의 감

---

[2] 로만 야콥슨, 앞의 글.

각을 되찾고 사물을 느끼기 위해서, 돌을 돌답게 만들어 주기 위해서 예술은 다양한 방법으로 대상에서 지각의 자동화를 제거한다고 했다. '낯설게 하기(Ostranenie) 기법'은 그에게서 예술의 일반 법칙으로 떠오른다. 그리하여 그는 시를 지연되고 뒤틀린 말이라고 정의한다. 다시 말해, 예술 기법은 사물을 낯설게 하고 형식을 어렵게 하여, 지각을 힘들게 하고 (제동) 지각에 소요되는 시간을 연장시키는(지연) 기법이다. 이 제동과 지연을 통해 인식의 갱신이 이루어진다.

이 제동과 지연의 '낯설게 하기' 방법론으로, 어떤 시인은 '비문'의 시적 가능성을 모색하기도 한다. 김언이 자신의 두 번째 시집 『거인』에 붙인 산문에서(「詩도아닌것들이 ─ 문장 생각」) 개진한 비문론(非文論)을 조금 들춰 보자. "한동안 탐색했던 불구의 문장들. 주어가 하나 더 있거나 술어가 엉뚱하게 달려 있거나 앞뒤가 안 맞는 문장들. 팔다리가 하나 더 있거나 머리가 둘이거나 아무튼 정상과는 거리가 먼 문장들. (……) 장애인이 사람이라면 이 문장들도 하나의 문장이라는 생각. 비문에서 문장을 발견한다는 것. 장애인에게서 인간을 발견한다는 것. 다르지 않다고 생각한다." 김언이 "장애인에게서 인간을 발견한다"라고 할 때, 그것은 장애인 '도' 인간이라는 의미가 아니라 장애 '때문에' 인간이 보이는 지점을 가리키고 있는 것이다. 그는 문장에 대해서 바로 그렇게 하고자 한다. '시적 허용'이라는 시 장르가 가진 관습의 틈새를 실험의 수준에서 자의식적으로 들쑤시고 횡단하면서 시적 언어의 실험적이고 낯선 풍경을 보여 주는 어떤 시인들.[3]

'낯설게 하기'에 도달하는 또 다른 방식 한 가지. '낯설게 하기'의 근본적인 목적은 '기법'이 아니라 '세계'다. 감각에 덧씌워져 있는 관습의

---

3 김행숙, 『마주침의 발명 ─ 김행숙이 만난 시인들』(케포이북스, 2009), 226~228쪽 참조.

꺼풀을 벗기고, 맨눈, 맨살의 감각을 유지하고자 하는 시적 태도가 있다. 이를테면 다음과 같은 시.

내가 신세졌던 이층집의 이 층에서
도무지 내려오지 않는 그를 기다리는 내가 있고, 일본의 주택가에서는 까마귀가 자주 보인다 까마귀는 생각보다 크구나

놀라울 일이 없는데도 나는 놀란다

창이 넓게 트인 거실에서
많은 것을 볼 수 있었다

희박하고 조용한 생활, 이 층에서도 같은 것이 보일까? 의문은 이 층에 가로막히고, 거실의 조도는 최대치에 달했다 거실의 공기는 너무 희박해서 숨 쉬는 일도 어려운 것 같다 사물들이 자꾸 투명해지는데 그가 내려오는 것이 보였다 선명하게

대체 저게 뭐지? 갑자기 그가 물어서
저건 까마귀야, 나는 대답했고

까마귀에 대해 자신 있게 말할 수 있다는 것이 또 놀랍다
— 황인찬, 「거주자」

"까마귀는 생각보다 크구나"라고 중얼거리고서는, "놀라울 일이 없는데도 나는 놀란다". 이 놀람! 나는 갑자기 까마귀가 낯설다. 까마귀는

내 인간적인 생각 안에 있는 것이 아니라 그 바깥에 존재하고, 그 존재 자체가 사건처럼 나를 놀라게 한다. "대체 저건 뭐지?"라고 묻는 것, 그리고 "저건 까마귀야"라고 대답하고서는 "까마귀에 대해 자신 있게 말할 수 있다는 것"에 또 놀라는 것. 목소리를 잃어버린 사물의 침묵이 인간적인 목소리(언어) 너머에서 깨어나는 순간이 여기에 있다.

보들레르는 '회복기의 환자'에게서 그 순간을 찾았고 그래서 그는 항상 회복기 환자와 같은 상태에 있는 예술가를 꿈꾸었다. 회복기의 환자는 죽음이라는 망각의 강으로부터 살아 돌아왔기 때문에 모든 것을 다시 기억하기를 열망하는 존재다. 그의 정신 상태는 모든 것을 처음 보기 때문에 항상 도취되어 있는 '아이'와 흡사하다. 아이의 지각은 자동화되고 관습화되기 이전 상태다. "미(美)는 언제나 엉뚱하다."고 보들레르는 말한다.

이윤기의 소설 「나비넥타이」의 한 대목에서도 우리는 '아이의 정신 상태'가 어떤 것인지 암시 받을 수 있다. 노수란 인물이 이런 얘길 들려준다. 이발소에서 읽은 만화책 얘기. "정말 만화 이야기다. 대학에서 연극부원을 선발하는데 말이다, 선발 '오디션 룸' 한가운데 조그만 탁자 하나, 탁자 위에는 사과가 한 알 놓여 있다. 주위에는 상급 학년 부원들이 주욱 둘러앉아 있고……. 신입생 지원자는 하나씩 그 방에 들어와 상급생 심사 위원들이 보는 가운데 그 사과 앞에서 어떤 연극적인 반응, 어떤 예술적인 반응, 말하자면 어떤 창조적인 반응을 어떤 수준까지 보이는가에 따라 당락이 결정된다." 자, 노수가 들려주는 만화 얘길 좀 더 들어 보자. 그의 말대로 그 만화 칸 속으로 들어가 심사 위원의 자리에 앉아 보자.

한 남학생이 들어온다. 이 학생은 자신을 로미오, 사과를 줄리엣으로 상정하고 현란한 수사학이 곁들여진 사랑을 고백한다. / 너는 아니고…….

또 한 학생이 들어온다. 이 학생은 자신을 낙원에서 추방당한 아담, 사과를 선악과로 가정하고 대사를 읊는다. 이 학생의 상상력은 사과에서 출발, 자기가 낙원에서 추방된 것이 과연 이브 때문이었는지, 아니면 사과와 이브는 신의 각본에 동원된 애꿎은 들러리에 지나지 않는지를 논증하는 데까지 비약한다. / 너도 아니고…….

또 한 학생이 들어온다. 이 학생은 사과 앞에서 사과가 연상시키는 역사적인 사건을 두름으로 꿰어 낸다. 에덴의 사과, 불화의 여신 이리스가 미스 그리스라고 생각하는 여신이 집으라면서 아프로디테와 아테네와 헤라 앞으로 던진 사과, 이로써 트로이 전쟁의 도화선이 되고 만 그 '디스코드(불화)'의 사과, 윌리엄 텔이 아들의 머리 위에 올리고 활을 쏘아야 했던 '레지스탕스(저항)'의 사과, 만유인력 사유의 실마리를 제공했다는 뉴턴의 사과 타령을 줄줄이 이어 낸다. / 너도 아니고. / 그 밖에도 많은 학생들이 들어온다. 너도 아니고, 너도 아니고…….

그런데 마지막으로 한 학생이 들어온다. 아니다. 사실은 마지막 학생이 아니다. 그러나 그 학생의 등장과 함께 내가 만화책을 덮어 버렸으니까 마지막 학생이다. 그 학생은 천천히 걸어 들어와 가만히 사과를 보고 있다가 덥석 집어 들고는 우적우적 베어 먹기 시작한다. / 바로 너다…….

웃기지?

노수에게 이 장면은 그의 존재론적 변신을 가능하게 한 계기로 얘기된다. "아, 나는 남들이 껍데기로만 사는 것을 본받으려 했구나, 그걸 본받으려고 하다 잘 안되니까 자꾸만 그거 드러나는 것을 숨기려 했구나, 그러느라고 그렇게 부끄러워하고, 그렇게 망설이고, 그렇게 더듬거렸던 것이구나……." 그리고 그는 자신의 언어를 새로 만들게 되었다고 말한다. "배운 정의를 폐기하고 내 느낌으로 내 것으로 내가 만나는 단어를 다시 정의했다. 사랑? 조만간 끝날 미끄럼……. 믿음? 가역 반응……. 공포? 무방비 도시……. 증오? 나비넥타이……. 물? 죽음……. 불? 잠……. 바위? 존재론적 시한 폭탄…….”

  어떤 한 시인은 자신의 첫 시집 한 귀퉁이에다 "자, 밤은 길고/ 자신을 평가하는 모든 시인은/ 자신의 고유한 사전을 가져야만 한다"는 파라의 말을 적어 놓고 있다. '자신의 고유한 사전'이 에센스 국어사전 같은 것일 리는 없겠지.

  봄, 놀라서 뒷걸음질치다
  맨발로 푸른 뱀의 머리를 밟다

  슬픔
  물에 불은 나무토막, 그 위로 또 비가 내린다

  자본주의
  형형색색의 어둠 혹은
  바다 밑으로 뚫린 백만 킬로의 컴컴한 터널
  — 여길 어떻게 혼자 걸어서 지나가?

  문학
  길을 잃고 흉가에서 잠들 때
  멀리서 백열전구처럼 반짝이는 개구리 울음

  시인의 독백
  "어둠 속에 이 소리마저 없다면"

부러진 피리로 벽을 탕탕 치면서

혁명
눈 감을 때만 보이는 별들의 회오리
가로등 밑에서 투명하게 보이는 잎맥의 길

시, 일부러 뜯어본 주소 불명의 아름다운 편지
너는 그곳에 살지 않는다

―진은영, 「일곱 개의 단어로 된 사전」

    내 느낌으로 내 것으로 내가 만나는 언어를 새로 정의하는 것, 이것은 보들레르가 '어린이의 감각'을 예찬한 이유에 닿아 있다. 우리도 한번 해 볼까?
    그리고 배수아는 '이방인 놀이'를 제안한다. 그녀는 쾌활한 이방인의 표정을 지어 보인다.

    '이방인'됨을 즐기고 싶다면, "나는 지금 외국에 있다. 나는 이제 금방 비행기에서 내려 이곳에 방을 구했다. 나는 이곳에 아는 사람이 단 한 명도 없다. 이곳의 모든 광경은 나에게 익숙한 것이 아니다."라는 식으로 규정한다. 단지 마음을 그렇게 먹는 것이다. 그런데 일단 '이방인'이 되면, 자신에게 피부처럼 익숙했던 사물이나 현상들이 좀 다른 각도로 보이기 시작한다. 항상 보아 오던 아파트 계단이나 집 앞 버스 정류장을 사진으로 찍고 싶을 정도로.

―배수아, 『동물원 킨트』 서문

만약 당신이 '이방인 놀이'에 빠질 수 있다면, 집 앞 버스 정류장에서 혼자 낯선 도시에 도착한 자의 기분으로 "은밀하게 자신의 희귀한 감각을 받아들이는 연습을 해" 볼 수 있을 것이다. 시인 김경주가 우리를 여행의 꿈으로 매혹하는 산문에서 그렇게 썼듯이.

나는 어려서부터 줄곧 빈털터리가 되어 혼자 낯선 도시에 도착하는 공상을 해 보곤 했다. 그곳에서 은밀하게 자신의 희귀한 감각을 받아들이는 연습을 해 보고 싶었던 것이다. 아무도 없는 저녁의 해변을 나는 걸어간다. 모래톱으로 고양이의 푸른 눈 속을 닮은 바닷물이 조용히 다가와 물든다. 하나의 풍경이 자신의 시간으로 다가와 번지는 동안 그것을 나는 음악이라고 부를 수도 있을 것 같다. 그리하여 어느 후미진 골목에 등을 기대고 서서 여행 중에 날아가 버린 수많은 밤들을 떠올리며 한 번도 배운 적이 없는 자신 안의 캄캄한 발음들을 더듬어 보고 싶었는지도 모른다. 나는 저녁의 먼 산, 외롭게 서 있는 수도원의 창문에 불이 스미는 것을 바라보는 상상을 해 본다. 처음 보는 골목들, 처음 듣는 이국의 종소리, 처음 보는 카페의 낡은 피아노, 그리고 오늘 내가 누워야 할 낯선 도시의 방(房), 혹은 자신의 몸에 와서 누워야 할 영혼이라는 높고 낯선 또 하나의 방, 돌연한 향기, 그리고 어둠. 그건 비밀을 가지고 싶다는 뜻이었는데 여정은 반드시 그만의 비밀을 남기게 되어 있다.

—김경주, 『passport(패스포트)』

모호성

"자신에게 피부처럼 익숙했던 사물이나 현상들이 좀 다른 각도로 보이기 시작"하면, 그래서 다른 각도로 사물이나 현상을 드러내면, 이 다른 앵글에 맞춰져 있지 않은 독자들은 낯섦과 더불어 어떤 종류의 모호함을 느끼게 된다. 이러한 모호함은 경우에 따라 신선하고 즐거운 경험일 수도 있고, 다소 불편한 것일 수도, 다만 짜증나는 것일 수도 있다. 지각작용에 제동이 걸리고 판단은 자꾸만 지연된다.

엠프슨(W. Empson)이 모호성(ambiguity)을 시적 가치로 내세울 수 있었던 것은 시에서 사용되는 언어의 다의성을 존중해서다. 과학적 · 논리적 언어가 사실이나 대상을 1:1로 가리키는 '지시적(외연적) 언어'라고 하면, 이와 비교할 때 시어는 대체로 한 낱말을 통해 가능한 한 많은 느낌과 의미를 환기시키는 '함축적(내포적) 언어'라고 할 수 있다. 여기서 모호성은 시어가 내장하고 있는 풍요로움에서 발생한다.

또한 모호성은, 시어가 매우 개인적인 언어이며 구체적인 언어라는 데서도 발생한다. 한 알의 사과에 덮어씌워져 있는 신화적 역사적 의미를 걷어내고, 사과의 사전적 의미도 괄호 치고, 내가 보고, 내가 만지고, 내가 냄새 맡고, 내가 우적우적 베어 먹으면서 내가 만난 사과로부터 예술적 사과는 탄생한다. 이 사과는 시인이 특수하고 새로운 느낌과 의미를 부여한 언어다. 이제 갓 알에서 깨어난 언어다. 이 사과에서 날개가 돋게 될지도 모른다.

시는 산문에 비해 의미의 전달보다 언어 자체의 뉘앙스와 미감을 존중한다. 의미론적인 소통에 대한 고려는 시에서 부차적일 때가 많다. 의미론적으로, 산문이 명쾌하고 선명하다면 시는 모호하다. 시는 요약될 수 없다. 데생 화가 드가와 시인 말라르메의 대화다. 드가가 말하길, "나는 머릿속에 많은 관념을 가지고 있어. 나도 언젠가는 시를 쓸 수 있을 거야." 이에 대해 말라르메가 응수한다. "그렇지만 사랑하는 친구야, 시란 관념으로 쓰는 게 아니라 낱말로 쓰는 거야." 시는 다른 어떤 장르보다 말의 울림과 리듬에 이끌린다. 그런 뜻에서도 시는 감각적이다.

모호성은 단어의 수준에서만 이루어지는 것은 아니다. 낱말과 낱말, 구와 구, 행과 행, 연과 연의 예기치 못한 배치에서 우리는 종종 당혹감을 느끼거나 묘한 해방감을 맛보기도 하며 특이하고 엉뚱한 발견을 하기도 한다. 우리는 주로 이때 '시적 비약'이라는 말을 쓴다. 우리에게 익숙한 논리의 사슬이 여기저기에서 툭툭 끊겨져 버린다. '그리고' '그런데' '그러나' '그래서' 등등의 접속사를 총동원해서 연결시켜 본 후에도 우리는 종종 고개를 갸웃거리게 된다. 이 경험 또한 즐거운 것일 수도, 불편한 것일 수도, 짜증나는 것일 수도 있다. 그런데, 때로는 어떤 불편함과 짜증은 감수할 만한 가치가 있다. 시는 종종 새로운 소통 코드를 제출한다. 이 코드를 아주 느리게 통과하는 과정에서 우리는 뜻밖에도 전혀 새로운 세계와 접촉할 수 있다. 이때, 중요한 것은 결론이 아니라 그 과정이다.

정보 이론에서는 미(美)를 '엔트로피와 네그엔트로피의 최적의 관계'로 규명한다. 엔트로피는 불확실성이다. 다시 말해, 엔트로피는 예측 가능성에 반비례한다. 변수가 너무 많아 주가 변동이 극심할 때, 주식 시장의 엔트로피는 높아진다. 상황이 예측하기 어려울수록 엔트로피는 커지고 정보량도 그만큼 커진다. 가령, 애정의 구도가 2인으로 이루어지는 것보다는 3인, 4인, 5인이 얽혀서 짜여지는 경우 스토리 전개는 복잡해진다. 다양한 조합이 예상될 수 있는데, 이는 우리가 이 구도에서 보다 많은 정보를 갖는다는 뜻이다. 반면 '내일 해가 뜬다'는 예상은 아무런 정보도 제공해 주지 않는다. 결과가 뻔할 때보다 귀추를 예측하기 힘들수록 더 많은 정보를 내포한다. 불확실한 정보가 더 많은 정보라는 얘기다. 이를 우리의 논의에 적용시켜 보면, 언어와 대상이 1:1로 짝지어지는 지시적 언어에 비해, 1:多의 관계를 지탱하는 함축적 언어가 더 많은 정보를 가지고 있으며 더 높은 엔트로피를 보유하고 있다고 말할 수 있다. 또한 '시적 비약'은 논리적 연결에 비해 더 많은 정보를 갖고 더 높은 엔트로피를 보유한다. 여기서 중요한 것은, 미적 쾌감은 '엔트로피와 네그엔트로피의 최적의 관계'에서 발생한다는 점이다. 엔트로피가 너무 높아지면, 시를 읽는 일이 다만 짜증스러워지고 고통스러워진다. 그런데 더욱 중요한 것은, 당연한 말이겠지만 이 최적의 관계를 정량화할 수 없다는 것이다. '엔트로피와 네그엔트로피의 최적의 관계' 또한 예측 불가능하다고, 달리 말해 엔트로피가 높은 규정이라고 할 수 있다.

   어둠에 대해, 우주의 암흑물질에 대해 매혹을 드러내는 한 편의 시에서 모호성은 존재와 우주의 신비와 비밀을 우리로 하여금 간직할 수 있게 해 주는 본질적인 요소다. '암흑물질(dark matter)'이 뭔가에 대해서는 김연수의 소설 「케이케이의 이름을 불러봤어」에서 그 설명을 빌리기로 한다. "별의 이동 속도를 이용해 질량을 계산한 과학자들은 이 우주에 존재하는 모든 별의 무게를 합한다고 해도 전체 우주의 질량에는 10퍼센트에도 미치지 못한다는 사실을 알게 됐다. 그럼 90퍼센트 이상을 차지하는 건 뭘까? 과학자들은 그걸 암흑물질이라고 이름을 붙였다. 암흑물질은 관측이 불가능하므로 존재를 증명할 수가 없다. 우리에게는 존재하지 않는 것임에 틀림없는 이 어둡고 비밀스럽고 거무스름한 물질이 우리 우주의 90퍼센트를 차지한다." 이제, "아, 얼마나 다행인가/ 어둠이 아직 어둠으로 남겨져 있다는 것은"이라고 노래하는 나희덕의 시 「어둠이 아직」을 읽어 볼 차례다.

    얼마나 다행인가
    눈에 보이는 별들이 우주의
    아주 작은 일부에 불과하다는 것은

눈에 보이지 않는 암흑물질이
별들을 온통 둘러싸고 있다는 것은
우리가 그 어둠을 뜯어보지 못했다는 것은

별은 어둠의 문을 여는 손잡이
별은 어둠의 망토에 달린 단추
별은 어둠의 거미줄에 맺힌 밤이슬
별은 어둠의 상자에 새겨진 문양
별은 어둠의 웅덩이에 떠 있는 이파리
별은 어둠의 노래를 들려주는 입술

별들이 반짝이는 동안에도
눈꺼풀이 깜박이는 동안에도
어둠의 지느러미는 우리 곁을 스쳐가지만
우리는 어둠을 보지도 듣지도 만지지도 못하지
뜨거운 어둠은 빠르게
차가운 어둠은 느리게 흘러간다지만
우리는 어둠의 온도와 속도도 느낄 수 없지

알 수 없기에 두렵고 달콤한 어둠,
아, 얼마나 다행인가
어둠이 아직 어둠으로 남겨져 있다는 것은

 어둠이 매혹적인 이유는 무엇일까. "알 수 없기에 두렵고 달콤한 어둠"은 꿈과 비밀의 바탕색이며 보자기다. 우주가 그토록 매혹적인 것도 어둠에 싸여 있고 어둠을 펼치고 있기 때문일 것이다. 눈에 보이지 않는 암흑물질이 눈에 보이는 별들을 온통 둘러싸고 있으므로, 우주는 우리의 꿈을 부풀게 하고 비밀의 화원으로 이어지는 샛길들을 상상하게 한다. 미지와 무지의 영역, 모호성의 장소는 우리의 영혼을 굶기는 곤궁한 부엌이 아니라 딱딱해진 영혼을 새롭게 태어나게 하는 뜨거운 자궁이다. 모르는 것이 없다고 느낄 때, 그 인간의 영혼은 가장 빈곤하다. 그러므로 내 영혼이 고양될 때 우리는 까만 밤하늘을 올려다보게 되겠지.

김수영은 그의 대표적인 시론 「시여, 침을 뱉어라」에서, 시작(詩作)에 있어서 '모호성'은 그의 정신 구조의 상부(上部) 중에서도 가장 첨단을 차지하고 있는 것이라고 말했다. 그는 모호성을 무한대의 혼돈에의 접근을 위한 유일한 도구로 간주했다. 그가 말하는 혼돈은 자유와 연결되어 있다. 그는 "이 세계가 자유를 보유하는 한, 거기에 따르는 혼란은 허용되어야 한다."라는 그레이브스의 말을 인용하면서, 혼란이 없는 시멘트 회사나 발전소의 건설은 시멘트 회사나 발전소가 없는 혼란보다 조금도 나을 게 없을 것 같다고 말한다. 이런 문맥에서 그는 1968년에 쓰인 이 글에서 또 이렇게 중얼거리게 된다. "우리의 주변에서는 기인이나 바보얼간이들이 자유당 때하고만 비교해 보더라도 완전히 소탕되어 있다. (……) 서울의 내가 다니는 주점은 문인들이 많이 모이기로 이름난 집인데도 벌써 주정꾼다운 주정꾼 구경을 못한 지가 까마득하게 오래된다. 주정은커녕 막걸리를 먹으러 나오는 글쓰는 친구들의 얼굴이 메콩 강변의 진주를 발견하기보다도 더 힘이 든다. 이러한 '근대화'의 해독은 문학주점에만 한한 일이 아니다." 왜 모두들 말을 조심하고 시간을 아껴야 할까. 죽은 시인의 사회다. 김수영에게 있어서, 모호성은 혼돈과 자유에 대한 긍정에 잇닿아 있고, 혼돈과 자유를 제약하는 경직된 사회에 대한 저항 논리로까지 나아가게 된다. 특히 정치적 부자유를 문제시하게 될 때,

그의 말대로 "모호성의 탐색은 급기야는 참여시의 효용성의 주장에까지 다다르"게 된다.[4]

숨은꽃과 곰팡이꽃

> 바다속에서 전복따파는 濟州海女도
> 제일좋은건 님오시는날 따다주려고
> 물속바위에 붙은그대로 남겨둔단다.
> 詩의전복도 제일좋은건 거기두어라.
> 대캐어내고 허전하여서 헤매이리요?
> 바다에 두고 바다바래어 詩人인것을…….
>
> ─서정주, 「詩論」

　제일 좋은 것을 '거기'에 두고, '여기'에서 동경하는 것을 서정주는 시인의 태도로 생각했다. 그는 한 산문(「머리로 하는 시와 가슴으로 하는 시」)에서, 한용운의 「수(繡)의 비밀」이라는 시의 이런 구절을 인용한 일이 있다. "이 작은 주머니는 짓기 싫어서 짓지 못하는 것이 아니라, 짓고 싶어서 다 짓지 않는 것입니다." 그리고 그는 이 시 속의 여인의 심리를 다음과 같이 이해한다. 여인은 객지에 가 있는 애인에게 보낼 옷을 다 해 놓고, 마지막으로 주머니를 만들고 있는데, 이걸 마저 끝내 버리면 사랑하는 사람과의 사이에 마음의 다리를 놓고 있는 일이 끝나 버릴까를 겁내고 있다. 그는 이러한 여인의 심리에 빗대어, 시인이 겁내야 할 것도 무엇을

---

4 김행숙, 「'시적인 것'과 '정치적인 것'」, 『에로스와 아우라』(민음사, 2012) 참조.

다 못하고 끌고 가는 안타까움과 그리움이 아니라, 참으로 냉큼 다 먹어 치워 버리거나 끝내 버리고 마는 일이라고 적었다. 이 마음의 결을 서정주는 "매력과 절제 사이"라고 말한다.

이때, '이상적인 것', '최상의 상태'에 대한 믿음은 그보다 낮은 자리에서 유지된다. 내가 놓여 있는 자리가 비록 비천하고 비루하다 할지라도 지극한 진실과 아름다움의 존재는 부정되지 않는다. '이 자리'(현실)는 '저 자리'(이상)에 의해 구원될 수 있다. 그런데, 이 낭만적인 믿음이 흔들릴 때, 도저히 '저 자리'가 보이지 않을 때, 어떤 작가들은 글쓰기에 위기를 느낀다.

한 소설가는 이렇게 고백한다. "꽃이 숨어버렸다."(양귀자,「숨은꽃」) "문제는 '슬픔도 힘이 된다'는 진술이 아무런 감동도 주지 못하는 세상의 변화에 있었다. 세상이 갑자기 텅 비어 버린 듯했다. 써야 할 것이 우글대던 머릿속도 세상을 따라 멍한 혼돈에 빠져 버렸다." 이제, '제일 좋은 것'은 거기에 두고, 그 그리움의 힘으로 글을 쓸 수 없게 된 것이다. 이 작가는 이제, "그 숨어 버린 꽃 속으로 삼투해 들어"가야 할 것이라고 말한다. "숨어 있는 꽃들의 꽃말 찾기".「숨은꽃」의 작가는 우리의 속악한 현실 논리에 의해 파묻혀 버린 꽃 속으로 삼투해 들어가는 일을, "와해된 세계의 폐허 어딘가에 숨어사는 거인"의 초상으로 형상화한 김종구란 인물의 입을 빌려, 흰자위가 아니라 검은자위로 세상을 보아야 하는 이치와 연결시킨다.

소설을 팔아 밥을 먹는다구요? 아니, 아직도 그런 것을 읽는 사람이 있답니까? 대체 무슨 소리를 늘어놓는 것이 소설인가요? 작가 선생님, 이런 말은 어떤지 한번 들어 보세요. 하나님이 인간의 눈을 만들 때 흰자위와 검은자위를 동시에 만들어 놓고도 왜 검은자위로만 세상을 보게 만들었는지, 그거에 대해서 선생님은 혹시 아십니까? 아, 이거야 나도 어디서 주워들은 이야긴데, 그게 말예요, 어둠을 통해서 세상을 보라는 신의 섭리라는 거예요. 세상을 보는 일이야 우리 같은 떠돌이들 말고 선생님 같은 분들에게 떠맡겨진 숙제 아닙니까. 그러니 애시당초 편하게 앉아서 헤드라이트 비춰 놓고 들여다보듯 그렇게 수월한 일은 아닐 거라 이 말씀이죠. 흰자위 놔두고 검은자위로 세상을 보랄 적에는 다 그만한 이유가 있어서 그랬을 것입니다.

다른 한 소설가의 작품에서 우리는 '곰팡이꽃'이라는 다소 생경한 표현을 만날 수 있다.(하성란,「곰팡이꽃」) 쓰레기장을 조사하여 그 지역에 사는 사람들의 생활 실태를 알아보는 '가볼러지(garbology)'라는 사회학에서 사용하는 방법이 있다고 한다.「곰팡이꽃」이라는 소설 속에서 한 남자는 "쓰레기는 거짓말을 하지 않는다. 쓰레기야말로 숨은그림찾기의 모범답안이다."라고 중얼거린다. 이 쓰레기에서 피는 꽃이 곰팡이다. 쓰레기는 왜 거짓말을 하지 않을까. 우리는 누군가에 의해 내 쓰레기봉투가 해부되리라곤 좀처럼 상상하지 않는다. 그래서 우리는 뭔가를 가리거나 포장하지 않고 마음놓고 버릴 수 있다. 가령, 어제 결별한 애인의 찢어진 편지나 사진 같은 것도. 그러니, 밤에 아파트 공동 쓰레기통에서 쓰레기봉투를 몰래 주워 와서 쓰레기를 헤집으면서 노트에 그 내용물을 분석하고 정리하는 한 남자가 우리에게 엽기적이고 무섭게 느껴지는 건 당연하다. 남자의 노트엔 아파트 주민들의 자질구레한 일상과 비밀이 기재된다. 이 남자는 중얼거린다. "도대체 알 수가 없다니까. 진실이란 것은 쓰레기봉투 속에서 썩어 가고 있으니 말야." '곰팡이 + 꽃'이라는 조어의 역설은 여기에 놓여 있다.

밤새 고양이가 할퀴고 간 쓰레기봉투 안,

내가 헝클러진 채 쏟아진다
몇 장의 고지서이거나 구겨진 낙서 조각으로
또는 삼키지 못한 음식물 찌꺼기가 되어
역겨운 냄새를 풀풀 날리고 있다
그것은 살이 뜯긴 앙상한 과거이거나
버려진 기억의 나,

그러한 나를 간혹 꿈속에서 만날 때가 있다
낯익은 형상들이 모퉁이마다 뒹굴고
일그러진 표정을 가진 기억에 꿈은
축축한 땀을 쏟으며 한없이 어두워진다
꿈이 되풀이될수록 더욱 많은 내가 들어찬다
팽팽하게 부풀어오른 곳으로부터
압착된 무수한 나는 천천히 썩어간다
꿈은 모두 악취로 가득하다

나는 연신 코를 막으며 삐져나온 것들을
봉투에 쓸어담아 입구를 단단히 동여맨다
묻혀야 할 흔적의 오수가 흘러나온다
날카로운 빛이 꿈의 벽을 할퀴며 지나간 아침,
얇은 꿈에 구멍이 나고 나는 문 앞에 돌아와 서 있다

곪아터진 뜨겁고 끈적한 진물이 주루룩 흐른다

―배용제, 「꿈은 또 하나의 쓰레기봉투이다」

밤새 고양이가 할퀴고 간 쓰레기봉투 안에서 내가 헝클러진 채 쏟아진다. 사실, 쏟아지는 것은 역겨운 냄새와 함께 "몇 장의 고지서", "구겨진 낙서 조각", "삼키지 못한 음식물 찌꺼기" 따위다. 그것들이야말로 "살이 뜯긴 앙상한 과거이거나 버려진 기억의 나"다. 시인은 꿈속에서도 간혹 그런 나를 만난다고 말한다. 꿈속의 풍경은 너무 많은 내가 썩어 가고 있는 모습을 보여 준다. 나의 악취가 진동하는 악몽이다.

이데아의 세계에 대한 동경을 시적 에너지로 삼았던 낭만주의 시인들에게 꿈은 종종 속된 현실로부터 잠시 벗어나게 해 주는 피난처이거나 오염된 세상을 초월해 있는 순결한 장소로 표상되었다. 이상화의 시 「나의 침실로」를 빌려 말하자면, "가장 아름답고 오— 랜 것은 오직 꿈속에만 있"었다. 그러나 이 시에서 "꿈은 또 하나의 쓰레기봉투"일 뿐이다. 가까스로 꿈을 깬 나에게서는 "곪아터진 뜨겁고 끈적한 진물이 주루룩 흐른다."(4연) 이 아침에 나는 다시 쓰레기봉투를 삐져나온 "몇 장의 고지서이거나 구겨진 낙서 조각으로/ 또는 삼키지 못한 음식물 찌꺼기가 되어/ 역겨운 냄새를 풀풀 날리고 있"는 것이다.(1연) 1연과 마지막 4연은 그렇게 이어져서, 현실과 꿈이 하나의 '폐쇄 회로'를 이루고 있다는 것을 증명한다. 꿈은 초월의 계기가 되지 못한다.

이런 아침은 「푸른 큰 쓰레기통의 뜻을 지나며 묻는 새벽」과도 통한다. '쓰레기통의 뜻'을 음미해 볼까.

새벽이 무어냐고 물으신다면 아직 지하철이 다니지 않는 시간이라 말하겠어 대신 나는 푸른 큰 쓰레기통을 지나며 내음을 맡지 그것들이 퍼르스름한 대기 속을 엎드려 있어 새벽을 여는 사람들이라 일컬어지는 형광 조끼 입은 아저씨들이 큰 젓가락으로 그 시체를 후비고 있어 심호흡을 할까 나는 세기말의 부랑자 걷고 또 걸어도 대답 없는 저 푸른 큰 쓰레기통 왜 도대체

왜? 새벽이 무어냐고 물으신다면 좆도 아니라고 말하겠어 그냥 큰 푸른 쓰레기통을 지나치는 시간이라 말하겠어

—성기완, 「푸른 큰 쓰레기통의 뜻을 지나며 묻는 새벽」

새벽은 관용적으로 희망이나 새 시대에 대한 기대감에 빗대지곤 했던 시간이었다. 그런데 우리가 새벽이 무어냐고 물으면, 시인은 래퍼의 리듬으로 이렇게 대답하겠단다. "좆도 아니야. 그냥 큰 푸른 쓰레기통을 지나치는 시간이지." 소비가 미덕이 되는 우리 사회의 뒷면에는 거대한 쓰레기통이 버티고 있다. 그리고 "새벽을 여는 사람들이라 일컬어지는 형광 조끼 입은" 청소부들이 쓰레기통을 후비고 있다. 1990년대 세기말을 통과하여 새천년을 지나 우리는 대체 어디로 가고 있는 것일까.

이미 오래전에 시적 소재나 주제를 특권화하거나 한정하는 유의 주장은 타당성을 잃어버렸다. 보들레르의 『악의 꽃』이 출간 당시 일으켰던 파문이 오늘날 그대로 재현될 순 없을 것이다.?(나는 마침표를 찍고 그 옆에 물음표를 찍어 두기로 한다.) 1857년 6월 25일에 발매된 『악의 꽃』으로 인해 보들레르는 같은 해 8월 20일 법원으로부터 유죄 판결을 받는다. 그해 초에는 플로베르가 『보바리 부인』의 출판으로 기소되기도 했다. 그러나 당대 대(大)시인 빅토르 위고는 유죄 판결을 받은 보들레르에게 찬사와 격려의 뜻을 전하는 다음과 같은 편지를 보냈다. "당신의 아름다운 책(『악의 꽃』)을 받아 보았습니다. 예술이란 창공과 같은 것이어서, 무한한 분야입니다. 당신은 최근에 그 사실을 보여 주었습니다. 당신의 『악의 꽃』은 별들처럼 빛나고 눈부십니다. (……) 현 사회가 줄 수 있는 아주 진귀한 훈장, 당신은 방금 그것을 받았습니다. 이 사회의 제도가 정의와 윤리라는 이름으로 당신을 처벌했습니다. 그것은 또 하나의 명예의 관입니다. 시인이여, 악수를 보냅니다." 추와 악은 전적으로 아이러니와 풍자의 범주

에서 규명되는 게 아니라, 때로는 우리 존재의 정직성과 깊이에 관련되기도 하고 또 때로는 미학적인 매혹 속에서 진지하게 탐구되기도 한다.
　여기에 황병승의 시 한 편을 붙여 둔다.

　　　그러나 나의 악기는 아직도 어둡고 격렬하다

　　　그대들은 그걸 모른다, 라는 말밖에 할 수가 없구나

　　　그때 그대들을 나무랐던 만큼 그대들은 또 나를 다그치고
　　　나는 휘파람을 불며 가까스로 슬픈 노래의 유혹을 이겨내고 있는데

　　　오늘 밤도 그대들은 나에게 할 말이 너무 많고
　　　우리는 함께 그걸 나눠 갖기는 틀렸구나, 라는 말밖에 할 수가 없구나

　　　불의 악기며 어둠으로부터의 신앙(信仰)……
　　　그렇다, 나는 혼돈의 음악을 연주하는 대담한 공주를 두었나니
　　　고리타분한 백성들이여,
　　　기절하라! 단 몇 초만이라도
　　　내가 뭐, 라는 말밖에 나는 할 수가 없구나

　　　저기 붉은빛이 방문하고 푸른빛이 주저앉는다,
　　　라는 암시밖에는 할 수가 없구나
　　　　　　　　　─황병승, 「왕은 죽어가다*」(*이오네스코의 희곡 제목)

　"불의 악기"가 고리타분한 백성들을 기절시키고 고리타분한 세계에

불을 지르려 한다. "저기 붉은 빛이 방문하고 푸른빛이 주저앉는다, 라는 암시"를 받고서, 성급하게 다그치지 말자. 김수영이 말했듯이, "적들과 함께/ 적들의 적들과 함께/ 무한한 연습과 함께"(「아픈 몸이」) 가자.

    우리는 미/추, 선/악, 정상/비정상, 주체/타자, 시적인 것/ 비(非)시적인 것 등등을 가르는 이분법 자체를 끊임없이 되물어야 한다. 이분법적 체계는 언제나 그 어딘가에 어떤 종류의 억압과 폭력을 숨기고 있으니까. 어쨌든 수많은 이분법적 경계가 진동하고 애매해지는 자리에서 혼란과 함께 시적 영역과 존재의 자유가 좀 더 확장될 수 있을 것이다.

2 고백

고백의 감수성

　김동인의 두 번째 소설 「마음이 여튼 자여」는 "兄님, 마침내 고백할 날이 왔습니다."라는 문장에서부터 시작된다. 소설의 주인공이 소울메이트로 생각하는 선배에게 보내는 편지의 첫 문장이다. 1920년에(한국 문학사에서 이 어름의 시기는 근대적인 의미에서의 문단과 문학 관념이 상당히 본격적으로 구성되기 시작했던 때다.) 쓰인 이 문장은 매우 문학사적인 문장이라 할 수 있다.

　소설의 주인공 K는 고백하지 않고는 도저히 견딜 수 없다는 듯이 낱낱이 샅샅이 고백하고 싶어한다. 김동인이 전체 소설 분량의 3분의 2가량을 할당한 이 편지에는 몇 달간의 일기와 유서까지 첨부되어 있다. 그 일기장 어딘가에 "어제 일기는 취소한다."라는 구절이 있다. 그렇지만 그 어제 일기는 찢겨 나가거나 지워지지 않았다. 그의 '취소한다'는 말은 아무것도 취소하지 않았다. 이 말은 부끄러움을 고백하는 방법이었고 어제 일기의 내밀성을 도드라지게 하는 수사였다. '취소한다'는 말조차 무언가를 지우고 버리는 말이 아니라 부글거리는 욕망의 말이었던 것이다.

이 소설에서 새롭게 출현한 인물은 '일기를 쓰는 자', 나를 보여 주기 위해서 일기를 보여 주는 자, 일기 속에 진실이 있다고 말하는 자다. 이러한 유의 일기는 공적이자 개인적인 역사의 기록, 외적 사건의 기록으로 일기를 간주해 왔던 과거의 관념과는 다른 층위에서 규정되는 것이다. 일기는 이제 내면의 드라마이자 영혼의 산물로 여겨진다. 일기는 고백의 욕망과 연관되어 있는 글쓰기이며, '내면'의 발견과 긴밀한 글쓰기다. 가라타니 고진은 일본 근대 문학은 고백의 형식과 함께 시작되었다고 해도 무방하다고 말한다. 그는 감추어야 할 것이 있어서 고백하는 것이 아니라, 고백의 형식이 감추어야 할 것을 또는 '내면'을 만들어 냈다고 얘기한다.[1] 어찌되었든, 근대문학사에 출현한 이후로, 작가로서의 자의식과 창작욕을 지폈던 가장 강력한 에너지 중 하나가 되어 왔던 것이 바로 이 고백의 욕망이라 할 수 있다. 1990년대의 한 소설에서도(양귀자, 「숨은꽃」) 우리는 다음과 같은 구절을 읽을 수 있다. "누가 뭐라 말하든, 나로서는, 단편이란 양식의 소설이란 작가의 고백에 다름 아니라고 생각해 왔었다. 어떤 내용을 담았건 그것은 작가의 고백이거나 기도 같은 것이었다."

1인칭 장르로 곧잘 규정되곤 하는 시의 경우에, 고백의 욕망은 더욱 근본적이다. 한국문학사에 있어서, 1920년을 전후로 하여 본격적으로 모색되었던 '자유시' 기획은 고백의 감수성과 깊이 관련되어 있다. '자유시'를 '정형시'와 구별할 때, 우리가 기준으로 삼는 것은 '리듬(운율)'의 차이다. 우리는 중학교 국어 교실에서부터 정형시의 리듬을 '외형률(外形律)'이라고 부르고 자유시의 리듬을 '내재율(內在律)'이라고 불러 왔다. 근대시는 '자유시'여야 한다고 주장했던 1920년 전후 일군의 시인들에

---

[1] 가라타니 고진, 박유하 옮김, 『일본 근대 문학의 기원』(민음사, 1997).

게, 재래의 정형적인 시 형식(시조, 한시 등)은 '외부'로부터 '이미' 부여되어 있는 '제약'으로 간주되었고, 자유시의 형식은 '내부'로부터 시가 쓰이는 '지금' 창조되는 것으로 '개성의 해방'과 밀접하게 연관되어 있었다. '내재율(內在律)'이란 한 시인의 '개성적인 내면'의 흐름이 깃들여 있는 리듬을 의미했다. 이 무렵, '자유시' 기획에 이론적인 근거를 마련하는 데 가장 열성적이었던 김억의 말을 조금 들어 보자.

> 형(兄)의 말씀과 같이 시(詩)는 시인(詩人) 자기(自己)의 주관(主觀)에 맡길 때 비로소 시가(詩歌)의 미(美)와 음률(音律)이 생기지요. 다시 말하면 시인(詩人)의 호흡(呼吸)과 고동(鼓動)에 근저(根底)를 잡은 음률(音律)이 시인(詩人)의 정신(精神)과 심령(心靈)의 산물(産物)인 절대가치(絶對價値)를 가진 시(詩)될 것이오. 시형(詩形)으로의 음률(音律)과 호흡(呼吸)이 이에 문제(問題)가 되는 듯합니다.

그가 생각한 시의 음률은 시인의 생체 리듬이며 영혼의 리듬이다. 김억은 "언어는 우리를 배반하며 우리에게서 도망간다. 시가(詩歌)란 우리의 영(靈)을 설복시키는 것이다."라는 말을 곱씹으면서, 시작(詩作)의 괴로움이 여기에 있다고 말한다. 다시 말해, 언어와 영혼(내면)의 일치를 꿈꾸는 데에 시작(詩作)의 어려움과 매혹이 있다는 것이다. '자유시' 운동은 나의 영혼을 투명하게 드러내고자 하는 고백의 욕망을 중요한 동력으로 삼고 있었다고 할 수 있다.

"마침내 고백할 날이 왔습니다."라는 문장을 의미심장하게 쓴 바가 있는 김동인은 또한 진정한 예술가라면 신의 자리를 노려야 한다고 말했다. 예술가는 창조자여야 하며, 창조자로서 작품의 인물과 서사와 의미의 꼭짓점이어야 한다고 당당하게 그리고 오만하게 선포했다. 김동인에 따르면, 작품은 신의 창조물에 비견될 수 있는 인간의 창조물이다. 김동인은 소설 창작을 "자기 그림자에게 생명을 불어넣어 활동케 하는" 행위에 비유하기도 했다. 그는 작품의 모든 의미와 효과가 산출되는 기원에 작가의 위치를 설정함으로써 작품에 있어서의 작가의 권위를 절대화한다. 작품에 관해서라면 훌륭한 작가는 '신'의 권능을 가져야 하는 것이다. 이 또한 근대문학사에 입성한 이후에 그 빛이 바래지 않았던 예술가의 초상이었고, 꿈이었으며, 욕망이었다.

고백하는 자와 신의 이상한 동거! 고백을 하는 자와 고백을 듣는 자의 오버랩! 이 두 가지 욕망을 겹쳐서 읽을 때 떠오르는 시가 한 편 있다. 보들레르의 「자기 자신을 벌하는 사람」의 한 부분.

> 저 요란한 소리, 내 목소리에 들어 있구나!
> 그 검은 독은 바로 내 피 전부로다!
> 나는 괴팍한 여자가 제 얼굴 비춰 보는
> 불길한 거울이어라.
>
> 나는 상처이자, 동시에 칼!
> 나는 따귀 때리기이자, 동시에 뺨!
> 나는 찢어지는 사지이자, 동시에 바퀴!
> 또 사형수이자 동시에 사형 집행인!
>
> 나는 내 심장의 흡혈귀
> ─영원한 웃음의 선고를 받고도
> 더 이상 웃지 못하는
> 버림받은 중죄인 중 한 사람!

"사형수이자 동시에 사형집행인"이라는 의식은 고백을 하는 자와 고백을 듣는 자의 결합을 양 극단에서 드러낸다. 그렇다면 다음과 같은 시는 어떤가.

나는 뱀을 빌려 고백하겠다. 나는 뱀의 성질이 아니라 뱀의 모양을 빌릴 수 있다.

뱀이 당신을 감아 오르고 있다. 느낌이 좋다. 뱀에 대해 말한다면 당신은 계단이다.

모양은 뱀이 계단이지만 뱀을 밟고 올라갈 생각을 할 사람은 없다. 도중에 스르르 사라지는 계단이므로

나는 잠시, 뱀을 빌렸다. 그리고 오후 세 시 이후부터 걸어다녔다.
—김행숙, 「사라진 계단」

이 시는 무엇을 고백하려고 하는 것일까? 어떤 고백을 통해 계단을 오르고자, 신이 되고자 하는가? 이 시의 첫 줄에는 '고백하겠다'는 의지의 표명이 있다. 그런데, "뱀을 빌려 고백하겠다."는 건 대체 뭔가. 그것도 뱀의 성질이 아니라 뱀의 모양만을 빌리겠다고 한다. 뱀은 문학적인 고백에 관습적으로 동원되는 동물이다. 성서에서 묘사한 인류 타락의 기원에 또아리를 틀고 있는 뱀은 선악과를 가리키면서 "달변의 혓바닥"(서정주, 「화사(花蛇)」)으로 이브를 이렇게 유혹했다. "(하나님이 선악과를 따먹지 못하게 한 이유는) 너희가 그것을 먹는 날에는 너희 눈이 밝아 하나님과 같이 되어 선악을 알 줄을 하나님이 아심이니라"(「창세기」 3:5) 선악과를 베어 먹

은 아담과 이브가 맨 처음 알게 된 것은 발가벗은 몸에 대한 부끄러움이었다. 부끄러움은 고백의 욕망을 감싸고 있는 가장 보편적인 감수성이다. 이 이야기는 뱀이 문학적인 고백에 자주 등장하게 되는 강력한 신화적인 배경이 되어 왔다. 뱀을 빌리겠다는 의식은 문학적인 관습을 빌리겠다는 자의식이라 할 수 있다.

그런데 뱀의 성질이 아니라 모양만을 빌리겠다는 것은 고백의 내용이 아니라 형식만을 취하겠다는 것이다. 대체 고백의 내용은 어디에 있는가. 다시 말해, 이 시는 뭘 고백하려는 것인가. 이 시가 문제 삼고 있는 것은 고백의 진실이 아니라 고백의 욕망, 그것 자체이다. 이 시에서 고백은 어떤 진실에 다가가는 길이 아니다. 고백의 내용은 없고, 고백의 형식조차 빌린 것에 불과하다. 이 시는 다만 자의식적으로 고백이라는 코드에 감추어져 있는 느낌과 감각적인 이끌림에 대해 말하고 있을 뿐이다. "느낌이 좋다." 누가 예술가를 노출증 환자라고 했던가? 그러면, 독자는?

몇 가지 자화상들

'자화상'은 고백의 전형적인 양식이다. 많은 시인들이, 그것도 많은 경우 첫 시집에, 「자화상」이라는 제목으로 시를 썼다. 물론, 딱히 「자화상」이라는 제목이 붙어 있지 않은 시에서도 종종 우리는 자화상에 대한 시인의 자의식과 욕망을 발견할 수 있다. 여기서는 그러한 시들을 여러 편 살펴보겠다. 이때, 몇 가지 유형으로 분류해 보는 건 다소 위험한 방법이긴 하지만, 작품들의 무성한 숲을 헤쳐 나가는 한 요령이 되어 줄 수 있을 것이다. 한국근대문학사에서 익히 유명한 두 편의 「자화상」이 있다. 서정주의 「자화상」(A)과 윤동주의 「자화상」(B). 그리고 여기에 이상의 「거울」(C)을 덧붙여 보자. 우리는 여기서 이 세 개의 장면들이 우리 동시대의 시인들이 내놓은 자화상들과 어떻게 만나고 어떻게 갈리는지, 그 숱한 갈림길 중 어떤 특수한 길을 보게 될 것이다.

A

애비는 종이었다. 밤이기퍼도 오지않었다.
파뿌리같이 늙은할머니와 대추꽃이 한주 서 있을뿐이었다.
어매는 달을두고 풋살구가 꼭하나만 먹고 싶다하였으나…… 흙으로 바람벽한 호롱불밑에
손톱이 깜한 에미의 아들.
甲午年이라든가 바다에 나가서는 도라오지 않는다하는 外할아버지의 숯많은 머리털과
그 크다란눈이 나는 닮었다한다.
스물세햇동안 나를 키운건 八割이 바람이다.
세상은 가도가도 부끄럽기만하드라
어떤이는 내눈에서 罪人을 읽고가고
어떤이는 내입에서 天痴를 읽고가나
나는 아무것도 뉘우치진 않을란다.

찰란히 티워오는 어느아침에도
이마우에 언친 詩의 이슬에는
멫방울의 피가 언제나 서꺼있어
볓이거나 그늘이거나 혓바닥 느러트린
병든 숫개만양 헐덕어리며 나는 왔다.

— 서정주, 「자화상」

1930년대에 "애비는 종이었다."라는 고백은 자전적인 사실 여부를 떠나 자못 충격적인 데가 있었을 것이다. 그리고 또 다른 중요한 고백이 있다. "스물세햇동안 나를 키운건 팔할이 바람이다." 이 두 가지 자의식은 이 세상 바깥으로 자신을 내모는 에너지가 된다. 세상은 가도가도 부끄럽기만 하지만, 어떤 이는 내 눈에서 죄인의 흔적을 읽고 또 어떤 이는 내 입에서 천치의 중얼거림만을 듣지만, 나는 아무것도 뉘우치지 않으면서 병든 수캐처럼 헐떡거리며 이 세계를 가로지른다. 그리하여 이마 위에 얹힌 시의 이슬에는 몇 방울의 피가 언제나 섞여 있다.

　시인은 위악적이고 자학적일 만치 가차 없이 '나'를 병든 수캐라고 말해 버리는데, 이 위악과 자학은 세상의 위선을 불편하게 한다. '견유주의(犬儒主義)'라는 말이 있다. '신랄한 조소, 야비하도록 솔직함, 기성도덕이나 관습에 대한 경멸적 태도.' 개들은 "나쁜 개를 보면 말한다/ 저런 사람 같은 놈"(정현종, 「개들은 말한다」) 이쯤에서 우리들은 '병든 수캐'를 의심하는 것이 아니라, 깨끗해 보이고 착해 보이는 이 세계를, 그리고 이 세계를 그냥 그렇게 봐 주는 우리의 눈을 의심해 보게 된다. 이성복 시의 한 구절을 빌리면, 이 세상은 "모두 병들었는데 아무도 아프지 않았다."(「그날」) 시인들은 때때로 나는 아프다고, 더럽다고, 추하다고, 나쁘다고 폭로한다. 이러한 자기 부정의 고백을 통해 '가면 뒤의 가면'(이성복,「그해 가을」에서 "假面 뒤의 얼굴은 假面이었다")마저 벗으려고, 이와 동시에 벗기려고 한다.

　　나는 아무의 제자도 아니며
　　누구의 친구도 못 된다.
　　잡초나 늪 속에서 나쁜 꿈을 꾸는
　　어둠의 자손, 암시에 걸린 육신.

어머니 나는 어둠이에요.

그 옛날 아담과 이브가

풀섶에서 일어난 어느 아침부터

긴 몸뚱어리의 슬픔이에요.

밝은 거리에서 아이들은

새처럼 지저귀며

꽃처럼 피어나며

햇빛 속에 저 눈부신 天性의 사람들

저이들이 마시는 순순한 술은

갈라진 이 혀끝에는 맞지 않는구나.

잡초나 늪 속에 온몸을 사려감고

내 슬픔의 毒이 전신에 발효하길 기다릴 뿐

뱃속의 아이가 어머니의 사랑을 구하듯

하늘 향해 몰래몰래 울면서

나는 태양에의 사악한 꿈을 꾸고 있다.

── 최승자, 「자화상」

최승자는 이렇게 고백하기도 했다. "일찌기 나는 아무것도 아니었다./ 마른 빵에 핀 곰팡이/ 벽에다 누고 또 눈 지린 오줌자국/ 아직도 구더기에 뒤덮인 천년 전에 죽은 시체.// 아무 부모도 나를 키워 주지 않았다/ 쥐구멍에서 잠들고 벼룩의 간을 내먹고/ 아무 데서나 하염없이 죽어 가면서/ 일찌기 나는 아무것도 아니었다."(「일찌기 나는」) 그리고 그녀는 "나는 아무의 제자도 아니며/ 누구의 친구도 못 된다."라고 쓴다. 또

"어머니 나는 어둠이에요./ 그 옛날 아담과 이브가/ 풀섶에서 일어난 어느 아침부터/ 긴 몸뚱어리의 슬픔이에요", 이렇게 고백하는 시인이 꾸는 "나쁜 꿈"이란 어떤 것일까? "태양에의 사악한 꿈"이란 어떤 것일까? '아무것도 아닌 것'의 힘으로, 지독한 자기 부정의 힘으로, 불온하게도, 이 세계의 행복을 조롱하고 조소하면서 뛰어넘으려는 것은 아닐까? 저 태양을 향해…….

"내가 맘껏 뜯어먹을 나"(시집 『날으는 고슴도치 아가씨』의 자서)를 명랑 버전 잔혹극으로 펼쳐 보이는 김민정의 시 한 편을 여기에 이어 놓으려고 한다. 그녀는 "폴짝" 무엇을 뛰어넘으려고 하는가. 다음의 시는 김민정의 「나는야 폴짝」.

줄이 돌아간다 줄 돌리는 사람 없이 저 혼자 잘도 도는 줄이 허공을 휘가르며 양배추의 빽빽한 살결을 잘도 썰어댄다 나 혼자 폴짝 줄 넘고 있었는데 두 살 먹은 내가 개똥 주워 먹다 말고 폴짝 줄 넘고 있었는데 아홉 살 먹은 내가 팬티 벗긴 손모가지 꽉 물어뜯다 말고 폴짝 줄 넘고 있었는데 열세 살 먹은 내가 빨아줘 빨아주라 제 자지를 꺼내 흔드는 복순이 할아버지한테 침 퉤 뱉다 말고 폴짝 줄 넘고 있었는데 열여섯 살 먹은 내가 본드 불고 토악질해대는 친구의 뜨끈뜨끈한 녹색 위액 교복 치마로 닦다 말고 폴짝 줄 넘고 있었는데 열아홉 살 먹은 내가 국어선생이 두 주먹에 날려버린 금 씌운 어금니 두 대 찾다 말고 폴짝 줄 넘고 있었는데 스물두 살 먹은 내가 두 번째 애 떼러 간 동생 대신 다리 벌리다 말고 폴짝 줄 넘고 있었는데 스물다섯 살 먹은 내가 나를 걷어찬 애인과 애인의 그 애인과 셋이서 나란히 엘리베이터 타 오르다 말고 폴짝 줄 넘고 있었는데 스물여덟 살 먹은 나 혼자 폴짝 줄 넘고 있었는데 줄 돌리는 사람 없이 저 혼자 잘도 도는 줄이 돌고 돌수록 썰면 썰수록 풍성해지는 양배추처럼 도마 위로 넘쳐나는 쭈글쭈글한 내 그림

자들이 겹겹이 엉킨 발로 폴 짝 폴 짝 줄 넘어가며 입속의 혀 쭉쭉 뽑아 길고 더 길게 줄을 잇대 나간다

그녀는 눈치 따위 보지 않고 노골적이다. "'나'라는 사람을 갖고 뜯어먹고 찢어먹고 별짓을 다 하고 났더니, 그러고 나니 다음에 할 것이 많아져서 편해지더라." 그런 말을 그녀는 어디선가 했었다. 현실적이고 미학적인 억압과 금기를 "폴 짝 폴 짝" 넘어서 그녀는 존재의 자유를 넓혀 갔던 것이다. 그녀의 명랑 잔혹극은 "어쨌거나 우리 쥐면 한 손이라는 공통점/ 어쨌거나 우리 빨면 한 입이라는 공통점/ 어쨌거나 우리 썰면 한 접시라는 공통점"(「젖이라는 이름의 좆」)에 도달한다. 인간은 고기다. 그렇게 우리는 옷을 벗고 계급을 벗고 인간중심주의를 벗는다. 그렇게 근원적인 평등성에 이르는 것이다. 시를 통해 몸을 난도질하면서 그녀는 우리에게 근원적인 공동체, 익명의 공동체를 돌려준다. 그것은 사랑에 이르는 또 하나의 길이다.

B

산모퉁이를 돌아 논가 외딴 우물을 홀로 찾아가선 가만히 들여다봅니다.

우물 속에는 달이 밝고 구름이 흐르고 하늘이 펼치고 파아란 바람이 불고 가을이 있습니다.

그리고 한 사나이가 있습니다.
어쩐지 그 사나이가 미워져 돌아갑니다.

돌아가다 생각하니 그 사나이가 가엾어집니다.

도로 가 들여다보니 사나이는 그대로 있습니다.

다시 그 사나이가 미워져 돌아갑니다.
돌아가다 생각하니 그 사나이가 그리워집니다.

우물 속에는 달이 밝고 구름이 흐르고 하늘이 펼치고 파아란 바람이 불고 가을이 있고 추억처럼 사나이가 있습니다.

─윤동주, 「자화상」

여기 우물이 있다. 홀로 찾아가서 가만히 그 속을 들여다본 적이 있는 외딴 우물이 있다. 우물 속에 한 사나이가 있다. 물론, 나의 영상이다. 가만히 들여다보고 있으니, 그 사나이가 미워진다. 그래서 돌아서니, 가엾어지고 그리워진다. 다시 들여다보고 다시 미워지고 다시 그리워지고 다시 우물로 돌아간다……. 나에 대한 연민(사랑)과 부끄러움(반성)의 이중 감정이 나를 부르고 나를 뒤돌아서게 하는 왕복 운동을 이끈다. 그리고 시간이 흘러갔다. 이제, 우물 속에는 추억처럼 그 사나이가 있다. 우물은 추억처럼 언젠가 또다시 나를 부를 것이다. '나를 들여다보는 자', '추억처럼 자신의 이미지를 떠올리는 자', 이것이 윤동주가 그린 자화상이다.

1960년대 초에 쓴 김현의 첫 평론 「나르시스 시론」에도 우물에 대한 얘기가 있다. "시인은 누구나 되는 것은 아니다. 하나 우물은 도처에 있다. 우물은 조용히 동요치 않고 언제나 그 자리에서 기다린다. 한때는 나무 바가지로 물을 펐다. 한때는 양철로, 잔으로. 하나 우물은 거기에 있다. 사람들이 갈증을 느낄 때까지. 인간의 가슴속에 잠들어 있는 시인을 깨워 우물로 향할 욕망을 일으킬 때까지. 갈증이 일어났을 때 우물은 기다린다. 와서 너를 보라. 그리하여 시인은 나르시스의 변신을 계속하는 것이다." 우리가 고요히 우물을 응시하고 있는 그 순간, 내가 나로부터 성찰적 주체로 일어서는 순간, 내가 나를 꿈꾸듯이 바라보는 그 순간, 우리는 시인이다. 그것이 때론 악몽일지도 모르지만.

그해 여름 정말 돼지가 우물에 빠졌다 먹을 따기 위해 우리에서 끌어낸 중돈이었다 어설프게 쳐낸 목에서 피를 철철 흘리며 돼지는 우물에 뛰어들었다 우물 입구가 낮고 좁았으므로 돼지는 우아하게 몸을 날렸다 자진하는 슬픔을 아는 돼지였다 사람들이 놀라서 칼을 든 채 달려들었으나 꼬리가 몸을 들어올릴 수는 없는 법이다 일렁이는 물살을 위로 하고 돼지는 천천히 가라앉았다

가을이 되어서도 우물 속에는 구름이 흐르고 하늘이 펼치고 파아란 바람이 불고 그리고 돼지가 있었다 사람들은 물속의 제 그림자를 들여다보고는 슬픈 얼굴로 혀를 찼다 틀렸어, 저 퉁퉁 불은 얼굴 좀 봐 가을이 가기 전에 사람들은 결국 입구를 돌과 흙으로 덮었다 삼겹살처럼 눈이 내리고 쌓이고 다시 내리면서 우물 있던 자리는 창백한 낯빛을 띠어 갔다

칼들은 녹이 슬었고 식욕은 사라졌다 사람들은 어디에 우물이 있었는지 기억할 수도 없었다 그러나 봄이 되자 작고 노란 꽃들이 꿀꿀거리며 지천으로 피어났다 초록의 床 위에서, 紙錢을 먹은 듯 꽃들이 웃었다 숨어 있던 우물이 선지 같은 냇물을 흘려보내는, 정말 봄이었다

——권혁웅, 「돼지가 우물에 빠진 날」

윤동주의 우물 속에는, 달이 밝고 구름이 흐르고 하늘이 펼치고 파아란 바람이 불고 가을이 있고 그리고 한 사나이가 있었다. 그런데 권혁웅

이 보여 주는 우물 속에는, 구름이 흐르고 하늘이 펼치고 파아란 바람이 불고 그리고 돼지가 있다. 돼지?

　이 돼지는 사람들의 칼을 피해 우아하게 우물 속으로 몸을 날려 자진하는 슬픔을 실행한 돼지라고 시인은 말한다. 돼지에 대한 이 같은 진술에는 유머와 비애가 묘하게 결합되어 있다. 돼지가 우물에 빠진 건 돼지에게도 어이없는 사고였을 테고, 돼지를 잡아먹을 요량이었던 사람들에겐 말할 것도 없이 정말 황당하고 재수 없는 사건이었을 것이다. 그런데 우아함이라니? 이 우아함은 매우 생소하다. 이 시의 유머는 여기서 발생하고 비애의 감정 또한 여기에서 비롯된다. 그런데 진짜로 돼지만이 어떤 우아함과 슬픔을 간직할 수 있게 된다. 사람들은 이 사건 이후, 우물을 통해 보게 되는 자신의 미운 그림자를 고스란히 돼지에게 전가시킨다. 사람들은 더 이상 부끄러워하지 않는다. 연민을 갖지도 않는다. 이것은 돼지의 몫이 되고, 때문에 돼지의 몫이 된 우물은 사람들에 의해 메워진다. 우물은 돼지와 함께 사라졌다. 눈은 "삼겹살처럼" 내리고 쌓이고, 작고 노란 꽃들은 "꿀꿀거리며" 지천에서 피어나고, 은폐된 우물은 "선지 같은" 냇물을 흘려보낸다. 돼지가 우물에 빠진 날은, 우리가 자신 속에 잠들어 있는 시인과 우물에 대한 갈망을 잃어버린 날이 아닐까? 이 또한 우리 시대의 자화상이라 할 수 있을 것이다.

C

　거울속에는소리가없소
　저렇게까지조용한세상은참없을것이오

　거울속에도내게귀가있소
　내말을못알아듣는딱한귀가두개나있소

거울속의나는왼손잡이오

내握手를받을줄모르는—握手를모르는왼손잡이오

거울때문에나는거울속의나를만져보지를못하는구료마는

거울아니었던들내가어찌거울속의나를만나보기만이라도했겠소

나는至今거울을안가졌소마는거울속에는늘거울속의내가있소

잘은모르지만외로된事業에골몰할께요

거울속의나는참나와는反對요마는

또꽤닮았소

나는 거울속의나를근심하고診察할수없으니퍽섭섭하오

—이상,「거울」

    거울은 문학적인 자화상에 있어서 또 하나의 주요한 매개체이자 주제가 되어 왔다. 이상의 「거울」은 거울에 대한 현대적인 미적 반응을 예고해 준 작품이라 할 수 있다. 거울은 완벽하게 나의 모습을 반사한다. 그리하여 거울은 자아의 분열 혹은 두 자아의 대립을 뚜렷하게 현시한다. 이상은, '거울 안쪽의 나'의 존재, 곧 '다른 나'의 존재를 거울을 통해 확인했지만, 거울 때문에 거울 바깥의 나와 거울 안쪽의 나는 접촉할 수 없다고 말한다. 거울 바깥의 "나는 거울 안쪽의 나와 악수를 나눌 수 없"다. 거울 속의 나는 조용하다. 거울 속의 나는 거울 바깥의 내 말을 알아듣지 못한다. 거울 밖의 나와 거울 속의 나는 완벽하게 닮았지만 그만큼 완벽하게 반대다. 거울 밖의 나의 왼쪽은 거울 속의 나의 오른쪽이다. 나는 나와 소통할 수 없다. 나는 나를 모른다. 거울 속의 나는 "외로

된 사업"에 골몰하겠지만, 거울 바깥의 "나는 거울 속의 나를 근심하고 진찰할 수 없"다. 이상은 완벽하게 재현된 자신의 영상 앞에서 자아의 분열과 대립만을 확인할 수 있었을 뿐 나의 정체를 통합하는 데는 완전히 실패했다. 이 실패를 분명하게 드러낸 데에 이 시의 문학사적 의의가 있다.

이 실패의 계보에서 '나'는 자명하지 않다. 데카르트의 코기토, "나는 생각한다. 고로 나는 존재한다."라는 명제와 더불어 의미의 기원으로 여겨졌던 주체성은 이제 근본적으로 의심받고 해체되기에 이른다.

왜 이리 신호가 안 바뀌지?
횡단보도 앞에 멈춰서 있으려니
누군가의 시선이 길 건너편 은행 빌딩
검은 유리창에 매달려 있다
한참 마주 째려보니 그게 바로 나다
저 삐딱하게 선 여자가 바로 나로구나 하고
있는데 까만 그랜저가 지나가고
또 내가 거기 미끈거리는 차체에 들러붙어 있다
왜 이리 신호가 안 바뀌지?
횡단보도 옆 은행나무 잎들이 부르르 떤다
햇빛 받은 이파리 한잎 한잎 수정 거울 같다
징그러워라 거기 잎잎이 노란 거울에
내가 매달려 떨고 있다
다시, 그러나 고개 들어 쳐다보니 아, 푸른 거울!
저 하늘이 미끌미끌하다
입술을 대니 비릿하다

> 그 누군가의 동공 같다
> 그 푸른 동공 위에 확대경 같은
> 태양을 갖다 대고 누군가
> 나를 눈부시게 째려보고 있다
> 신호가 바뀌자 횡단보도 위로
> 내 사랑하는 검은 거울, 그림자가 나를 이끈다
> 이때 지나가던 사람이 내 검은 거울 상판때기에다
> 꽁초를 획 던진다
> 이게 도대체 누구의 어항 속이냐?
> 거울 미로에 빠진 사람처럼 오늘 난 눈을 뜰 수가 없다
> 눈길 가는 데마다 전부 나다
>
> ─김혜순, 「현기증」

시적 화자는 횡단보도 앞에서 신호가 바뀌길 기다리고 있다. 그리고 신호가 바뀌어 횡단보도를 건너갈 때까지가 이 시에서 흐른 시간의 전부다. 이 짧은 시간 동안 '나'는 길 건너편 은행 빌딩 검은 유리창에 비친 나, 지나가는 까만 그랜저의 미끈거리는 자체에 들러붙어 있는 나, 횡단보도 옆 은행나무 잎잎에 매달려 떨고 있는 나, 푸른 하늘에 비치는 나……를 보게 된다. 뿐만 아니라 시인은 자신의 그림자마저 "검은 거울"로 인식한다. 신호가 바뀌어 횡단보도 위를 걸어갈 때, "지나가던 사람이 내 검은 거울 상판때기에다/ 꽁초를 획 던"지기도 한다. 온통 거울이다. 시인의 표현으로 하면 여긴 "거울 미로"며 "어항 속"이다. 나는 거울 바깥에는 있지도 않다. 나는 거대한 거울 속에서 거울들을 본다. "눈길 가는 데마다 전부 나다". 현기증이 일어난다.

나는 이 다른 거울들을 통해 배열될 뿐 수렴되지 않는다. 이 거울들은

색깔도 다양하다. 검은 거울, 노란 거울, 푸른 거울……. 이 거울들은 각각 다를 뿐 체계나 위계 같은 건 없다. 곧, 나를 더 잘 보여 준다는 기준 따위로 거울의 품질이나 순위를 판정할 수 없다는 말이다. 나는 이 우연적인 배열을 통해, 그리고 거울과 거울의 차이를 통해 드러나면서 동시에 감춰진다. 거울이 무한할 수 있듯이 이 차이도 무한할 수 있다. 나는 그렇게 다르게 흩어져 존재한다.

아래 시의 시인은 이 같은 방식의 배열에 「자화상」이라는 제목을 붙였다. 이 시에서 '거울' 역할을 하는 것은 휴대폰 액정, 음료수 캔, 수족관, 책, 컴퓨터 모니터 등이다. 그런데 여기서 '나'는 '거울'과 거의 구분되지 않는다. 가령, 깡통(거울)을 구긴다고 말하지 않고 얼굴(거울에 비친 나)을 구겨 쓰레기통에 던진다고 말하는 식이다. 나는 이러한 거울들과 함께 깨지고 던져지고 거울들 속으로 사라지면서 배열된다. 이 「자화상」을 캔버스에 옮기면 과연 어떻게 될까?

휴대폰을 받다 얼굴이 떨어져 깨져버렸다 깨진 조각 하나를 들어 오른쪽 팔목을 그었다 비틀린 혈관 하나 끊어지자 해가 땅에 뚝 떨어진다

버스를 기다리다 얼굴을 한 손으로 구겼다 깡통처럼 쓰레기통에 던졌더니 모서리를 맞고 튕겨져나온다 경쾌한 소리

수족관에 얼굴을 빠뜨렸다 기름이 둥둥 뜨고 전기뱀장어들은 줄줄이 눈 속으로 들어간다 시간이 검은 비닐봉지를 뒤집어쓰고 있다

책을 읽다 지루해져 코와 입을 뜯어 거울 속으로 던졌다 테트리스의 조각처럼 서로 서쪽 구석에서 물려 있다 글자들은 글자들끼리 몸을 꿰맨다

컴퓨터를 켜자마자 17인치 모니터가 얼굴을 진공청소기처럼 쭉 빨아 당겼다 눈코입이 딸려 들어가고 가죽만 책상의 모서리로 흘러내렸다 미지근한 가죽을 들어 신년 달력 옆에 걸어놓는다

—이원, 「자화상」

'고백'의 현대적 의의

1950, 1960년대 미국에서는 이른바 '중엽의 세대들(the middle generation)'이 엘리엇 등의 모더니즘 시학을 근본적으로 대담하게 재검토하면서 새로운 감수성과 미학을 드러냈는데, 이러한 움직임을 주도했던 여러 흐름 중에 '고백 시인들(confessional poets)'이 있었다. '고백 시인들'은 사회적 규범으로 보면 '미친(원시적)' 감수성으로 스스로에게서 문명의 가면과 예술의 가면을 벗김으로써 자아와 역사를 해체하고, 역사의 잔인성이 존재의 잔인한 인성에서 비롯되는 것임을 고백함으로써 자아와 역사를 정화하려고 했다. 플라스는 자신의 시에 대해 "규모가 큰 하나의 스트립 쇼"라고 논평하기도 했다.[2]

이러한 감수성 자체가 새삼스러울 건 없다. 한국시사에서 찾아보면 1930년대 이른바 '생명파'의 주장에서 원시적 자아에 대한 강한 회복 열망을 발견할 수 있다. 서정주는 생명파 시절을 "질주(疾走)하고 저돌(猪突)하고 향수(鄕愁)하고 원시회귀(原始回歸)하는 시인들의 한때"로 기록했다. 일찍이 김춘수가 간파한 바 있듯이, 이러한 생명파의 감수성은 낭만주의 정신과 어떤 맥락에서 근본적으로 닿아 있는 것이기도 하다.[3] 또한 이 글

---

[2] 신정현, 「포스트모더니즘과 미국 시」, 『'포스트' 시대의 영미 문학』(정정호·이소영 편, 열음사, 1992) 참조.

A항에서 다룬 시들의 감수성과도 상통한다. 중요한 건, 어떤 역사적·문화적 문맥에 이 같은 감수성이 놓여 있느냐 하는 것이다. 그리하여 어떤 시적 전략과 연결되고 어떤 질문을 제기하느냐 하는 문제일 것이다.

김준오는 '고백시'라는 용어를 1990년대 시의 한 면모를 진단하는 데 적용한 바 있다.[4] 그의 판단에 따르면, 삶의 필연성과 통일성을 의심하는 해체주의적 세계관과 연결되어 새로운 주관성을 고백의 양식으로 탐색하는 1990년대 일군의 시들에 주목할 필요가 있다. 이때 '고백시'라는 용어에는 한 연구자의 문학사적인 주목이 깔려 있다. 김준오는, 우리가 A항에서 최승자의 「자화상」을 살피면서 부분 인용했던, 1980년대 초 최승자의 「일찌기 나는」을 이 같은 고백시의 한 전사(前史)로 꼽았다. 다시 한 번 떠올려 보자. "일찌기 나는 아무것도 아니었다 (……) 내가 살아 있다는 것, 그것은 영원한 루머에 지나지 않는다".

앞에서도 살펴보았듯이, 세대를 달리하는 많은 시인들이 고백의 태도를 보여 주었다. 고백의 문학적인 역사는 꽤 깊다. 황병승의 아이러니한 명명법을 빌린다면, 근대문학사나 시사(詩史)는 "고백기념관"이랄 수 있을까. 어쨌든 1990년대 이후 2000년대 시들에서 왜 새삼 '고백'이 문제적인 형식으로 떠오르게 되었던 걸까.

거울은 보지 마.
우물 속 자화상이 싫어 돌아간 사나이
돌아가다 돌아가다 돌아온 사나이
돌아오다 돌아오다 돌아간 사나이처럼

---

3 김춘수, 『한국현대시 형태론』(행동문학사, 1954), 107~109쪽 참조.
4 김준오, 『현대시의 환유성과 메타성』(살림, 1997), 62~66쪽 참조.

거울 속 얼굴에 미련을 가지지 마.

아버지는 밤마다 어머니의 가랑이를 뒤지고
아가야는 밤마다 어머니의 젖가슴을 뒤지지만
거기엔 아무것도 없단다.
식민지풍 거울도 근대식 자화상도.

무책임한 어머니들은 대대로
누구 얼굴도 진심으로 비춰 준 적 없는걸.

안녕하세요? 대신에 도대체 누구세요?
우리의 Good morning은 그러해야 하지 않을지.

거울 속의 내가 왼손잡이든 아니든
관심들이 없거나 아예 모르시거나.

이게 바로 나야.
단체 사진에서 제 얼굴을 찾아내는 것이 왜 코미디인지
선생님은 제발 아실까.

앞가슴의 흰 명찰을 앞 다퉈 염색하는 시간
그는 오늘도 나의 이름을 불러 주지 않고
거대한 뿌리 따윈 수목원의 아열대 교목에서나 찾아보라지.

—황성희, 「거울과 자화상 그리고 거대한 뿌리」

황성희는 1인칭 개인의 고백에 몰두하지 않고, 비인칭 '고백의 문학사'를 문제 삼는다. 그녀는 '고백의 문학사' 속에 "나의 이름"은 없다고 말한다. 비슷비슷한 표정을 짓고 있는 "단체 사진에서 제 얼굴을 찾아내는 것이 왜 코미디인지" 물으면서, '거울(이상)과 자화상(윤동주)과 거대한 뿌리(김수영)'의 문학사적 관습을 문제 삼는 것이다. 그녀의 시 「가장행렬」의 한 부분을 가지고 좀 더 얘기해 보자.

> 딴 뜻은 없어요. 어쨌든 난 안 아프니까.
> 가끔씩 그 여자의 알몸을 뒤집어쓰고 시장을 볼 뿐이에요.
> 그 여자의 꿰맨 자국을 다들 얼마나 신기해한다고요.
> 그럼 난 무척 아팠다고 이야기해요.
> 언제 왜 얼마나 아팠는지 지어내다 보면
> 백 년 정도는 금방 흘러가 버리죠.

원래 고백하는 주체는 '아픈 자'였다. 그런데 「가장행렬」이라는 제목이 일러 주듯이, 이 시의 '나'는 상처를 가장하는 자이며 상처의 문학적 이미지를 빌려 오는 자, 고백을 연기(演技)하는 자다. 이 시에서 전제하고 있는 상처의 주인인 "그 여자"는 이곳저곳에 스며 있으며 흩어져 있다. 나는 "그 여자"의 이미지를 빌려 "언제 왜 얼마나 아팠는지 지어내"며 고백을 연기한다. 말하자면 '그 여자'는 고백의 주체로 애용되어 왔던 문학적인 캐릭터에 해당하는 존재다. 나는 '그 여자'를 변용하고 활용하여 "시장 사람들"에게 "무척 아팠다고 이야기"한다. 황성희가 "시장 사람들은 무엇에든 빨리 싫증을 내니까" "백 년 정도는 단숨에 흘려보낼 그럴듯한 상처가 내게는 필요하"다고 썼을 때, 우리는 이를테면 '시장'은 '출판 시장'의, '백 년'은 '근대 문학 100년'의 알레고리로 바꿔 읽을 수 있다. 그랬을 때, 황성희는 근대 문학 100년을 "언제 왜 얼마나 아팠는지 지어내다" "금방 흘러가 버"린 시간으로 과감하고 과격하게 요약하고 있는 것이다.[5]

  이 전략적인 요약은 물론 지나치게 단순하다. 그러나 이 도발적인 진술이 불러일으키는 효과에 대해 우리는 주목할 필요가 있다. '서정적 주체'에 대한 근본적인 질문과 미학적인 모색은 2000년대 시의 시적 운동과 모험의 주된 동력이었다. 일인칭 '나', 곧 서정시의 주체를 근본적인 수준에서 다시 묻는 것, 그것은 근대적인 주체성을 심각하게 다시 묻는 시적 도전이기도 하다. 그리고 서정시 자체를 다시 묻는 한 방법이 되기도 한다.

---

5 김행숙, 「문제는 거울이 아니라 주체다」, 『에로스와 아우라』(민음사, 2012) 참조.

3 상상력

흰 종이

첫 줄을 기다리고 있다.
그것이 써진다면
첫눈처럼 기쁠 것이다.
미래의 열광을 상상 임신한
둥근 침묵으로부터
첫 줄은 태어나리라.
연서의 첫 줄과
선언문의 첫 줄.
어떤 불로도 녹일 수 없는
얼음의 첫 줄.
그것이 써진다면
첫아이처럼 기쁠 것이다.

그것이 써진다면
죽음의 반만 고심하리라.
나머지 반으로는
어떤 얼음으로도 식힐 수 없는
불의 화환을 엮으리라.

—심보선,「첫 줄」

 한 시인이 시의 "첫 줄을 기다리고 있다." "미래의 열광을 상상 임신한/ 둥근 침묵으로부터" "첫아이"처럼, "첫눈"처럼 나타날 "첫 줄을 기다리고 있다." 이 시인은 흰 종이 위에 아직 한 방울의 검은 잉크도 흘려보내지 않았다. 커서만 깜박거리는 컴퓨터 모니터에서 아직 아무런 사건도 일어나지 않았다. 아직 어떤 사랑도 어떤 선언도 시작되지 않았다. 그러나 "미래의 열광을 상상"하는 것, 그것이 이미 사건인지도 모른다. 그리하여 이 시는 "첫 줄을 기다리고 있다."가 첫 줄이 되어 한 편의 시로 태어난다.

꽃씨를 떨구듯
적요한 시간의 마당에
백지 한 장 떨어져 있다.
흔히 돌보지 않는 종이이지만
비어 있는 그것은
신이 놓고 간 물음.
시인은 그것을 시월의 포켓에 하루종일 넣고 다니다가
밤의 한기슭에
등불을 밝히고 읽는다.

흔히 돌보지 않는 종이이지만
비어 있는 그것은 신의 뜻.
공손하게 달라 하면
조용히 대답을 내려 주신다.

―조정권, 「백지 · 1」

　시인 앞에 놓인 백지가 "신이 놓고 간 물음"으로 여겨지고, 시를 쓰는 행위는 신의 뜻을 받아 적는 것으로 생각되기 시작한 건, 18세기 말 낭만주의 시대부터다. 낭만주의기에 시는 영감(靈感)의 산물로 주장되었다. 오늘날까지도 통용되는 문학에 대한 상념들은 대개 낭만주의기에 전개된 것들이다. 이때부터 문학은 '창조적인' 혹은 '상상적인' 글에 국한된 범주가 되었다. 그 이전에 문학이라는 개념은 시뿐만 아니라 철학 · 역사 · 에세이 · 편지들까지 포함해서 사회 내에 존중되는 글 모두를 아우르고 있었다. 테리 이글턴의 말대로, 우리는 낭만주의기의 뒤를 잇는 후예들이라는 의미에서가 아니라 낭만주의기의 소산이라는 점에서 "낭만주의 이후 사람들(post-Romantic)"이라 할 수 있다.[1]
　상상력이 신과 소통할 수 있는 특별한 영혼의 능력으로 간주되든(영감), '독특한 내면'의 독창적인 표현과 관련지어지든(표현), 대상을 새롭게 바라보는 힘(발견), 또는 기존의 사회적 · 미적 관습과 질서를 해체하고 새롭게 재구성하는 힘으로 여겨지든(해체와 구성), 상상력은 작가의 중요한 자질이자 욕망으로 생각되어 왔다. 시인들은 자주 자신의 그 같은 욕망을 다음 예들에서처럼 간절하게 드러내기도 한다.

---

[1] 테리 이글턴, 김명환 · 정남영 · 장남수 옮김, 『문학 이론 입문』(창작과 비평사, 1986), 27~33쪽 참조.

앵무새 부리 속에 혓바닥을 보았느냐?
누가 길들이면 따라 하는 목소리
그 목소리 아닌 말을 단 한 번 하고 싶은
분홍빛 조붓한 작은 혀를 보았느냐?

———김명수, 「앵무새의 혀」

널 위에서 뜁니다
뛰면서 잡니다
내일 내일 그리고 내일
높이 뛸수록 높이 잡니다

———심재상, 「난쟁이의 하루」

'앵무새'는 훈련받은(학습된) 말밖에 할 줄 모른다. '난쟁이'는 현실의 담장 너머를 꿈꿀 수 없도록 이 세계의 중력에 견인되어 있는 일상인에 대한 비유다. 시인은 그 자신을 포함해 우리 모두를 일컬어 앵무새이며 난쟁이라고 말하고 있다. 그런데 좀 이상한 앵무새와 난쟁이가 있다. 배운 적이 없는 말을 단 한 번이라도 하고 싶어서 "분홍빛 조붓한 작은 혀"를 상상하고 달싹거리는 앵무새. 그리고 현실의 높은 벽 너머를 구경하기 위해 널 위에서 뛰고 또 뛰면서 잠을 자는 난쟁이. 이 이상한 앵무새나 난쟁이는 흰 종이 위에서 펼쳐질 창작의 욕망, 그리고 그 비전과 함께 절망까지 암시해 준다.

상상력은 물론 예술가들만의 특별한 능력이 아니다. 상상력이라는 어휘 앞엔 '철학적' '과학적' 등의 관형어가 자연스럽게 따라붙을 수 있다. 오늘날의 과학 기술은 우리의 상상을 현실적으로 실현시키기도 하고 우리를 앞질러 가서 놀라게 하기도 한다. 어떤 면에서 이제 상상력은 영혼의 신비한 힘이라기보다는 현실적이고 세속적인 힘이 된 것 같기도 하다. 사진, 영화, 텔레비전, 비디오, 인터넷 등 이미지 생산 기술과 전달 기술은 한편으로 상상력과 자본을 성공적으로 결합시켰으며 또 다른 한편으론 상상력의 대중화와 민주화를 가져왔다. '상상적인 것' 나아가 '시적인 것'은 시 장르의 특권이 아니라 시 바깥에서 오히려 그 유용성을 인정받고 확산되고 있다.

그런데, 시인들이 앵무새와 난쟁이를 자처하고 그 비애를 노래한다. 그리고 '흰 종이' 앞에서의 막막함과 두려움을 표내기도 한다. "공포를 기다리던 흰 종이들아"(기형도, 「빈 집」)와 같은 구절을 쓰는 시인들. 어떤 시인들은 이 시대를 상상력의 과잉으로 경험하지 않고 외려 상상력의 고갈로 경험하는 듯이 보인다. '개성'이 산업이 되고 유행이 된 시대라는 걸까. 개성이 대량 생산되고 복제되는 시대라는 걸까.

또 어떤 시인은 "상상력이란 무용한 것이다, 무용함이 때때로 우리를 살아가게 한다"(박정대, 「나 자신에 관한 調書」)고 중얼거리기도 한다. 자본주의 시대에 시(예술)는 '무용성'에 기대어 '유용성의 기준'을 의문에 붙이고 시의 존재 근거를 마련해 왔다고도 할 수 있다. 부연하자면, 모든 '사용 가치'가 '교환 가치'(돈)로 환산되는 자본주의 시대에, 교환 가치로 환원되지 않는 '무용한 것,' 곧 '시(예술)'에서야말로 참된 가치가 실현될 수 있다는 역설에 그 존재 근거를 두고 있었다. 한 시인은 이렇게 말한다. '밥'이 되지 못하는 시, "너무 본질적이라 넌 쓸데가 없구나"(김정란, 「TV의 말놀이를 주제로 한 몇 개의 성찰」). 다른 한 시인은 이렇게도 말한다. "시인도/ 밥먹고살아요돈벌기위해일도하고/ 출근해요출근하지못하면정말곤란해요/ 순사가검문하면주민등록증보여야해요/ 순사가검문해도번호가없는詩는그러니까/ 위법이지요위법이니까그게좀그래요/ 위법은또하나의法이니유쾌해요그게그래요"(오규원, 「詩人 久甫氏의 一日 — 久甫氏가 당신에게 보내는 私信 또는 희망 만들며 살기」). 무용한 "구름이 물고 가는 것은 나의 상상력", 내게는 또다시 "생애에서 가장 훌륭한 생각이 떠오른다"(이근화, 「그해 여름」).

어쨌든, 오늘날에도 여전히 상상력은 문학을 규정하고 특징짓는 데 유력하게 동원되는 자질이다. 이때 물론 시에서의 상상력을 어떻게 이해하고 어떻게 구현하느냐 하는 문제에 이르면 상당히 차이가 나는 견해들이 있었고, 여전히 엇갈린다. 다음 장에서는 상상력을 이론적으로 체계화하고 그것의 실체를 규명하고자 했던 다양한 미학적인 시도들 중, 그 유명한 콜리지의 견해를 살펴보면서 아울러 질문도 덧붙여 보자.

기억, 공상력, 제1상상력, 제2상상력

콜리지(Samuel Taylor Coleridge: 1772~1834)는 '상상력'을 '모방'의 능력과 구별한다. 당연하지 않느냐고 말할 수도 있을 것이다. 그러나 거슬러 올라가면 아리스토텔레스가 『시학』에서 시는 자연의 모방이라고 했을 때부터 '모방'은 예술의 본질과 현상 그리고 기능을 설명하는 데 한 축이 되어 온 중요한 개념이었다. 모방론의 관점에서 상상력은 기억의 재생 작용과 밀접하게 관련된다. 스펜더(Stephen Spender) 같은 이는 상상력을 이렇게 규정했다. "상상력 그 자체는 기억의 작용이다. 내가 모르는 것을 상상한다는 것은 불가능하다. 상상력이라는 것은 우리가 이전에 경험한 것을 기억하여 그것을 어느 다른 환경에 적용하는 능력이다." 반면에 콜리지가 상상력 개념의 인식론적 근거로 제일 먼저 꼽은 것은 '직관 또는 초월적 인식 능력'이다. 그에게 '기억'은 상상력에 재료를 공급해 줄 순 있지만 상상력의 본질과는 상당히 떨어져 있는 단순하고 저급한 능력으로 취급된다. 그는 기억이란 연상의 법칙에 이끌리는 것일 뿐이라고 말한다. 그렇다면 상상력은? 그는 상상력의 본질을 종합하는 힘에 있다고 보았다. 여기서 우리는 기억과 상상력을 단순히 구별한 게 아니라, 위계화했다는 걸 알 수 있다. 다시 말해, 기억보다 상상력이 더 우월하다는 것이다. 더불어 '종합하는 힘'을 '연상의 흐름'보다 미학적으로 가치 있는 것으로 간주했다는 것을 확인할 수 있다.

콜리지는 '상상력'과 '공상력'을 구분했다. 그의 말에 따르면, 공상력은 시간과 공간의 질서를 벗어나 있는 변형된 기억의 한 유형에 불과하다. 상상력이 궁극적으로 주체와 객체의 합일에 다다르고 형상적 종합(융합)을 이루게 하는 힘인 데 반해, 공상력은 연상의 법칙에 따라 그저 기억들을 집합하는 힘으로 작용할 따름이라고 그는 생각했다. 이 구분 또한 위계적이다. 그는 상상력의 위대함을 융합을 가능하게 하는 힘이라는 데서 찾았다. 콜리지 상상력 이론에 토대를 둔 리처즈(I. A. Richards)는 "모든 예술에 있어서 상상력이 보여 주는 것은 단절된 충동의 굽이치는 소용돌이를 단일하고 정리된 반응으로 용해시키는 능력"이라고 말한다. 우리는 정현종의 한 시론(「詩의 자기동일성 ― 숨과 꿈」)을 통해서도 이 능력이 서정시의 본질로 말해지는 걸 볼 수 있다.

> 시의 언어를 유추적 언어라고 하는 것은 잘 알려진 얘기입니다만, 내가 나이면서 동시에 나무일 수 있는 공간이 시의 공간입니다. 다시 말하면 나와 나 아닌 것, 이것과 저것, 서로 다른 것들이 자기이면서 동시에 자기 아닌 것이 될 수 있는 공간이 시의 공간입니다. 시를 가리켜 예술과 역사, 인간과 자연, 성(聖)과 속(俗)을 연결하는 다리라고 하는 까닭도 그런 데 있을 것입니다.

그런데 그런 융합을 가능하게 하는 것이 꿈 또는 상상입니다.

그런데, 이쯤에서 '융합'과는 다른 원리를 작품 창작의 동력으로 내세우는 경우도 한번 살펴보자. 이를테면, 초현실주의의 시작법을 생각해 볼 수 있다. 초현실주의 활동은 「초현실주의 선언문」에도 드러나듯이 '자동기술법(혹은 자유연상 기법)'을 제안하고 주장하면서 전개되었다. '자동 기술'이란, 마치 반수면 상태에 놓여 있을 때같이 이성에 의한 어떠한 감시도 받지 않으며 심미적이거나 윤리적인 어떠한 관심도 완전히 벗어나 있는 상태에서 무의식과 욕망이 속삭이는 소리에 귀를 기울여 받아쓰는 걸 말한다. 이들은 꿈과 무의식의 세계를 유영하면서 이에 상응하는 시적 이미지들을 우연에 기대어 이끌어 냄으로써 이성적 논리와 사회적 실용성 혹은 윤리적 관습에 짓눌린 인간의 정신과 사고를 혁신하려 했다.

이들의 입장에서 보면, 리처즈가 말한 "충동의 소용돌이를 단일하고 정리된 반응으로 용해시키는 상상력"이란 미학적인 구속에 불과한 것이 된다. 초현실주의자들은 자유로운 예술적 상상력과 창조력을 제한하는 미학적인 규준을 벗어나기 위한 한 방법으로서 무의식의 흐름에 작가의 의지를 순응시키는 자동기술법을 내세우게 된 것이라고 할 수 있다. 이들이 제안한, 현실을 넘어서는(초(超)현실에 이르는) 한 방법은, 우리의 내면 저 깊숙한 곳에 가라앉아 있는 기억을 불러내는 것이었다. 이들은 '기억'과 '연상 작용'을 자유로운 상상력의 원천이자 방법으로 채용했다.

여기서, 우리는 '융합(종합)'과 '연상'의 작용을 위계화하지 않고, 상상력이 작동하는 두 가지 방향 혹은 방식으로 이해해 볼 수 있다. 또 '융합'으로 향하는 상상력을 '은유적인 상상력'이라고, '연상'으로 뻗치는 상상력을 '환유적인 상상력'이라고 부를 수도 있겠다. 은유와 환유에 관해선 5장으로 일단 미뤄 두자.

콜리지는 상상력을 '제1상상력'과 '제2상상력'으로 나누었다.

> 나는 상상력에는 제1상상력과 제2상상력 두 가지가 존재한다고 생각한다. 제1상상력은 인간의 모든 인식의 바탕이 되며 일차적인 동인(動因)이 된다. 제1상상력은 무한한 자아(Infinitive I AM) 안에서 이루어지는 영원한 창조 행위가 유한한 정신(자아) 안에서 되풀이되는 것이다. 제2상상력은 제1상상력의 메아리다. 제2상상력은 자각 상태의 의지(the conscious will)와 함께 존재하지만, 역시 후자와 같은 종류의 작용을 하며 다만 정도와 작용 양태에서 차이가 날 뿐이다. 제2상상력은 재창조를 위하여 분해하고 산포하며, 흐트러뜨린다. 그리고 어쨌든지 간에 이념화(Idealize)하고 통일하려고 몹시 애쓴다.

콜리지가 구분한 제1상상력과 제2상상력이 의미하는 바를 명확하게 규정하긴 어렵지만, 오세영의 독법을 따르면, 제1상상력은 (신과 같이 거룩하고 신성한 존재(infinitive I AM)의 영원한 창조 행위가 인간 안에서 되풀이되는 것이므로) 집단적이고 신화적인 상상력과 관련되고, 제2상상력은 (의식적인 의지와 함께 작용하는 것이므로) 개인적인 상상력과 연결된다. 오세영은 이 구분을 문학 작품의 보편성과 특수성의 문제에다 결부시켰다.[2] 문학 작품이 '구체적 보편성'을 지향한다면, 제1상상력과 제2상상력은 작품 안에서 변증법적인 마주침의 재발명을 이루어야 하는 두 개의 힘이라고도 할 수 있겠다. 무의식적인 직관과 의식적인 미적 의지가 마주쳐서 서로에게 흘러들어야 하듯이.

---

2 오세영, 「상상력」, 『문학연구방법론』(시와시학사, 1993), 342~349쪽 참조.

작품을 통해 본 '상상력'의 의미와 양상

여기에서는, 몇몇 작품을 실례로 들어 상상력의 의미와 양상을 유추해 보기로 한다. 그 끝에서 우리가 얻게 되는 건 '암호' 같은 것일지도 모른다. "내가 잠들면 시작되는/ 이 겨울밤의 자막은/ 내가 쓴 이름들과 기호들과/ 본 적 없는 빛의 알 수 없는 조합/ 나는 끝내 읽지 못한다"(강성은, 「환상의 빛」). 그렇지만 그 암호가 우리의 상상력을 자극하고 충동질한다면, 암호를 풀려고 끙끙대기보다는 상상력의 초대를 기껍게 받아들이는 것도 괜찮지 않을까.

> 환상이라는 이름의 驛은 동해안에 있습니다. 눈 내리는 겨울 바다 ─ 거기 하나의 암호처럼 서 있습니다. 아무도 가 본 사람은 없습니다. 당신이 거기 닿을 때, 그 驛은 총에 맞아 경련합니다. 경련 오오 존재. 커다란 하나의 돌이 파묻힐 때, 물들은 몸부림칩니다. 물들의 연소 속에서 당신도 당신의 몸부림을 봅니다. 존재는 끝끝내 몸부림 속에 있습니다. 아무도 가 본 사람은 없습니다. 푸른 파편처럼, 바람 부는 밤에 환상이라는 이름의 驛이 보입니다.
>
> ─이승훈, 「암호」

어린 시절 우리는 '만약 ~이라면'과 같은 공상의 형식에 종종 빠져 보았을 것이다. 이를테면, "이 지구가 우주의 난간이라면/ 나는 지금 펄럭이는 하얀 빨래의 위치에 서 있죠", "이 지구가 우주의 간장 종지라면 오늘은 저 별들을 찍어 먹을래요", "이 지구가 우주의 눈물 한 방울이라면 오늘은 우산을 쓰고 초원으로 가야죠", "이 지구가 우주의 도시락이라면 치즈 한 덩이는 지도에 싸서 배낭에 넣고 떠날래요."(김소연, 「이 지구가 우주의 도시락이라면」). 지구를 뚫고 나갈 듯이 깊은 '토끼굴'에 떨어졌든, '눈물 연못'에 빠졌든, 몸이 작아졌다 커졌다 했든, 억울하게 오해를 받고 누명을 썼든, '이상한 나라'에서 일상으로 돌아온 앨리스는 '멋진 꿈'을 꾸었다고 생각했다. "환상이라는 이름의 역"에, 천진하고 용감한 앨리스에게 제발 총을 겨누지 말자.

한 시인이 자신의 첫 시집(하재연, 『라디오 데이즈』)에 붙인 짧은 산문을 여기다 베껴 놓기로 한다. "지구 어느 편에 있는지 잘 모르는 나라들의 길고 뜨거운 이름들이 좋았다. 뾰족하고 높은 성을 탈출하던 소녀의 파란 머리카락이 떠오른다. 창밖으로 치렁하게 늘어뜨려진 머리카락, 그건 소녀나 마귀할멈과는 상관없이 살아 움직이며 빛나고 있는 것만 같았다. 난 정말로 그 그림을 보았던 걸까. 두고 온 눈동자를 찾으러 돌아가면 먼지를 묻히고 굴러다니던 속눈썹이 반짝, 눈을 떴다가는 책꽂이 사이로 숨어 버렸다. 눈 속에 무릎까지 소복소복 파묻히며 책장이 넘어갔다. 창틀이 정말로 여러 개였다. 한 개의 창문으로 뜨거운 햇볕이 내리쬘 때 다른 세 개의 창문에서는 별이 떴다. 그곳을 눈 내리는 만화가게라고 부른다. (……) 아무렇지도 않은 상상이 현실에서는 시적이고 정치적인 메타포가 된다. 이 상상과 정치 사이, 또는 그걸 넘어 내가 가고 싶은 나라의 이름을 언제쯤 써 볼 수 있을까."

A 아웃사이더: 광인, 집시

김수영의 한탄을 혹시 기억하는지 모르겠다.(1장) "우리의 주변에서는 기인이나 바보 얼간이들이 자유당 때하고만 비교해 보더라도 완전히 소탕되어 있다."고 그는 시절을 한탄했다. 그는 '죽은 시인의 사회'의 증후를 읽은 것이다.

왜? 그가 말하는 "기인이나 집시나 바보 멍텅구리", "요강, 망건, 장죽, 종묘상, 장전, 구리개 약방, 신전,/ 피혁점, 곰보, 애꾸, 애 못 낳는 여자, 무식쟁이,/ 이 무수한 반동"(「거대한 뿌리」)들은 한 사회가 그 중심에서 밀어낸 아웃사이더들을 가리킨다. 어떤 아웃사이더들은 좋게 말해 '기인'이고, 나쁘게 말하면 "바보 얼간이"로 불린다. 많은 예술가들이 이 아웃사이더를 자청한다. 그들은 기존 사회의 공식 이데올로기나 윤리적 관습의 틀을 뛰어넘을 수 있는 정신 혹은 영혼의 자유를 꿈꾼다. 상상력은 바로 그러한 정신 혹은 영혼에 더 강력하게 깃들어 있다고 여겨져 온 힘이라고 할 수 있다. 따라서 특별한 상상력의 소유자는 기존 사회의 질서에 길들여지는 않는 '집시'나 '광인'과 같은 유의 사람들로 표상되는 경우가 많았다.

어떤 작가들은 집시나 광인과 같은 표상에 예술가의 초상을 오버랩시키기도 한다. 이쯤에서 김동인의 소설 「광염 소나타」 같은 작품을 떠올려 봐도 좋겠다. 한 시인은, 정신병원의 견고한 창살 안에서 창살 너머 사람들을 향하여 연거푸 웃고 있는 한 정신병자의 정신세계를 창살이 없는 '상상의 왕국'에 빗대기도 했다. 현실 세계(이성의 왕국)와의 회로가 끊긴 광인의 머릿속에서야말로 "생각들은 상상의 날개를 달고 마음껏 날아다닌다"(배용제, 「폐쇄 회로」). 이 광인은 한 시인의 자화상일 수도 있다. 광기를 정신병으로 규정한 근대인은 더 이상 광인과 교통할 수 없다. 푸코의 논리로 말하면, 광기가 질병으로 규정되는 지점에서 작동하고 있는 것은 이성과 이성 아닌 것을 분리시키는 '이성의 독백'이다. 세상의 현실 논리는 한 시인의 상상력을 정상인의 것으로는 허용하지 않는다. 그러니까 시인들은 종종 광인 혹은 집시, 바보 얼간이를 자처하게 되는 것이다.

여기서 읽어 보려고 하는 시는 기형도의 「집시의 시간」이다.

1

우리는 너무 어렸다. 그는 그해 가을 우리 마을에 잠시 머물다 떠난 떠돌이 사내였을 뿐이었다. 그러나 어른들도 그를 그냥 일꾼이라 불렀다.

2

그는 우리에게 자신의 손을 가리켜 神의 공장이라고 말했다. 그것을 움직이게 하는 것은 굶주림뿐이었다. 그러나 그는 항상 무엇엔가 굶주려 있었다. 그는 무엇이든지 만들었다. 그는 마법사였다. 어떤 아이는 실제로 그가 토마토를 가지고 둥근 금을 만드는 것을 보았다고 말했다. 그가 어디에서 흘러 들어왔는지 어른들도 몰랐다. 우리는 그가 트럭의 고장, 고등어의 고장 아니, 포도의 고장에서 왔을 거라고 서로 심하게 다툰 적도 있었다. 그는 모든 것을 알고 있었다. 저녁때마다 그는 농장의 검은 목책에 기대앉아 이상한 노래들을 불렀다.

모든 풍요의 아버지인 구름
모든 질서의 아버지인 햇빛
숲에서 날 찾으려거든 장화를 벗어 주어요
나는 나무들의 家臣, 짐승들의 다정한 맏형

그의 말은 누구도 이해할 수 없었다. 어른들은 우리들에게 호통을 쳤다. 그는 우리의 튼튼한 발을 칭찬했다. 어른들은 참된 즐거움을 두려워하기 때문이란다. 그들은 세상을 자물통으로 만들고 싶어한다. 그러나 세상은 신기한 폭탄, 꿈꾸는 部族에겐 발견의 도화선. 어느 날은 비에 젖은 빵, 어떤 날은 작은 홍당무를 먹으며 그는 부드럽게 노래 불렀다. 우리는 그때마다 놀라움에 떨며 그를 읽었다.

나는 즐거운 노동자, 항상 조용히 취해 있네

술집에서 나를 만나려거든 신성한 저녁에 오게

가장 더러운 옷을 입은 사내를 찾아 주오

사냥해 온 별

모든 사물들의 圖章

모든 정신들의 장식

랄라라, 기쁨들이여!

過誤들이여! 겸손한 친화력이여!

추수가 끝나고 여름 옷차림 그대로 그는 읍내 쪽으로 흘러갔다. 어른들은 안심했다. 그러나 우리는 벌써 병정놀이들에 흥미를 잃고 있었다. 코밑에 수염이 돋기 시작한 아이도 있었다. 이상하게도 우리는 한동안 그 사내에 대해 한마디도 말하지 않았다. 오랜 뒤에 누군가 그에 관한 이야기를 꺼냈을 때 우리는 이미 그의 얼굴조차 기억하기 힘들었다. 상급반에 진학하면서 우리는 혈통과 교육에 대해 배웠다. 오래지 않아

3

우리는 완전히 그를 잊었다. 그는 그해 가을 우리 마을에 잠시 머물다 떠난 떠돌이 사내였을 뿐이었다. 어쩌면 그는 우리가 꾸며 낸 이야기였을지도 몰랐다. 그러나 나는 저녁마다 연필을 깎다가 잠드는 버릇을 지금까지 버리지 못했다.

이 시는, 아주 어렸을 때, 어느 가을 우리 마을에 잠시 머물다 떠난 떠돌이 사내에게 바치는 시다. "자신의 손을 가리켜 神의 공장"이라고 말하고, "세상은 신기한 폭탄, 꿈꾸는 부족에겐 발견의 도화선"이라고 노

래하던 떠돌이 사내. 우리들이 그에게 매료당했을 때 어른들은 우리를 야단쳤고, 추수가 끝나고 여름 옷차림 그대로 그가 어디론가 떠났을 때 어른들은 안심했다. 이 사내는 어린이의 영혼과만 소통된다. 그렇지만 우리가 상급반에 진학하면서 혈통과 교육에 대해 배우고 차츰 사회화되면서 그는 우리의 기억 속에서조차 추방되어 버린다. 그가 말했던, 어른들이 두려워하는 "참된 즐거움"이란 무엇이었을까. 혈통과 교육의 세계에서 추방해야 했던 참된 즐거움이란 무엇이었을까. 어른이 된 나는 이제 "그는 우리가 꾸며 낸 이야기"였을지도 모른다고 생각한다. 나는 어른이 되었지만, 떠돌이 사내에게 혹은 "꾸며 낸 이야기"에 매혹되었던 즐거운 시절에 얻게 된 한 가지 버릇을 버리지 못했다. 나는 지금도 저녁마다 연필을 깎다가 잠든다. 나의 '연필깎이'의 습관은 잃어버린 '집시의 시간'에서 유래되었다. "나는 나무들의 家臣, 짐승들의 다정한 맏형"이라고, 떠돌이 사내를 따라 흥얼거릴 수 있었던 집시의 시절에 나는 처음 연필을 쥐었던 게다. 이 '연필'로 나는 시를 쓰는 사람이 된 건 아닐까. 혈통과 교육의 이데올로기 속에서는 황당하기만 할 뿐인 시를.

그러나 유년의 어느 구석에서도 '집시의 시간'을 불러낼 수 없는 시인도 있다. "상급반에 진학하면서" 혈통과 교육이 존재를 장악하는 것이 아니라, 그는 '에듀케이션'의 세계 속으로 태어난 자이기 때문이다. 에듀케이션의 세계 바깥을 생각할 수 없는 한 시인은 에듀케이션의 세계 속에서 시의 시간과 영혼을 훼손시키지 않으면서 보존하고 양육하기 위해 이 속화된 세계를 들쑤시고 가로지른다. 김승일은 「에듀케이션」이라는 시에서 "딸아이를 낳아서 키우고 싶다."고 했다. 그리고 다음과 같이 썼다.

기대가 좋아서 릴케가 좋아. 온 평생을 기다리고 기다리다가. 발레리를 만나고 끝났다는 말. 릴케야, 너가 그랬지. 끝이 난 줄 알았다고 너가 썼잖아. 끝이 다시 저 멀리 달아났나 봐? 네가 쓴 문장은 그렇게 읽혀.

"딸아이를 낳아서 키우고 싶다." 김승일의 이 문장은 『에밀』을 썼던 루소를 떠올리게 한다. 에밀이라는 문학적 아들을 생산하고 양육한 루소는 인생을 처음부터 다시 시작하고 싶은 불가능한 욕망에 사로잡힌 사람처럼 보인다. 물론 김승일이 낳아서 키우고 싶은 딸은 아빠의 과거를 고쳐 쓰고 다시 쓰는 존재가 아니다. 그는 딸아이에 대한 획기적인 교육 비전이나 프로그램을 구상하지 않는다. 그에게 딸아이는 미래의 시간이며 기대와 기다림의 시간이다. 릴케가 발레리의 시집에서 기다리던 시를 보았듯이, 그리고 그 기다림이 다시 미래로 달아나듯이, 그렇게 '기다림'은 한 존재를 키운다. 도래하지 않은 것을 기다리는 것, 그것이 이 시인이 말하는 '시적 에듀케이션'일 것이다. "내 방에. 방공호에 드러누워서. 나는 배웠습니다. 고요한 눈물. 기다렸습니다. 중요한 것을." 우리가 시를 좋아한다면, 그것은 "기대가 좋아서"가 아닐까.

B 아래로: 잠과 무의식

프로이트 이전에도, 많은 작가들이 꿈의 작용에 관심을 가졌다. 70세의 프로이트는 이렇게 고백했다. "내 이전에 시인과 철학자들이 무의식을 발견했습니다. 내가 발견한 것은 무의식을 연구하는 과학적 방법이었습니다." 프로이트 이후에, 꿈은 무의식의 언어로 조명되었다. 우리가 자각할 수 있는 '의식'이란 빙산의 일각에 불과하고, 의식화되지 않는 '무의식'이 출렁이는 파도 밑 거대한 얼음덩어리와도 같이 도사리고 있다. 억압되어 있는 무의식은 꿈의 통로를 빌려 새어나오기도 한다. 그렇지만 무의식은 맨 얼굴을 내밀지 않고 언제나 그 전언을 교묘하게 비틀거나 감춘 채로 현상된다. 프로이트는 '무의식의 언어'를 '이성의 언어'로 번역해 내고자 했다. 그러면 시인은?

  '잠'은 일차적으로 생물학적인 현상이지만, 동시에 특이한 심리적인 경험을 동반한다. 우리는 잠을 자면서 원초적이면서도 낯선 심리를 만나게 된다. 그 원초적이면서도 낯선 심리적 장소를, 잠(꿈)을 통하든 그렇지 않든 간에, 시인들은 상상했고, 또 그 자리를 상상력의 원천으로 여기기도 했다. 자, 이제 한 사내가 침대 안으로 들어간다. 박해람의 「낡은 침대」다.

    모든 힘이 빠진 한 사내가 후줄근하게 돌아와
    꽤 오래되고 낡은 충전기 안으로 들어간다.
    그의 몸에 딱 맞는 배터리
    푹신하고 깊은 잠이 넘쳐나는 낡은 침대 안으로
    안경을 벗고 조용히
    그의 관절들이 혁대를 풀고 잠든다.
    얇은 모기장과, 빛의 속도로 몇 억 광년쯤 날아온 듯한 낮은 스탠드 불빛.
    그러고 보니 저 낡은 침대와 연결된 코드는
    대기권 밖인지도 모른다.

    몇 번의 뒤척임으로 사내는 온몸에
    잠을 골고루 바른다.
    신선하고 맑은 힘이 온몸으로 퍼진다.
    지지직거리는 몇 마디의 잠꼬대가 몸 밖으로 버려지고
    꿈과 꿈들 사이에 부드럽고 말랑한 연골이 채워진다.
    피로와 힘겨움 같은 것들을 밤새 먹어 치우는 거대한 짐승.

결국, 저 사내도 언젠가는 저 침대의 먹이가 될 것이다.

간혹, 삐걱이며 새어 나오는 전류
버려진 꿈들의 폐기장
산더미처럼 쌓인 저 권태와 피곤함이 배여 있는 덩어리.
점점 충전 속도가 떨어져
다시 이불 속으로 파고드는 저 사내
어쩔 수 없이 낡은 침대의 배후가 되어가는 저 사내.

'침대'는 '충전기'에 빗대어진다. 이 비유의 설정은 한 사내를 '기계' 이미지에 연결시킨다. 한 사내를 권태와 피곤에 절게 만든 일상과 노동의 속성이 아마도 기계적인 것이었으리라. 여기서, 우리 시대에 '잠'은 배터리를 충전하는 일이라는 비유를 얻게 된다. 사내는 점점 더 피곤을 느끼고 더 많은 잠을 필요로 한다. 사내는 "점점 충전 속도가 떨어"지고 있는 낡은 기계다. 언젠가는 망가진 기계처럼 사내는 이 권태롭고 피곤한 생을 멈추게 될 것이다. 이 시에서의 잠은 일차적으로 생물학적인 현상이라기보다는 기계론적인 현상으로 표현된다.

그러나 잠은 노동의 에너지만을 공급하는 것이 아니다. 다시 말해, 잠에는 도구적인 기능만 있는 게 아니다. 잠은 그 자체로 "신선하고 맑은 힘"이며 "꿈과 꿈들 사이에 말랑한 연골"이 이어져 있는 충만한 세계다. 때문에 얇은 모기장이 쳐져 있고 스탠드 불빛이 비추는 낡은 침대는 우주적인 상상력과 연결될 수 있다. "얇은 모기장과, 빛의 속도로 몇 억 광년쯤 날아온 듯한 낮은 스탠드 불빛. 그러고 보니 저 낡은 침대와 연결된 코드는 대기권 밖인지도 모른다." 그렇다면, "다시 이불 속으로 파고드는 저 사내/ 어쩔 수 없이 낡은 침대의 배후가 되어가는 저 사내"는 대기권 밖에서 우주 미아처럼 떠다니고 있을지도 모를 일이다.

다음 시에는, 우물 속을 들여다보는 한 사람이 있다. 혹시 윤동주의 「자화상」을 떠올렸을지도 모르겠다. 그런데, "우물 속에/ 샘이 있다"고 한다. 그러니까, 심재상의 「상상의 힘」이란 시는 '우물 속 샘'을 상상하는 것에 대해서 얘기한다.

우물 속에
샘이 있다

퍼내도 마르지 않고
덮어도 넘치지 않는
하늘이 있다
죽음이 있다

자신을 만나면 자신을 죽이고
자식을 만나면 자식을 죽이는
욕망이 있다
절망이 있다

우물가에 가지 마라 우물 속에는
우물 속을 상상하는 그대가 있다

윤동주가 그랬듯이, 우물을 들여다보는 것은 '나'를 들여다보는 일이다. 그렇다면, '우물 속의 샘'을 상상하는 일은? 그건, 내게 감추어져 있는 나, 우물의 밑바닥, 프로이트식 용어로 하면 '무의식'을 상상하는 일이라고 할 수 있다. 이 샘은 거대하다. "하늘"이 있고 "죽음"이 있고 "욕망"이 있고 "절망"이 있다. 시인은 "우물가에 가지 마라"라고 경고한다. "우물 속에는/ 우물 속을 상상하는 그대"가 있고, 그 상상은 하늘과 죽음, 욕망과 절망에 닿아 있다. 이 상상의 힘은 두렵지만, 그것은 내 자신에 대한 두려움이다. 그러므로 이 두려움을 통과하고야, 나는 진정 자유로워질 수 있을지도 모른다. 물론 치명적인 일이 될 수도 있다. 우물 속의 샘, 내가 감춘 나를 상상하는 일은 그래서 '파르마콘'(pharmakon: 플라톤이 글쓰기를 나타내는 말로 자주 썼던 낱말이다.) 같은 것이라고 할 수 있다. 약이면서 동시에 독이기도 한. "서른여섯 살의 악마가 다가와 열두 살의 나를 지목할 때", "검은 칼을 든 악마가 열두 살의 목을 내리칠 때", "귓속의 매미는 잠들지 못"하고(황병승,「死産된 두 마음」) 내 혀에서는 파르마콘이 녹고 있다. 그것은 약이 될까, 독이 될까.

C 위로: 새(발)와 새장(구두)

    그들은 나뭇잎 날개를 달고 하늘로 날아오른다. 석양 속에서 나무의 깃털 붉게 부풀어 오른다. 천천히 돌기 시작하는 나뭇잎, 나무 환풍기. 일제히 눈 뜨는 수백의 눈동자, 충혈된 나뭇잎들.

—장석원,「이카루스 나무」부분

    1949년에 발견된 '이카루스'라는 소행성은 태양에 가장 가까이 접근하는 소행성으로 그리스 신화의 한 소년에게서 그 이름을 얻었다. 이카루스. 새들이 떨어뜨린 깃털을 주워 밀랍으로 붙여 만든 날개를 달고 미노스의 미궁으로부터 탈출했는데, 그만 너무 높이 날아오르는 바람에 태양열에 밀랍이 녹아 버려 바다에 떨어져 죽고 말았다는 그 소년. 누군가는 그 소년의 욕망과 어리석음을 비웃고 경계하라지만, 어쩐지 시인들은 소년 이카루스의 꿈과 그 비극까지 사랑하는 족속인 것 같다. 쯧쯧쯧, 어디선가 그런 소리가 들리는 것 같다.

흔히 '상상의 날개'라는 말을 쓴다. 진부하지만, 여전히 상상력을 설명하는 데 효과적인 수사다. 상상력은 미노스의 감옥과 같이 빠져나올 수 없는 현실의 구속을 벗어나려고 하는, 혹은 훌쩍 벗어난 힘을 동력원으로 삼아 펼쳐질 때가 많다. 상상력은 그래서 '노동'의 세계 반대편에 있는 '놀이(유희)'의 세계와 더 잘 어울린다.

여기서 읽어 보려고 하는 시는 송찬호의 「구두」다. 하나 마나 한 소리지만, 우리는 '날개'를 달고 날아다니는 게 아니라 '구두'를 신고 걸어 다닌다. 이건 생물학적인 조건이다. 그런데 이 시 어딘가엔 '날개'가 있다. 한번 찾아보자.

나는 새장을 하나 샀다
그것은 가죽으로 만든 것이다
날뛰는 내 발을 집어넣기 위해 만든 작은 감옥이었던 것

처음 그것은 발에 너무 컸다
한동안 덜그럭거리는 감옥을 끌고 다녀야 했으니
감옥은 작아져야 한다
새가 날 때 구두를 감추듯

새장에 모자나 구름을 집어넣어 본다
그러나 그들은 언덕을 잊고 보리 이랑을 세지 않으며 날지 않는다
새장에는 조그만 먹이통과 구멍이 있다

그것이 새장을 아름답게 하는 것인지도 모른다

나는 오늘 새 구두를 샀다
그것은 구름 위에 올려져 있다
내 구두는 아직 물에 젖지 않은 한 척의 배,

한때는 속박이었고 또 한때는 제멋대로였던 삶의 한켠에서
나는 가끔씩 늙고 고집센 내 발을 위로하는 것이다
오래 쓰다 버린 낡은 목욕통 같은 구두를 벗고
새의 육체 속에 발을 집어넣어 보는 것이다

나는 구두 한 켤레를 사 놓고선 새장을 샀다고 말한다. 구두가 새장이라면(용기), 발이 새인 셈이다(담겨진 사물). 그러니까 발에 날개가 달린 게 된다. 날개는 바로 여기에 있다. 아마 이 '날개 달린 발'은 영혼의 변덕을 쫓아 이곳저곳을 꽤나 돌아다녔을 게다. 발은 우리의 물리적인 위치를 변화시켜 주는 신체 기관이다. 그래서였을까? 기형도의 시 「집시의 시간」에서, 떠돌이 사내는 아이들의 튼튼한 발을 칭찬했다. 발에 신겨진 구두는 이 발의 자유를 속박하는 '새장'이자 '감옥'에 비유된다. 여기에서 '구두'는 어린이(자연인)가 아닌 어른(사회인)으로서의 표식이다. 구두를 신고 산다는 건 상상력이 아니라 이성의 논리로 산다는 걸 뜻한다. '구두'는, 이 사회가 표방하는 공식 이데올로기, 법률, 관습, 윤리 등등으로 짜인 현실적인 환경 자체라고도 할 수 있다. 나는 구두(새장)에 상상력의 계기가 될 만한 "모자나 구름을 집어넣어" 보기도 하지만, 사람들은(새들은) "언덕을 잊고 이랑을 세지 않으며 날지 않는다". 새장 속엔 "먹이통과 구멍"만이 적합할 뿐이다.

그런데, 이 시에는 전혀 다른 '구두'도 있다. 나는 다시 새 구두를 샀다. 이 구두는 "구름 위에 올려져 있다". 이 구두는 "구름 위에 올려져 있"는 것, "아직 물에 젖지 않은 한 척의 배"와 같은 이미지와 결합하면서 전혀 새로운 의미를 획득한다. 언젠가 내 발의 날갯짓으로 구름 위에 다다르게 된다면, 신어도 좋을 구두. 완벽한 상상의 구두. 나는 이제 "새의 육체 속에 발을 집어넣어" 본다. 다시 말해, '발' 속에 '발'을 집어넣어 보는 것이다. 자, 날아오를 수 있을까?

나룻배를 한 척 샀어요
강을 건너는 일보다
굽이를 따라 흐르는 일이 많았어요

내가 자라면서 나룻배는 구두가 되었어요
나는 구름까지 닿았어요

(중략)

나는 나룻배 대신 내 몸을 조금씩 지불했어요
내 몸은 점점 가벼워져
소문이 되었다가 전설이 되었어요

둥근 달이 물의 살갗을 물어뜯는 밤이면
나룻배를 샀어요
내 몸을 조금씩 지불했어요

——이민하, 「나룻배를 샀어요」 부분

"나룻배는 구두가 되"고 "나는 구름까지 닿았"는데, 그 나룻배를 얻은 대가로 나는 몸을 지불해야 한다. "둥근 달이 물의 살갗을 물어뜯"듯이(이 풍경은 아름답고) 내 몸을 물어뜯는 것은(이 풍경은 참혹하다) 무엇일까. 그렇게 몸이 뜯기고 사지가 잘리면서 그녀는 『환상수족』(이민하 시인의 첫 시집)을 얻었을까. 어쨌든, 구름까지 닿는 나룻배를, 상상의 구두를 가질 수 있다면 기꺼이 몸을 내놓겠다고 그녀는 말하는 것 같다. '환상수족(幻想手足)'을 사랑하고 그 '환지통(幻脂痛)'까지 껴안겠다고 그녀는 말하는 것이다.

'현실의 구두'와 '상상의 구두' 사이에, "한때는 속박이었고 또 한때는 제멋대로였던 삶"의 드라마가 펼쳐져 있다. 상상의 욕망, 비약과 초월의 욕망으로 좌절과 성취의 파노라마를 엮어 보이는 일은, 한편으론 이 욕망을 억압하는 현실 논리의 경직성과 부자유성을 드러내고 이에 대항하는 행위가 되기도 한다. 어떤 한 시인은 "중력은 나는 새도 떨어뜨린다."라고 말한다. 이때, 중력이란 막강한 현실의 힘이자 논리다. 그렇지만, 나는 새도 떨어뜨리는 현실의 위력을 "알면서도 솟구치는 미친 피의 운명을" 시인은 자신의 것으로 받아들이고 실천하려고 한다. 이렇게 '솟구침'의 수사학에는 완전한 자유를 꿈꾸는 불완전한 인간의 운명적인 갈증과 갈망이 내포되어 있다.

    치솟는 것들은 알고 있겠지
    발광하던 애비는 이후로 잠만 잔다는 걸
    重力은 나는 새도 떨어뜨린다는 걸
    분수는 잘 알고 있겠지
    알면서도 솟구치는 미친 피의 운명을
            —김중식, 「重力은 나는 새도 떨어뜨리고」 부분

4 기억

기억과 진실

 이런 상황을 가정해 보자. 우연히 10년 만에 만나게 된 남녀가 있다. 10년 전 이들은 연인이었다. 찻집에서 이들은 연애 시절의 추억에 대해 얘기를 나누게 된다. 아무도 거짓말 같은 건 하지 않지만, 추억의 디테일은 뜻밖에 꽤 다를 것이다. 누구 말이 사실인지에 대해선 그들까지 포함해서 아무도 판단할 수 없다. 어디 디테일에서뿐이랴. 어떤 한 사람에겐 너무도 의미심장했던 말이나 사건을 다른 사람은 기억조차 못한다. 어, 그런 일이 있었던가? 이들은 서로 다른 추억을 가지고 있는 것이다.
 기억은 주관적이다. 기억하고 싶은 것과 기억하고 싶지 않은 것에 대해 기억이 작용하는 양상은 매우 다르다. 프로이트식으로 말하면, 결코 기억하고 싶지 않은 것은 무의식에 저장되어 의식의 표면에 떠오르지 않는다. 기억은 선택할 뿐만 아니라 왜곡과 수정을 하기도 한다. 또한 기억은 맥락을 구성해 내고 이미지를 생성해 낸다. 그리고 기억은 세월에 덮여 희미해지기도 하고, 반대로 자주 반추됨으로써 더욱 또렷해지기도 한다. 그러니, 어떻게 같은 추억이 있을 수 있겠는가.

기억의 이러한 양상은 개인적인 수준에서만 발생하는 건 아니다. 르고프(Jacques Le Goff)의 말대로, 집단 기억의 경우에는 사회 세력들 간의 권력 투쟁이 반영되어 있다. 즉, 권력 계급은 기억되어야 할 것과 망각되어야 할 것을 공식적으로든 비공식적으로든 결정하는 계급이라 할 수 있는데, 역사에 의해 잊히거나 언급되지 않은 것들은 집단 기억의 이 같은 면모를 짐작게 해 준다. 기억과 망각의 변증법을 통해 역사는 다시 쓰인다.[1] 기억해야 할 과거도, 망각되어야 할 과거도 계속해서 변해 왔다.

내 기억과 당신의 기억이 엇갈릴 때, 한 집단과 다른 집단의 증언이 전혀 다를 때, '사진'은 기억의 보조 자료로 나아가 사실의 판단 근거로 사용되기도 한다. 사진기는 거짓말을 하지 않는다고 사람들은 말한다. 재현의 정확도에서 사진은 기억의 한계를 쉽게 넘어선다. 그렇지만 사진은 거짓말을 안 하듯이 해석도 하지 않는다. 그리고 놀라운 사진 기술은 일종의 편집을 통해 거짓말 같지 않은 거짓말의 (사실보다 더 사실적인) 리얼리티를 만들어 낸다. 어쨌든, 시인 함성호의 말처럼 "사진은 그 보여 주기로 인해 가장 강한 서술성을 획득하고 있지만 반면, 그로 인해 가장 의도의 서술성에 감염되기 쉬운 매체다." 그의 경험이 짙게 배어 있는 사례를 들어 보기로 하자.

80년 광주항쟁을 보도한 당시의 한 신문 사진은 그 시기에 고등학생이었거나 대학 초년생인 60년생들에게 두 가지 상반된 의미를 주었다. 즉 당시의 사진 설명은 '트럭을 탈취한 광주의 폭도들'이었다가 60년생들이 대

---

[1] Jacques Le Goff, *History and Memory*(New York: Columbia University Press, 1992), pp. 51~99 참조.

학에서 공부한 81년에서 군에서 제대하고 복학해서 졸업한 87, 88년까지 폭동, 사태, 의거, 민주화운동을 거쳐 당시의 보도 사진은 '항거하고 있는 시민군'으로 그 서술적 의미가 변해 있었다는 사실이다. '폭도'로서의 사진은 으스스한 상징이었다가 '시민군'으로서의 사진은 가슴 뜨거운 흥분이었다.

이렇게 사진은 현장을 위조하지 않고도 진실을 왜곡하는 데 결정적인 기여를 한다. 왜냐하면 사진은 그냥 보여 줄 뿐 대개는 주어진 서술 의미에 급격히 동조해 버리기 때문이다.

그러니, 사진은 기억을 보충하거나 기억의 오류를 교정해 줄 수도 있겠지만, 오히려 기억을 엉뚱하게 혹은 교묘하게 조작하고 오도할 수도 있다. 개인적인 수준에서뿐만 아니라 집단적인 층위에서도.

사진기가 수월하게 넘어서는 기억의 한계는 동시에 기억의 힘이 될 수 있다. 기억과 망각의 변증법으로 역사가 계속해서 다시 쓰이듯이, 개인적인 수준에서도 이 변증법적 다시 쓰기는 반추를 통해 그리고 새로운 경험을 계기로 해서 계속 수행된다. 진실은 확정적이고 유일한 것이라기보다는 이 과정을 통해 감추어지면서 드러나고, 다시 다르게 감추어지면서 다르게 드러나는 '진행형'의 것이 아닐까.

기억과 정보

기억이 정보량과 거의 비례했던 시대가 있었다. 달리 말하면, 이때는 '기억술'이 지식 습득의 주요한 원천이 되었다. 많은 것을 기억하고 있다는 것은 많은 것을 아는 것이고 남들보다 더욱 현명하고 심오하다는 것을 말해 주는 것일 수 있었다. 그러므로 플라톤은 이렇게 말한다. "우리는 잘 잊어버리는 혼을 능히 지혜를 사랑할 사람들로 받아들이지 말고, 그럴 혼은 기억력이 좋아야 한다는 걸 전제하고서 찾도록 하세나."(『국가』, 485d) 중세 시대에도 기억술은 성직자나 학자들에게 매우 중요하게 여겨졌다. 이들은 기억 전문가(memory man)였다고 할 수 있다.[2]

오늘날 우리 시대로 돌아와서 얘기해 보자. 인공두뇌학과 생물학의 발전은 사람들에게 컴퓨터의 기억에 대해 말하며 DNA의 비밀을 유전을 위한 기억으로 제시한다. 우리 시대에 '기억'은 지극히 과학적인 용어일 수 있다. 우리는 일상적으로 컴퓨터 마우스를 클릭하면서 쉽게 정보를 취득하고 또한 편집할 수 있게 되었다. 노래방 기기 앞에서 노래를 부르게 되자, 우리는 노래 가사를 외울 필요를 그다지 느끼지 못하게 되었다. 정보 과잉의 시대에 기억의 능력은 특별히 존중받을 만한 게 못된다. 개인의 빈약한 기억을 대신하여 엄청난 양의 정보가 기계 속에 저장되어 있으니까, 우리는 컴퓨터의 기억을 잘 활용할 수만 있으면 된다. 컴퓨터야말로 우리 시대의 기억 전문가라고 할 수 있겠다.

다음 시는, '기억'에 대한 시대적 감수성(망탈리테)의 한 면모를 예각적으로 보여 준다. 16비트를 넘어 32비트, 64비트……로 진화하는.

나의 사유는 16비트 컴퓨터의 스위치를 올리는 순간부터 작동된다
모니터의 녹색 화면에 불이 켜지고

---

[2] 르 고프의 설명에 따르면, 중세 때 중시되었던 '암기'는 글이 아니라 머릿속에 새겨지는 것이라는 점에서 분명 구두 기억(口頭記憶)과 강한 유대를 갖는 것임에 틀림없지만, 고대의 기억이 많은 창조적 자유를 누린 것에 비해 중세 시대의 암기를 통한 기억은 훨씬 축어적이고 반복적인 성격을 갖는다는 점에서 문자 기억에 기반을 두고 있는 구두 기억이라 할 수 있다. 토마스 아퀴나스는 기억에 관련하여 네 가지 규칙을 세웠다. ① 기억에서 감각과 경험은 중시되어야 한다. 기억은 육체와 연결되어 있다. ② 기억은 일정한 질서나 체계 속에서 이루어져야 한다. 기억은 이성이다. ③ 기억하고자 하는 대상에 대해 강한 애정과 관심을 가져야 한다. ④ 우리는 기억하고자 하는 것들에 대해서 자주 명상해야 한다. 왜냐하면 습관은 곧 천성에 가까운 것이기 때문이다.

뇌하수체의 분비물이 허용치를 넘어 적신호를 올릴 때까지
키보드를 두드리는 나의 손은 검다
부화되지 못한 욕망과 도덕적 관점에서 비난받아 마땅한
내 개인적 삶의 흔적은
컴퓨터 파일 〈삭제〉 키를 누르기만 하면 사라진다
나의 하루는 컴퓨터 스위치를 올리는 것
그리고 끊임없이 기록하고 기억을 저장시키는 것
세계는, 손안에 있다
나는 컴퓨터 단말기를 통하여 지상의 모든 도시와
땅 밑의 태양 그리고 미래의 태아들까지 연결된다
나의 두 눈은 환히 불을 켜고 있는 TV
나의 심장은 거대하게 돌아가고 있는 공장의 발전실
모든 것은 개인용 컴퓨터의 스위치를 올려야만 움직이기 시작한다
전기를 공급하는 것은 그러나 그대의 의지
나는, 내 몸속으로 힘을 공급해 주는 누군가에 의해 사육된다

—하재봉, 「비디오 / 퍼스널 컴퓨터」

① '나의 사유는 컴퓨터의 스위치를 올리는 순간부터 작동된다'고, ② '모든 것은 개인용 컴퓨터의 스위치를 올려야만 움직이기 시작한다'고, 한다. 첫 번째 ①, 나는 개인적인 삶의 흔적들을 컴퓨터에 끊임없이 기록하고 기억을 저장시킨다. 시도 쓰고, 낙서도 하고, 에세이도 쓰고, 일기도 쓰고, 편지도 쓰고…… 하면서. 그리고 "부화되지 못한 욕망과 도덕적 관점에서 비난받아 마땅한/ 내 개인적 삶의 흔적은/ 컴퓨터 파일 〈삭제〉 키를 누르기만 하면 사라진다". Delete 키의 위력에 대해선 다들 경험해 봤을 게다. 두 번째 ②, 세계는 컴퓨터 안에(그러므로 키보드를 두드리는 혹은 마

우스를 클릭하는 '손안에') 있다. "나는 컴퓨터 단말기를 통하여 지상의 모든 도시와/ 땅 밑의 태양 그리고 미래의 태아들까지 연결된다". 나는 컴퓨터 안에서 세계 일주를 하며, 상상의 세계로도 여행할 수 있다. 전통적으로 마음(영혼)을 표현하는 신체 기관으로 여겨졌던 '눈'과 '심장'은 여기서 새로운 비유를 얻게 된다. "두 눈은 환히 불을 켜고 있는 TV". "심장은 거대하게 돌아가고 있는 공장의 발전실". 그런데 TV(눈)에 불이 켜지도록 그리고 공장의 발전실(심장)이 돌아가도록 전기를 공급하는 것은 나의 의지가 아니라 "그대의 의지"다. 나는 '그대'를 모른다. 다만, "나는, 내 몸속으로 힘을 공급해 주는 누군가에 의해 사육"되고 있다는 것을 감지할 뿐이다. 이 느낌은 섬뜩하다.

오늘날, '시적인 기억'을 문제 삼는 것은 여전히 '잃어버린 시간'을 찾아가는 것이면서 특별히 '기억의 능력'을 되묻는 일일 수 있다. Delete 키가 한 방에 날려 버린 파일조차 우리의 기억 한 켠에 또 다른 모습으로 저장되어 있을 것이다. 정보의 바다에서도 끝내 찾을 수 없을 잃어버린 시간을 우리는 과연 기억의 힘으로 불러올 수 있을까?

기억과 파토스

기억은 습관을 통해, 학습 과정을 통해, 경험을 통해, 현재에 살아남아 있게 된 과거라고 할 수 있다. 기억은 대개 특정한 계기로 떠오르게 된다. 예를 들면, 한 친구가 "너, 우리 중학교 동창 중에 혜정이라는 애 생각나니?" 하고 묻자, 나는 어렴풋이 혜정이가 떠오른다. 그리고 혜정이란 친구와 있었던 일들, 중학교 교실 풍경, 혜정이의 단짝친구였던 선영이까지 함께 떠오른다. 그런데 이렇게 직접적인 계기가 없이도, 우리에겐 문득문득 스스로 사로잡히게 되는 기억이 있다. 베르그송의 용어를 빌리자면, '자발적 회상'이라고 부를 수도 있을 것이다. 자발적으로 또 반복적으로 되돌아보게 되는 기억들은 여전히 어떤 식으로든 현재에 영향을 미치고 현재와 대화를 나눈다.

시작(詩作) 행위는 '자발적 회상'을 적극적으로 실천하는 길이기도 하다. 그것이 때로 '상처'를 헤집고 덧나게 하는 일이 되기도 하지만.

> 숨결에도 소스라치게 놀라다 닿을 곳은 어디? 쉼없이 취했던 숱한 몸짓의 끝에 걸린 일몰과, 붙잡힌 몸짓 탓에 얼굴도 내밀지 못한 손발들이 밀어올려 떠오르는 섬 중에서 눈길이 갈 곳은 그 어디? 이미 대답이 정해진, 대답과 똑같은 물음은 묻지 않는 쓰라림으로 물거품처럼 밀려가 닿는 곳은 그 어디? 자꾸 덧나는 기억, 긁어 신 생즙을 흘리며 어느 모르는 사이 아물어지는 곳은, 항상 이곳이 아니라고 말하는 그 어느 곳, 어느 때.
> ─김휘승,「항상 이곳이 아니라고 말하는」

"숨결에도 소스라치게 놀라다 닿을 곳은 어디?", 그 어디에 대한 질문은 "이미 대답이 정해진, 대답과 똑같은 물음"이다. "그 어디?"라고 묻는 순간, "자꾸 덧나는 기억, 긁어 신 생즙을 흘리며 어느 모르는 사이 아물어지는 곳"이 펼쳐진다. 그렇지만 이 시에서 '그 어디'에 대한 구체적인 묘사를 찾을 순 없다. 오히려 그 어디는 "항상 이곳이 아니라고 말하"며 미끄러질 뿐이다. 대답은 다시 물음이 된다. 그리하여 마침내 '이곳'이었노라 말할 수 있는 "그 어느 곳 어느 때"에 닿는 일은 계속해서 지연(遲延)되고 연기(延期)된다. 그러는 과정에서 자꾸 덧나는 기억이 있고, 동시에 어느 모르는 사이 아물어지는 기억이 있다. 어쩌면 쓸데없는 일같이 느껴질지 모르겠지만, 허수경 첫 시집 제목을 빌려 말한다면, "슬픔만한 거름이 어디 있으랴".

　실제 체험 당시의 정서와 기억 속에 남겨져 있는 정서는 다르다. 체험 당시에는 그저 막연하고 혼란스럽고 당혹스럽던 것들이 기억의 자리로 옮겨 오면 어떤 한 이미지나 정서로 모아지거나 이해의 문맥이 구성되기도 한다. 반대의 경우도 생각해 볼 수 있다. 처음엔 그 의미나 인과 관계가 분명해 보였던 어떤 사건이 기억 작용을 통해 점점 더 애매해지고 모호해질 수도 있다. 물론 정서의 강도에서도 차이가 난다. 문학적으로 작용하는 기억들 중 어떤 것들은 체험 당시보다 더 강한 파토스를 내장하게 되는 것들도 있고, 또 어떤 경우에는 훨씬 온유해지기도 한다. 어쨌든, 대체로 '시간적 거리'가 '성찰적 거리' 혹은 '미적 거리'로 작용하게 된다고 할 수 있는데, 그 다양한 양상들을 일반화해 낼 순 없다. 다만 여기서는, 두 편의 시를 읽으면서 기억이 시적으로 작용하는 서로 다른 방식을 한번 느껴 보기로 하자.

　A
　어쩌랴, 하늘 가득 머리 풀어 울고우는 빗줄기, 뜨락에 와 가득히 당도하는 저녁나절의 저 음험한 悲哀의 어깨들. 오, 어쩌랴, 나 차가운 한 잔의 술로 더불어 혼자일 따름이로다. 뜨락엔 작은 나무椅子 하나, 깊이 젖고 있을 따름이로다. 全財産이로다.

　어쩌랴, 그대도 들으시는가. 귀 기울이면 내 幼年의 캄캄한 늪에서 한 마리의 이무기는 살아남아 울도다. 오, 어쩌랴, 때가 아니로다, 때가 아니로다. 온 國土의 벌판을 기일게 기일게 혼자서 건너가는 비에 젖은 소리의 뒷등이 보일 따름이로다.

어쩌랴, 나는 없어라. 그리운 물, 설설설 끓이고 싶은 한 가마솥의 뜨거운 물. 우리네 아궁이에 지피어지던 어머니의 불, 그 잘 마른 삭정이들, 불의 살점들. 하나도 없이 오, 어쩌랴, 또다시 나 차가운 한 잔의 술로 더불어 오직 혼자일 따름이로다. 全財産이로다, 비인 집이로다, 들판의 비인 집이로다. 하늘 가득 머리 풀어 빗줄기만 울고울도다.

─정진규,「들판의 비인 집이로다」

일단, 반복되는 "어쩌랴", "오, 어쩌랴" 그리고 "～이로다"에서 주체하기 벅찬 파토스를 느낄 수 있다. 그리고 비가 내리고 있다. 그 비는 "하늘 가득 머리 풀어 울고우는 빗줄기"이고, "뜨락에 와 가득히 당도하는 저녁나절의 저 음험한 비애의 어깨들"이다. 그 비에는 나의 감정이 이입되어 있으며, 또한 지금 나의 감정은 하늘과 땅에 가득한 빗줄기로 인해 더욱 증폭된다. 그리고 나는 "차가운 한 잔의 술로 더불어 혼자일 따름"이다. 술 역시 나의 파토스를 고조시킨다. 시인은 이것들이 그의 "전 재산"이라고 말한다. '전 재산'이라는 표현을 통해 부각되는 것은 '오로지 혼자'라는 자신의 실존적 조건이다. 그 사실 외에 내가 가진 건 아무것도 없다. 이러한 결핍감은 마지막 연에 이르면 "전 재산"과 "비인 집(들판의 비인 집)"이 연결됨으로써 극에 도달하는데, 여기선 '나'조차도 없어진다.("어쩌랴, 나는 없어라.") 이 시에 넘쳐흐르는 파토스는 '결핍'으로부터 유래한다.

내가 잃어버린 것은 무엇인가. 결핍의 현재와 대비되어 유년의 기억이 강렬하게 제시된다. "귀 기울이면 내 유년의 캄캄한 늪에서 한 마리의 이무기는 살아남아 울"고 있다. 캄캄한 늪이 환기하는 건, 한 마리의 이무기를 용이 아니라 끝내 한 마리의 이무기로 머물게 했던 나의 불우한 과거일 것이다. 나는 승천할 때를 만나지 못했다. 그렇지만 그때, 나는

"한 마리의 이무기", 다시 말해 무한한 '가능성'이었으며 '욕망'이었다. 유년의 기억은 "그리운 물, 설설설 끓이고 싶은 한 가마솥의 뜨거운 물. 우리네 아궁이에 지피어지던 어머니의 불, 그 잘 마른 삭정이들, 불의 살점들"과 같이 뜨거운 감각적 인상으로 모아진다. 이 같은 이미지는 "차가운 한 잔의 술로 더불어 혼자일 따름"인 현재와 대조되어 더욱 강렬하게 피어오른다.

B
오늘은 그 작은 동굴의 끝을 향해
도리 없이 터벅터벅 걸어가야만 했을
외할머니와 그 굽은 등에 대해 생각하는
흐린 날입니다

대숲이 빛나는 오후에
외할머니의 디딜방아 밟는 소리
동굴에 숨어 듣기가 좋았으나 정작
매혹적이었던 것은 동굴이 내는
바람 소리였습니다

그 소리를 따라 동굴로 들어가다 보면
어머니의 어머니로부터 멀어져
문득 등 굽은 디딜방아 소리가 그리워지지만
내가 흘려 놓은 그녀들의 밀전병은
어느 검은 새가 들고 갔을까요
얼굴에 와 닿는 이 어두운 바람의 냄새

생에 대한 예의는 동굴을 천천히 거닐며

어딘가에 있을 바람의 출구를 찾는 일 그러므로

오늘은 동굴 속의 산책을 생각하기에

적당히 쓸쓸하게 바람 부는 날입니다

─심재휘, 「동굴 속의 산책」

"시인은 고통의 와중에서 그 고통을 노래하는 것을 경계해야 한다. 시는 한층 온화하고 거리를 둔 기억으로부터 써야지 현재의 정서에서 써서는 안 된다."(Schiller, Johann Christoph Friedrich von)는 미학적인 충고가 있다. 이는 창작론 수업에서 선생이 자주 학생들에게 환기시키게 되는 충고이기도 하다. 위 시에서 이 충고는 시적 태도로서 마지막 구절 "적당히 쓸쓸하게"에 함축되어 있다고도 할 수 있다.

    여기서, 동굴 속의 산책은 유년의 기억을 불러내는 것이면서, 유년의 나를 매혹시켰던 바람 소리의 출구를 찾는 일이기도 하다. 입구라고 하지 않고 출구라고 한 건, 이 일이 과거뿐만 아니라 현재, 미래로까지 이어져 있으리라 예상되기 때문일 것이다. "오늘은 동굴 속의 산책을 생각하기에/ 적당히 쓸쓸하게 바람 부는 날입니다"라고 나지막하고 고즈넉하게 시인은 말한다. 이 시에서 오늘 부는 '적당히 쓸쓸한' 바람이, 유년 시절 종종 몸을 숨기곤 했던 그 작은 동굴과 함께 떠오르는 "어머니의 어머니", "외할머니의 디딜방아 밟는 소리", "등 굽은 디딜방아 소리", "내가 흘려 놓은 그녀들의 밀전병"(밀가루를 반죽해 넓고 둥글게 지진 떡), 그리고 "동굴이 내는/ 바람소리"와 미적 조응을 이루게 되는 것은 그 '쓸쓸함(감정)'이 '적당한 것(순화되고 걸러진 것)'이기 때문이라 할 수 있다.

기억과 시간

그 유명한 살바도르 달리의 「기억의 고집」(1931)이라는 그림에서, 시계는 밀가루 반죽처럼 말랑말랑하다. 나뭇가지에 걸려 축 늘어져 있으며, 탁자 모서리에서 끈적한 액체처럼 흘러내리고 있다. 이 그림은 상대성 원리가 발견한 시간의 유연성에 대한 은유라고 한다. 달리는 여기에 「기억의 고집(집요함)」이란 제목을 붙였다. 기억 행위야말로 어떤 면에선 시간의 유연성을 경험적으로 확인시켜 주는 것이라고 할 수 있다.

윤대녕의 소설 「은어낚시통신」의 한 장면을 보자. 이 소설에서 회귀형 물고기 '은어'는 진정한 정체성을 회복하기 위해 과거를 거슬러 존재의 시원(始原)을 찾아가는 사람을 상징한다. 달리 말해, 은어의 회귀는 적극적인 기억 행위에 빗댈 수 있다.

"장의차…… 때론 죽음 반대편으로 달아나듯 속력을 낼 때가 있죠. 속도에 취해서."
"…… 빛의 속도로 달리면 시간은 정지하고 죽음도 면하겠죠."
"그럼 공간은 일그러지고."
"빛보다 빠른 속도로 달리면."
"회귀하게 되죠. 지금 가야 할 곳으로."
이렇게 말하고 그녀는 차에 시동을 걸었다.

기억 행위에서 시간은 매우 유연하며 신축성이 뛰어나다. 최정례의 시 「3분 자동 세차장에서」는 우리에게 3분(산술적인 시간) 동안 기억을 통해 다시 흘러가는 한 세월(기억의 시간)을 보여 준다.

소낙비 쏟아지는 게 좋아 소낙비 속에 물레방앗간 같은 소낙비 매맞는 움막 같은 수숫단 같은 수숫단을 비집고 들어가는 3분 자동 세차장이

라디오를 끄고 기어를 중립에 놓고 브레이크에서 발을 떼라는 주문을 외는 거야 중립 브레이크 중립 브레이크 레이크 이크

병든 도깨비처럼 황소 뱃속*에 세 들고 싶었지
「황소님 주인님 방 한 칸 빌려 주세요 애는 낳았는데 한겨울에 어디로 이사를 가란 말인가요 며칠만이라도 더」

기습결혼을 했었지 황소 뱃속 같은 곳에서 아이를 낳고 아파트가 당첨됐으나 허물어지고 길길이 뛰고 난리 치고 아무나 붙잡고 사정했지만

「초록불이 켜지면 출발하시오」
나가라는군 초록불이 켜지면 방을 빼라는군 빗자루와 비누 걸레는 늘 협박이지 옷 입고 샤워하다 3분 만에 밀려나는군 아무리 방망이로 땅을 쳐도 끄덕하지 않는 나라 이상한 나라

*이상(李箱)의 동화「황소와 도깨비」에서

이 시의 효과는 (물이 세찬 소나기처럼 퍼붓고 수숫단 같은 빗자루와 비누 걸레가 윙윙 돌아가는) 자동 세차장의 풍경에서 발생한다. 이 공간은 시인에게 이상의 동화에서 병든 도깨비가 세 들어 살았던 황소 뱃속을 떠올리게 한다. 그리고 내가 살아온 삶의 터와 그 질감을 되돌아보게 한다. "기습결혼을 했었지 황소 뱃속 같은 곳에서 아이를 낳고 아파트가 당첨됐으나

허물어지고 길길이 뛰고 난리 치고 아무나 붙잡고 사정했지만" 또다시 떠밀려 가야 했던 시간들이 파노라마처럼 펼쳐진다. 자동 세차장의 제한 시간은 3분이다. 이 3분 동안 10여 년의 세월이 흘러간다. 그리고 알게 된다. 3분 제한 시간이 "협박"과 같은 것일 수 있듯이, 10여 년 세월이 그리고 앞으로 살아가야 할 시간들의 한 속성이 '협박'이라는 걸. 이렇게, 이 시는 산술적인 시간 3분과 기억된 시간 10여 년을 겹쳐 놓음으로써, 우리가 살아내고 있는 현실 시간의 한 단면을 포착한다.

직선적인(산술적이고 양적인) 시간관에 대항할 수 있는 기억의 힘에 대해 마르쿠제는 이렇게 말한다. "잃어버린 시간을 찾는 것은 미래의 해방으로 가는 수레가 된다." "시간에 대한 항복에 대항해서 기억을 해방의 매개물로서 복권하는 것은 사상에 맡겨진 가장 고귀한 과업의 하나다. (……) 오르페우스 신화에서 프루스트의 소설에 이르기까지 행복과 자유는 시간의 탈환, 다시 찾은 시간과 관계되어 왔다."[3] 기억 작용은 이상한 시간 여행이라고 할 수 있다. 여기선 '이상한 가역 반응(可逆反應)'이 일어난다. 기억 속에선 여러 시간대가 겹쳐 있고 얽혀 있다.(A 흔적) 또한 이 시간 여행은 한 개인의 육체적인 나이와 생활 공간을 넘어서 그 어느 때, 어느 곳으로 우리를 데려가기도 한다.(B 기원) 특이한 시간 작용과 관련지어 기억에 대해 조금 더 얘기해 보자.

A 흔적

프로이트는 심리 작용에 대한 은유로, 글쓰는 도구 '신비한 그림판'을 들었다. 그것은 왁스가 칠해진 널빤지 위에 셀로판 종이를 씌워 만든 것으로, 요즘도 아이들이 이 비슷한 걸 갖고 노는 모습을 종종 볼 수 있다.

---

[3] 헤르베르트 마르쿠제, 김인환 옮김, 『에로스와 문명』(나남, 1989), 32, 194쪽.

거기에다 지정된 첨필로 글씨를 쓸 수도 있고 그림을 그릴 수도 있는데, 그 글씨나 그림은 씌워 놓은 종이를 아래에서부터 조금 들어 주면 지워진다. 물론 어떤 자국을 남기고서. 그러면 우리는 다시 이 그림판에 다른 글씨를 쓸 수 있게 된다. 프로이트에 의하면, 이 그림판의 구조는 우리의 지각 구조와 상당히 유사하다. '신비한 그림판'처럼, 우리의 말썽 많고 복잡한 정신은 늘 어떤 것을 받아들일 수 있는 표면을 가지고 있으며, 거기에 쓰였던 것들에 대한 흔적을 영원히 지니게 된다. 프로이트의 주장은 다음과 같은 것이다. 정신에 항상 흔적이 깃들여 있다는 것은 직접적인 지각이란 불가능하다는 것을 말해 주면서, 동시에 비록 바로 의식화될 수 있는 기억의 일부는 아니라 해도 후에 의식되어 우리에게 영향을 미칠 수 있는 '기억 – 흔적'이라는 것이 있다는 걸 일러 준다.[4]

'흔적으로서의 기억'에다 정확한 연도, 날짜, 시각을 갖다 댈 순 없다. 프로이트의 생각대로 그것은 쉽게 의식으로 떠오르지 못하는 것이기 때문이기도 하겠지만(그것은 지워지는 형식으로 남겨진 기억이다.) 앞선 말한 대로 거기엔 여러 시간대가 포개져 있고 엉클어져 있기 때문이다. 흔적으로서의 기억을 들여다본다는 건, (포개진, 엉클어진) 시간들의 두께와 관계와 작용에 대해 성찰하는 일에 닿을 수 있다. 이는 한 존재의 부피감을 회복하는 일로 이어질 수도 있을 것이다.

먼저, 박형준의 「흔적」이란 시 한 편을 읽어 보기로 하자.

입을 벌리고 그는 잠을 잔다
난쟁이들이 들락거리는 꿈이라도 꾸는가
썩어 버린 이가 동굴 천장에 매달린 石筍이다

---

[4] 마단 사럽, 임헌규 옮김, 『데리다와 푸꼬, 그리고 포스트모더니즘』(인간사랑, 1991), 32~34쪽 참조.

꽃 한 송이를 밀어넣으면

금세 흉곽까지 내려가리라

그의 잠은 배고픈 블랙홀이다

그러다가 간혹 휘파람 소리를 내보낸다

사방이 빌딩으로 막힌 작은 공원,

한껏 벌어진 그의 입속에 겨울빛이 동면을 서두른다

더 어두워지기 전에 빛이, 石筍에 부딪히며

아래로 아래로 꺼져간다

간밤에 큰눈이 내렸다

그의 한껏 벌어진 입속에도

따뜻한 잎들이 두껍게 깔려 있을 것이다

하지만 눈밭 속에서 내가 도착했을 때

아침 햇살을 받으며 그가 누워 있던 곳은

자리만 찍혀 있고,

길게 발자국이 흔적에서 뻗어 나가고 있는 것이었다

이 시에서 '흔적'은 우선 '입속의 풍경'으로 현시된다. 사방이 빌딩으로 막힌 작은 공원에서 입을 벌리고 자는 한 사람이 있다. 입속의 공간은 동굴에 빗대어진다. 이 경우, 그의 썩어 버린 이(치아)는 "동굴 천장에 매달린 석순"으로 말해진다. 이가 썩는 데도 꽤 많은 시간이 걸리겠지만, 석순이 생기는 시간은 한 인간의 육체로 가늠할 수 있는 세월을 넘어선다. '입속의 풍경'이 '흔적의 풍경'이라면, 이를 동굴의 풍경으로 제시하는 건 흔적이 간직하고 있는 까마득하게 오래된 역사를 환기시키는 것이다. 이 역사는 오늘도 진행 중이다. 석순이 보이지 않게 조금씩 자라고 있듯이. 또 그의 이빨이 조금씩 더 썩어 가듯이. 잠든 그의 벌어진 입속으론 끊임없이 무언가 빨려 들어간다. 마치 "배고픈 블랙홀"인 듯. 겨울날 잔광(殘光)도 석순(이)에 부딪히며 "아래로 아래로 꺼져간다". 이것 역시 흔적의 역사에 보태질 것이다. 간혹 이 '입속의 풍경', 곧 '흔적의 풍경'으로부터 휘파람 소리 같은 게 새어나오기도 한다. 들어 본 적이 있는가. 시는 종종 그런 휘파람 소리 같은 걸 낸다.

또 '흔적'으로 제시되는 게 있다. 바로 그가 누워 있던 자리다. 간밤에 큰눈이 내렸고, 한껏 벌어져 있던 그의 입속에도 이 눈이 따뜻한 잎들처럼 두껍게 깔렸을지 모른다. 그런데 "눈밭 속에서 내가 도착했을 때", 그가 누워 있던 자리에 그는 없고 그의 흔적만 남아 있다. 그가 아니라 그의 흔적만이 그에 대해 뭔가를 얘기해 준다. 그리고 그 흔적으로부터 길게 발자국이 뻗어 나가고 있다. 발자국 또한 그의 흔적이다. 시인은 마지막 행에서 흔적으로부터 흔적이 뻗어 나가고 있는 걸 시각적으로 형상화했다. 흔적은, 흔적으로서의 기억은 이렇게 지금도 우리의 마음에 그려지고 있다.

어떤 한 시인은 그 흔적을 '무릎의 문양'에서 발견한다.

저녁에 무릎, 하고
부르면 좋아진다
당신의 무릎, 나무의 무릎, 시간의 무릎,
무릎은 몸의 파문이 밖으로 빠져나가지 못하고
살을 맴도는 자리 같은 것이어서
저녁에 무릎을 내려놓으면
천근의 희미한 소용돌이가 몸을 돌고 돌아온다

누군가 내 무릎 위에 잠시 누워 있다가

해골이 된 한 마리 소를 끌어안고 잠든 적도 있다
누군가의 무릎 한쪽을 잊기 위해서도
나는 저녁의 모든 무릎을 향해 눈먼 뼈처럼 바짝 엎드려 있어야 했다
—김경주, 「무릎의 문양」 부분

무릎, 나는 그곳에서 일어서고 앉는다. 무릎을 구부리고 펴면서, 나는 책상에 앉고, 걸어다니고 뛰어다니며, 세계와 시간을 받아들이고 밀친다. "누군가 내 무릎 위에 잠시 누워 있다가" "잠든 적도 있"고, "누군가의 무릎 한쪽"을 내가 베고 누웠던 적도 있다. 그럴 때마다 내 몸에서 일어났던 "파문이 밖으로 빠져나가지 못하고/ 살을 맴도는 자리 같은 것", 그것이 '무릎의 문양'이고 '기억의 주름'이다. "몸이 시간 위에 펼쳐 놓은 공간 중 가장 섬세한 파문의 문양", 그런 "무릎이 말을 걸어오는 시간이 되면/ 사람은 시간의 관절에 대해 이야기할 수 있다고 한다". 무엇을 잊을 수 있을까. "저녁의 모든 무릎을 향해 눈먼 뼈처럼 바짝 엎드려 있"어도 "저녁에 무릎, 하고/ 부르면 좋아진다".

흔적의 시간들은 시적인 '순간성' 속에서 현현하기도 한다. 문태준의 「어두워지는 순간」은 "저녁에 무릎, 하고/ 부르면 좋아"지는 바로 그 순간과 통할 것이다. "어두워지는 것은" "오래오래 전의 시간과 방금의 시간과 지금의 시간을 버무린다는 느낌", 그 느낌의 '순간'에는 일일이 다 기록할 수 없이 "사람도 있고 돌도 있고 흙덩이도 있고" "개도 있고, 멧새도 있고, 아카시아 흰 꽃도 있고, 호미도 있고, 마당에 서 있는 나도 있고…… 그 모든 게 있"다.

어두워지는 순간에는 사람도 있고 돌도 있고 풀도 있고 흙덩이도 있고 꽃도 있어서 다 기록할 수 없네

어두워지는 것은 바람이 불고 불어와서 문에 문구멍을 내는 것보다 더 오래여서 기록할 수 없네

어두워지는 것은 하늘에 누군가 있어 버무린다는 느낌,

오래오래 전의 시간과 방금의 시간과 지금의 시간을 버무린다는 느낌,

사람과 돌과 풀과 흙덩이와 꽃을 한 사발에 넣어 부드럽게 때로 억세게 버무린다는 느낌,

어두워지는 것은 그래서 까무룩하게 잊었던 게 살아나고 구중중하던 게 빛깔을 잊어버리는 아주 황홀한 것,

오늘은 어머니가 서당골로 산미나리를 얻으러 간 사이 어두워지려 하는데

어두워지려는 때에는 개도 있고, 멧새도 있고, 아카시아 흰 꽃도 있고, 호미도 있고, 마당에 서 있는 나도 있고…… 그 모든 게 있어서 나는 기록할 수 없네

개는 늑대처럼 오래 울고, 멧새는 여울처럼 울고, 아카시아 흰 꽃은 쌀밥 덩어리처럼 매달려 있고, 호미는 밭에서 돌아와 감나무 가지에 걸려 있고, 마당에 선 나는 죽은 갈치처럼 어디에라도 영원히 눕고 싶고…… 그 모든 게 달리 있어서 나는 기록할 수 없네

개는 다른 개의 배에서 머무르다 태어나서 성장하다 지금은 새끼를 밴 개이고, 멧새는 좁쌀처럼 울다가 조약돌처럼 울다가 지금은 여울처럼 우는 멧새이고, 아카시아 흰 꽃은 여러 날 찬밥을 푹 쪄서 흰 천에 쏟아 놓은 아카시아 흰 꽃이고…… 그 모든 게 이력이 있어서 나는 기록할 수 없네

오늘은 어머니가 서당골로 산미나리를 베러 간 사이 어두워지려 하는데

이상하지, 오늘은 어머니가 이것들을 다 버무려서

서당골로 내려오면서 개도 멧새도 아카시아 흰 꽃도 호미도 마당에 선 나도 한 사발에 넣고 다 버무려서, 그 모든 시간들도 한꺼번에 다 버무려서

어머니가 옆구리에 산미나리를 쩌 안고 집으로 돌아왔을 때 세상이 다 어두워졌네

그 "개는 다른 개의 배에서 머무르다 태어나서 성장하다 지금은 새끼를 밴 개이고, 멧새는 좁쌀처럼 울다가 지금은 여울처럼 우는 멧새이고, 아카시아 흰 꽃은 여러 날 찬밥을 푹 쪄서 흰 천에 쏟아 놓은 아카시아 흰 꽃이고…… 그 모든 게 이력이 있어서", 이 어두워지는 '시적인 순간'에 '영원성'이 스치듯이 머문다.

B 기원

플라톤에 의하면, 인간은 원래 기억(이데아)을 잃어버린 존재다. 플라톤의 상기설(想起說)은[5] 이탈리아 여행에서 만난 피타고라스 학파 사람들의 영향이 컸으리라 추정된다. 피타고라스 교리에서 기억은 매우 중요한 역할을 한다. 피타고라스 학파 철학자들은 수(數)에 대한 명상을 깊이 하게 되면 전생이 보인다고 믿었다. 이들의 믿음에 따르면, 완전성에 이르기 위해서는 이전의 모든 삶을 기억해야 한다. 피타고라스가 신과 인간의 중매자로 여겨진 이유는 그가 전생의 기억을 어느 누구보다도 많이 간직하고 있다고 생각됐기 때문이다. 또한 오르페우스교에서는, 죽은 이가 망각의 샘물(레테의 물)을 마시지 않고 기억의 샘물을 마신다면 불멸할 수 있다고 말한다. 여기에서 살펴볼 시는 김혜순의 「모든 것을 기억하는 물」이다.

---

[5] 플라톤은 정신이 본성적으로 진리에 대한 앎을 가지고 있다고 생각했다. 영혼은 육체와 결합되기 전에 이미 이데아의 세계와 친숙했다. 가시적인 사물들 — 이데아의 그림자들은 인간들에게 이미 알고 있던 본질을 상기시킨다. 교육은 상기, 즉 다시 기억해 내는 과정이라고 할 수 있다.

직육면체의 물, 동그란 물, 길고 긴 물, 구불구불한 물, 봄날 아침 목련꽃 한 송이로 솟아오르는 물, 내 몸뚱이 모습 그대로 걸어가는 물, 저 직립하고 걸어다니는 물, 물, 물…… 내 아기, 아장거리며 걸어오던 물, 이 지상 살다 갔던 800억 사람 몸속을 모두 기억하는, 오래고 오랜 물, 빗물, 지구 한 방울.
오늘 아침 내 눈썹 위에 똑, 떨어지네.
자꾸만 이곳에 있으면서 저곳으로 가고 싶은
그런 운명을 타고난 저 물이
초침 같은 한 방울 물이
내 뺨을 타고 어딘가로 또 흘러가네.

물은 용기(그릇)에 따라 모양도 가지각색이다. 직육면체의 물, 동그란 물, ……, 강물이나 바닷물도 있고, 목련 줄기(물관)를 타고 한 송이 목련꽃으로 솟아나는 물도 있다. 사람도 물을 담고 있으니까,[6] 사람 몸뚱이를 한 물도 있다. 그러므로 내 아기는 "아장거리며 걸어오던 물"이다. 물은 "이 지상 살다 갔던 800억 사람 몸속을 모두 기억"한다. 그런데, 빗물한 방울이 "오늘 아침 내 눈썹 위에 똑, 떨어"진다. 이 빗물을 "지구 한 방울"이라 부를 수 있다. 빗물은 지상에서 흐르다가 구름이 되었다가 다시 물방울로 떨어진 것. 이 순환을 얼마나 거듭했을지 헤아릴 수 없다. "내 눈썹 위에 똑, 떨어"진 빗물은 "초침 같은 한 방울 물"인데, 초침이 째각 움직인 것처럼 극히 짧은 순간에, "모든 것을 기억하는 물"을 감지해 내는 나는 물의 기억을 대신 노래하는 자이다. 물의 기억 속에 내가 새겨지고, 나는 물의 기억을 되살려 낸다. 여기 한 시인이 물의 운명에서 자신의 운명을 보고 있다. 물이 모든 것을 기억할 수 있는 건 "자꾸만 이곳에

---

6 인체는 약 70퍼센트, 물과 친한 어류는 80퍼센트, 물속 미생물은 약 95퍼센트가 물로 구성돼 있다고 한다.

있으면서 저곳으로 가고 싶은/ 그런 운명을 타고"났기 때문이다. 그러므로 한 방울 물은 "내 뺨을 타고 어딘가로 또 흘러"간다.

르 코프가 들려주는 고대인들의 생각을 좀 더 따라가 보자. 고대 그리스인들은 기억의 여신 므네모시네(Mnemosyne)[7]를 만들었다. 그녀는 사람들로 하여금 신들과 영웅들의 고매한 행위를 기억하게 하고 시를 관장했다. 그러므로 시인은 기억에 사로잡혀 있는 존재다. 예언자가 미래를 신성하게 하듯이 시인은 과거를 신성하게 한다. 호머는 시를 짓는 것은 기억하는 것이라고 말했다. 그래서일까? 한 시인은 이렇게 말한다. "어깨가 무거워졌다/ 노래를 부르는 동안"(박성준,「뜻밖의 귀신」전문). 시를 쓰는 동안에 어떤 기억들이, 어떤 시간의 귀신들이 그의 어깨 위에 내려앉았을까.

기억의 여신은 시인에게 과거의 비밀을 드러내면서 그를 현 세계 너머의 신비로운 세계로 안내한다. 자, 시계가 거꾸로 흐른다. 어디까지 다다를 수 있을까. 여기서, 또 한 편의 시를 보기로 하자.

1
   하늘과 땅 사이가 너무 가까워 장백소나무 종비나무 자작나무 우거진 원시림 헤치고 백두산 천지에 오르는 순례의 한나절에 내 발길 내딛을 자리는 아예 없다 사스레나무도 바람에 넘어져 흰 살결이 시리고 자잘한 산꽃들이 하늘 가까이 기어가다 가까스로 뿌리내린다 속손톱만한 하양 물매화 나비 날개인 듯 바람결에 날아가는 노랑 애기금매화 새색시의 연지빛 곤지처럼 수줍게 피어 있는 두메자운이 나의 눈망울 따라 야린 볼 붉히며 눈썹 날린다 무리를 지어 하늘 위로 고사리 손길 흔드는 산미나리아재비 구름국화 산

---

7 그녀의 이름은 '연상 기호 코드(mnemoic code)' '기억소(mnemon)' 등의 컴퓨터 용어에도 새겨져 있다.

매발톱도 이제 더 가까이 갈 수 없는 백두산 산마루를 나 홀로 이마에 받들면서 드센 바람 속으로 죄지은 듯 숨죽이며 발걸음 옮긴다

2

솟구쳐오른 백두산 멧부리들이 온뉘 동안 감싸안은 드넓은 천지가 눈앞에 나타나는 눈깜박할 사이 그 자리에서 나는 그냥 숨이 막힌다 하늘로 날아오르려는 백두산 그리메가 하늘보다 더 푸른 천지에 넉넉한 깃을 드리우고 메꿎은 우렛소리 지나간 여름 한나절 아득한 옛 하늘이 내려와 머문 천지 앞에서 내 작은 몸뚱이는 한꺼번에 자취도 없다 내 어린 볼기에 푸른 손자국 남겨 첫 울음 울게 한 어머니의 어머니 쑥냄새 마늘냄새 삼베적삼 서늘한 손길로 손님이 든 내 뜨거운 이마 짚어주던 할머니의 할머니가 백두산 천지 앞에 무릎 꿇은 나를 하늘눈 뜨고 바라본다 백두산 멧부리가 누리의 첫 새벽 할아버지의 흰 나룻처럼 어렵고 두렵다

3

하늘과 땅 사이는 애초부터 없었다는 듯 천지가 그대로 하늘이 되고 구름결이 되어 백두산 산허리마다 까마득하게 푸른하늘 구름바다 거느린다 화산암 돌가루가 하늘 아래로 자꾸만 부스러져 내리는 백두산 천지의 낭떠러지 위에서 나도 자잘한 꽃잎이 되어 아스라한 하늘 속으로 흩어져 날아간다 아기집에서 갓 태어난 아기처럼 혼자 울지도 젖을 빨지도 못한다 온 가람 즈믄 뫼 비롯하는 백두산 그 하늘에 올라 마침내 바로 서지도 못하고 젖배 곯아 젖니도 제때 나지 못할 내 운명이 새삼 두려워 백두산 흰 멧부리 우러르며 얼음빛 푸른 천지 앞에 숨결도 잊은 채 무릎 꿇는다

—오탁번,「白頭山 天池」

「백두산 천지」는 번호가 매겨져 있는 세 단락으로 구성되어 있다. 이 시의 첫 구절("하늘과 땅 사이는 너무 가까워")에 표현된 하늘과 땅의 너무 가까운 간격은 마지막 단락에 오게 되면 그마저 "하늘과 땅 사이는 애초부터 없었다는 듯" 지워진다. 이 시에서 백두산 천지는 천(天)·지(地)·인(人)의 공간으로 분할되기 이전의 시원(始原)적인 공간이다. 그러므로 나의 백두산 기행은 '순례'의 길이다. 시인의 순례는 진정한 고향을 향한 회귀의 여행이 된다. 두 번째 단락에서 천지를 본 감격은 나의 시원이며 민족의 시원인 "어머니의 어머니", "할머니의 할머니", 세상을 처음으로 연 "첫 새벽 할아버지"(단군 할아버지)와의 교감으로 그려지고 있다. 그 어머니의 어머니는 "내 어린 볼기에 푸른 손자국 남겨 첫 울음 울게 한" 바로 내 육친의 어머니로부터 거슬러 올라간 존재며, 할머니의 할머니는 "쑥냄새 마늘냄새 삼베적삼 서늘한 손길로 손님이 든 내 뜨거운 이마 짚어주던" 바로 내 어린 시절 할머니로부터 거슬러 올라가서 만나게 되는 존재다. 이렇게 신화적인 존재들은 나의 기억과 이어져 있다. 마지막 단락은 백두산 천지를 "아기집", 우주의 배꼽으로, 나를 "아기집에서 갓 태어난 아기"로 보여 준다. 시인은 상상적인 육체의 재생을 통해 정신의 정화와 재생의 제의를 치러 낸다.

    시인의 시간 여행은 개인적인 체험을 뛰어넘어 이렇게 '대과거'까지 거슬러가기도 한다. 이렇게 거슬러가서 만나게 되는 신화적인 세계는 문명의 불모성과 도구화된 이성에 대항할 수 있는 상상적 장소가 되어 주기도 할 것이다.

5 은유와 환유

수사학인가 세계관인가

　내 기억으론, 중학교 1학년 국어 시간에 처음 은유(隱喩)에 대해 배웠던 것 같다. 그때 선생님이 예로 든 것은 "내 마음은 호수요"라는[1] 김동명의 시 「내 마음은」의 한 구절이었다. 아마도 의무 교육 제도 내에서 이루어진 것이니 대부분의 한국인이 알고 있는 시구절이리라. 칠판엔 이렇게 쓰여 있다. 'A(내 마음)＝B(호수)' 혹은 'A is B', 이건 은유법이다. 그리고 '호수 같은 내 마음' 혹은 '내 마음은 호수 같다', 즉 'A is as B' 혹은 'A is like B'와 같이 A와 B의 관계를 명시해 주면 직유(直喩)다. 이때, A(내 마음)는 시인이 본래 드러내려 한 관념이라서 '원관념'(취의)이라 하고, B(호수)는 원관념을 구체적이고 감각적으로 실어 나르는 역할을 하니까 '보조 관념'(매재)이라 부른다. 이 비슷한 설명이 이어졌을 것이다. 이런 식

---

[1] 1연 첫 행이다. 2연은 "내 마음은 촛불이오", 3연은 "내 마음은 나그네요", 4연은 "내 마음은 낙엽이오"로 시작한다.

으로 은유를 우리가 처음으로 배웠던 게 아마도 수사학적인 용어와 개념에 대한 첫 대면이 아니었을까 싶다.

환유에 대해선? 언제 배웠는지 아리송하지만, 은유보단 한참 뒤에 알게 된 용어인 건 분명하다. 국어사전엔 이렇게 나와 있다. 비유법의 한 가지로, 표현하려는 대상과 관련되는 다른 사물이나 속성을 대신 들어 그 대상을 나타내는 표현 방법을 일컫는 것이다. 일례로, '교편을 잡다'가 '선생님이 되다'란 말을 대신할 때 환유법이 사용되었다고 말한다. 교편(회초리)은 교사라는 직업과 관련된 사물 혹은 직업적 속성을 드러내는 거니까. 은유에 대한 설명에 직유가 따라다니듯이, 환유에 이어선 제유에 대한 설명이 뒤따른다. 제유법은 부분(종種)으로 전체(유類)를 비유하는 걸 말한다. '우리에게 빵을 달라'는 제유법이 사용된 좋은 사례다. 빵은 식량(혹은 생존 필수품)의 일부분이니까. 그러니까 "빵을 달라."라고 외치는 성난 프랑스 민중을 향해 베르사유 궁전에서 마리 앙투아네트가 "빵이 없으면 케이크를 먹으세요."라고 말했다면, 그건 그녀가 수사법을 잘 몰랐던 거다. 제유법을 환유법의 일종으로 보는 경우도 있고 환유법과 제유법을 묶어 대유법이라 하기도 한다.

지금까지의 얘기를 국어 참고서의 한 부분을 정리한 거라고 봐도 무방하다. 수사법의 목록을 떠오르는 대로 작성해 보자. 은유, 직유, 환유, 제유, 반어, 역설, 상징, 알레고리, 과장법, 의인법……. 이건 의미에 따른 수사법 항목이라 할 수 있다. 돈호법, 도치법, 병치법, 대조법, 반복법, 점층법, 영탄법……. 이것은 형식에 따른 수사법이라 하겠다. 이 정도만 해도 헷갈리는데, 수사학 책을 한번 펼쳐 보면 항목의 방대함과 분류의 상세함이 정말 놀랍고 그런 만큼 머리가 아파 온다. 중세 시대에 수사학은 문법 그리고 논리학과 더불어 가장 중요한 교과목이었다. 이 세 과목(트리비움 trivium)에 수학, 지리, 음악, 천문학 네 과목(콰드리비움 quadrivium)이

더해진 '자유 7과'는 중세 학문의 중추였다.

　수사학(rhetoric)은 그리스 아테네에서 정치 연설이나 법정 변론에 효과를 올리기 위해 행해진 화법 연구에서 그 첫 번째 꽃을 피웠다. 소피스트들이 바로 수사학(웅변술, 변론술)의 지도를 담당했던 사람들이다. 기억의 여신 므네모시네의 아홉 딸들('무사이', 영어로는 '뮤즈') 중 고대 그리스인들에게 가장 인기가 있었던 칼리오페는 웅변을 관장했는데, 아테네인들은 해가 바뀌면 웅변의 여신에게 제사를 지내며 말을 잘할 수 있기를 기원했다. 공개토론장에서 말을 잘해야 다른 사람들을 설득할 수 있고 또 법정에서도 이길 수 있었기 때문에, 화술은 정치가나 웅변가뿐 아니라 시민권을 가진 모든 성년 남자에게 필요하고 중요한 능력으로 여겨졌다.

　비유는 수사학의 한 부분으로 자리 잡는데, 그 기능을 '장식성'에 두는 경우가 많았다. 소크라테스 같은 이들에겐 이런 비유는 진리를 왜곡하고 숨기는 기술의 일종으로 보였다. 반면, 드문 일이었지만 비유의 인식론적 기능을 인정한 경우도 있었다. "누군가가 궤변가가 되는 것은 그의 능력 때문이 아니고 그의 도덕적 의도 때문"이라고 아리스토텔레스는 말한다.[2] 그가 『시학』에서 은유에 대해 내놓은 생각은 오늘날에도 많은 논자들에게 화두가 되어 준다.

　① 은유란 유(類)에서 종(種)으로 또는 종에서 유로, 또는 종에서 종으로, 또는 유추(類推)에 의하여 어떤 사물에다 다른 사물에 속하는 이름을 전용(轉用)하는 것이다.

　② 훨씬 더 중요한 것은 은유에 능한 것이다. 이것만은 남에게서 배울 수 없는 것이며 천재의 표징이다. 왜냐하면 은유에 능하다는 것은 서로 다른

---

[2] 김욱동, 『은유와 환유』(민음사, 1999), 15~26쪽 참조.

사물들의 유사성을 재빨리 간파할 수 있다는 것을 뜻하기 때문이다.

①을 보자. 아리스토텔레스는 은유를 네 가지 종류로 나눴는데, 그중, 유에서 종으로, 종에서 유로 대치하는 것은 종과 유의 자리바꿈이므로 제유(또는 환유적인 것)라고 할 수 있는 것이다. 그가 쓴 '은유'라는 용어는 다양한 비유의 갈래들을 포괄하고 있는 개념이다. 달리 말해, 아리스토텔레스는 은유를 비유에 대한 제유로 쓰고 있는 셈이다. 어떤 논자들은 은유 중심으로 수사적 갈래를 통합하려는 논의는 결국, 아리스토텔레스의 견해로 회귀하는 방식이라고 말하기도 했다. 어쨌든, 아리스토텔레스는 '은유'(비유)에서 서로 다른 사물들 간의 유사성을 간파해 내는 인식론적 능력을 높이 샀다.(②) 서정시의 본질을 자아와 세계의 통일(화해와 조화)에서 찾는다면, 은유는 시적 세계의 구성 원리와 통한다고 할 수 있을 것이다.

아리스토텔레스의 말대로, 서로 다른 사물들 간의 유사성을 간파해 내는 게 인식론적으로 뛰어난 능력이라면, 환유는 은유에 비해 저급한 것으로 여겨질 수밖에 없다. 왜냐하면 환유에는 A와 B 사이의 관련성이 이미 전제되어 있기 때문에,[3] 그 유사성을 알아내는 게 어렵지 않을 뿐만 아니라 별로 생산적인 일이 못되기 때문이다. 수사학적으로 봤을 때, 환유는 대체로 A와 B 사이의 인접성이 가진 관습적이고 자동화된 연상에 기반하는 것으로 이해된다. 이런 입장에서 보면, 이 글의 제목 '은유와 환유'는 균형이 맞지 않는 이상한 게 된다.

은유와 환유를 두 축으로 삼는 견해는 야콥슨의 선구적인 통찰로부터 시작된다. 여기서, 은유와 환유라는 용어는 수사학적인 용법의 범주를

---

[3] 우리가 앞에서, 표현하려는 대상 A와 '관련되는' 다른 사물이나 속성 B를 대신 들어 그 대상 A를 나타내는 게 환유라고 정리해 두었던 걸 기억하자.

넘어선다. 야콥슨은 문장 구성의 두 축을 선택의 축(수직의 축: 계열적 관계)과 결합의 축(수평의 축: 통합적 관계)으로 나누고, 전자에 은유를 후자에 환유를 연결시켰다.

바람 부는	날이면	압구정동에	가야 한다	→ **결합 축**(인접성의 원리)
비 오는	밤이면	소줏집에	들러야 한다	
안개 낀	새벽이면	샛강에		

↓ **선택 축**(등가성의 원리)

하나의 문장을 이루는 각각의 어휘들은 등가적인 어휘들 중에서 선택된 것이고, 하나의 문장은 이렇게 선택된 어휘들을 인접한 구문 체계에 따라 결합한 것이다. 선택 축은 등가성의 원리에 따라, 결합 축은 인접성의 원리에 따라서 배열된다. 야콥슨은 은유를 등가성의 원리가, 환유를 인접성의 원리가 작동되는 것으로 보고 언어 구조의 두 축(선택 축과 결합 축)에 연결 지었다. 그에게서 이 두 축, 선택 축(은유적인 축)과 결합 축(환유적인 축)은 실어증의 두 유형(유사성 장애와 인접성 장애), 시와 산문의 원리, 문예 사조 등을 설명하는 데 중요한 두 가지 개념이 된다. 그에 따르면, 시의 경우는 은유, 산문의 경우는 환유가 지배적인 언어 운용의 원리가 된다. 또한 그는 낭만주의를 은유에, 사실주의를 환유에 연결시켜 해명하고자 했다. 여기에 덧붙여 보자면, 프로이트가 꿈의 작업에서 사용하는 방식으로(무의식이 꿈에 현상되는 방식으로) 제시한 '응축(condensation)'과 '치환(displacement)'은 "무의식은 언어처럼 구조화되어 있다."라고 했던 라캉에 의하면 각각 은유와 환유의 개념으로 대체할 수 있는 것이었다.

'환유' 자체에 적극적으로 주목하게 된 건 비교적 근래에 들어서다. 요즘엔 야콥슨이 산문의 원리로 얘기한 바 있는 환유가 시에서도 새롭게 조명되고 있다. 이런 현상의 밑바탕엔, 이질적인 것들로부터 유사성을 유추해 내는 '은유적인 사고' 자체에 대한 근본적인 회의와 의심이 깔려 있다.

거슬러 올라가면 니체는 이렇게 말했다. "모든 관념은 동등하지 않은 것을 동등화하는 것으로부터 나왔다. 은유는 닮지 않은 것 사이에서 동일성을 구하는 것이다." "그러므로 진리란 무엇인가? …… 진리란 환상이라는 사실을 망각하고 있는 환상이며 아무 느낌도 주지 못하는 낡은 은유다." 니체를 따르면서, 데리다는 모든 언어는 수식과 수사를 통해서 은유적으로 작용한다는 것을 보여 준다. 니체와 더불어 그의 글은 또 얼마나 은유적이며 문학적인가! 그런데 다른 어떤 담론보다도 은유를 풍부하게 활용하는 문학 작품은, 다른 글쓰기들에 비하면 은유를 통해 진리를 참칭하지 않는다. 문학 작품은 자신의 수사학적 위치를 기꺼이 인정한다. 다시 말해, 그 스스로가 '은유적'이라는 걸 은폐하지 않는다. 문학과 마찬가지로 은유적이며 애매하면서도, 다른 형태의 글쓰기들(철학, 법, 정치 이론, 과학 이론 등등)은 그 자신을 투명하고 의심할 바 없는 진리로 간주한다. 데리다는 은유를 해체하는 게 아니라, 은유를 봄으로써 진리의 자명성을 해체하고자 한다.

수전 손택은 은유적으로 생각하려는 유혹을 쫓아내려는 노력의 일환으로 『은유로서의 질병』(1977)이란 책을 썼노라고 고백했는데, 그 노력의 연장에서 나온 『에이즈와 메타포』(1988)의 첫 문장은 다음과 같다. "은유라는 표현을 쓸 때, 나는 내가 알고 있는 한 가장 오래되고 가장 간결한 정의, 즉 아리스토텔레스가 『시학』에서 내린 정의(은유는 어떤 사물에다 다른 사물의 이름을 전용하는 것이다.)를 따르고 있다." 앞에서 보았듯이 아리스토텔레스에 의하면, 어떤 사물에다 다른 사물의 이름을 전용하는 은유를㉠ 능숙하게 사용할 수 있다는 것은 서로 다른 사물들의 유사성을 간파할 수 있는 특별한 능력, 천재성의 징표가 된다.(②) 그런데 손택은 은유를 특이한 능력으로 간주하지 않는다. 오히려 그녀에게 은유는 철학이나 시보다 오래된 정신 작용이며 과학적인 지식과 일상적인 표현력을 포함해 각종 이해 방식을 낳은 기반이다. 그녀는 이 은유적인 사유 자체를 문제 삼는다. '그것이 아닌 다른 것'으로 '그것'을 부르는 것, 즉 서로 '다른 것들'을 '유사성'으로 결합하는 것이 사실을 왜곡하고 나아가 폭력으로 작용할 수 있다는 걸, 그녀는 질병을 둘러싼 은유를 실증적으로 검토함으로써 보여 주고 싶어 한다. 일례로 중세 시대의 경우, 나병은 종교적이고 도덕적인 타락과 관련된 은유로 둘러싸여 있었다. 오늘날의 경우라면, 에이즈에 가해지는(혹은 에이즈로 나타내는) 은유적 표현들이 그러하다고 할 수 있을 것이다. 때문에 환자들은 이런 질병을 수치스러운 것으로 여기고, 신체적인 고통 외에 도덕적인 고통까지 짊어지게 된다. 환자들이여, 은유로부터 벗어나라. 그녀는 말한다. "물론 사람들은 은유 없이 사고할 수 없다. 그러나, 그렇다고 해서 우리가 자제하고 피하려 애써야 할 은유가 없다는 것을 의미하지는 않는다."

   은유적인 사유를 동일성에의 의지에 연결시킬 때, 환유적인 사유는 그 반대편의 흐름에 연결된다. 이럴 때, 은유와 환유라는 용어에 수사학적인 용법을 엄밀하게 대응시킬 순 없다. 야콥슨으로, 혹은 니체로 거슬러 가서도 확인해 볼 수 있듯이, 이 두 용어가 놓여 있는 지평은 수사학이 아니라 언어학 또는 철학일 수 있고, 세계관일 수 있다. 은유는 (계열적) 선택과 등가성에 따르고, 환유는 (통합적) 결합과 인접성에 따른다.(야콥슨) 은유가 주로 유추를 통해 유사성을 발견한다면, 환유는 대개 연상을 통해 인접한 것들을 연결시킨다고 하겠다. 은유에서는 보편성이 중시되는 데 비해 환유에서는 개별성이 강조된다. 은유는 본질과 필연성을 지향하지만 환유는 우발적이고 우연적인 것에 관심을 둔다.(폴 드 만) 하나의 똑같은 문학 텍스트를 독자가 어떤 비유에 초점을 맞춰 읽느냐에 따라 그 텍스트의 의미와 성격은 달라진다고 말하는 이도 있다.(호미 K. 바바) 즉, 텍스트 수용자가 은유적인 표현과 기능에 주목하여 읽으면 텍스트의 주제는 보편적이고 일반적인 것으로 환원되고, 반면 환유적인 것에 관심을 두고 읽으면 텍스트의 개별적이고 특수한 맥락을 찾아내게 된다는 것이다.[4]

은유

앞에서도 얼핏 말했지만, 은유는 시에서 하나의 기법 이상의 지위를 누린다. 서정 양식으로서의 시는 자아와 세계의 순간적 통합을 지향한다. 차이성 속에서 동일성을 발견해 내는 데서 은유의 원리를 찾는다면, 이 원리는 시적 비전과 닿아 있다고 할 수 있다. 그런데 여기서 짚어 두어야 할 건, '차이성'이 완전히 묻히지 않는다는 것이다. '차이성'이 의식에서 망각될 때, 그 비유는 '죽은 비유'라고도 할 수 있다. 원관념 A와 보조관념 B 사이의 미적 긴장 혹은 효과는 A와 B의 거리로부터 발생한다. 때에 따라선, A=B라는 형식으로 맞닥뜨리게 되는 '차이'의 충돌로 인해 제3의 존재가 태어나기도 한다. 이 경우, A와 B는 어느 쪽으로도 흡수 통일되지 않는다.

이 장에서는, 휠라이트의 은유론을 통해, 은유가 시적으로 작용하는 몇몇 양상을 살펴보기로 한다.[5] 휠라이트는 은유를 크게 두 가지로 구별

---

[4] 김욱동, 앞의 책, 262~280쪽 참조.
[5] Philip Wheelwright, *Metaphor and Reality*(Bloomington: Indiana University Press, 1973).

했다. 그는 그 하나를 치환 은유(置換隱喩, epiphor)라 불렀고, 다른 하나를 병치 은유(竝置隱喩, diaphor)라고 이름 붙였다. 그는 "치환 은유의 역할은 의미를 암시하는 데 있고, 병치 은유의 역할은 존재를 만들어 내는 데 있다."고 말한다.

치환 은유, 'epiphor'는 'epi'(over ·on ·to: ~로 향해서 가는)와 'phor'(semantic movement: 의미론적 작용)가 결합된 말이다. 아리스토텔레스가 은유를 "어떤 사물에다 다른 사물에 속하는 이름을 전용하는 것"이라고 정의 내린 이래, 전통적으로 은유를 설명하는 데 있어서 '치환' 개념은 매우 유용하게 사용되어 왔다. 아리스토텔레스는 '미지(未知)의 것'에 대한 앎에 도달하기 위해 이를 '기지(既知)의 것'으로 바꾸어 부르는 '전이(轉移) 양식'으로 은유를 이해했다. 아리스토텔레스적인 전통에서 은유의 근본적인 목표는 비교적 잘 알려져 있거나 구체적으로 알려져 있는 것(매재, 보조관념)과 훨씬 더 가치 있고 중요한 것이지만 잘 알려져 있지 않거나 추상적이고 막연하게 알려져 있는 것(취의, 원관념)과의 유사성을 표현하는 것이다. 휠라이트는 치환 은유의 핵심적인 작용이 비교에 있고, 그래서 매재(보조관념)와 취의(원관념) 사이의 유사성(모방적 요소)을 전제로 하지만, 그렇다고 그 유사성이 두드러지거나 비교가 명확해야 할 필요는 없다고 말한다. 유사성의 포착이 미학적이고 인식론적인 충격으로 이어지기 위해선 매재와 취의 사이에 활기와 긴장감이 흘러야 한다. 치환 은유는 비교를 통해 의미를 탐색하거나 확장하는 일을 대표한다. 그는 또한 치환 은유의 특이한 양상으로 '감각적 전이'를 들었다. 여기서 우리는 그를 따라 '공감각(共感覺)'을 은유의 차원에서 이해해 볼 수 있게 된다.

1억 5천만 킬로미터를 날아온 불도 엄연한 불인데

햇빛은 강물에 닿아도 꺼지질 않네

물의 속살에 젖자 활활 더 잘 타네

물이 키운 듯 불이 키운 듯한 버드나무 그늘에 기대어

나는 불인 듯 물인 듯도 한 한 사랑을 침울히 생각는데

그 사랑을 다음 생까지 운구할 길 찾고 있는데

빨간 알몸을 내놓고

아이들은 한나절 물속에서 마음껏 불타네

누구도 갑자기 사라지지 않네

물불 가리지 않고 뛰어드는 것이,

저렇게 미치는 것이 옳겠지

저 물결 다 놓아보내주고도 여전한 수량

태우고 적시면서도 뜯어말릴 수 없는 한몸이라면

애써 물불을 가려 무엇하랴

저 찬란 아득히 흘러가서도 한사코 찬란이라면

빠져 죽는 타서 죽는,

물불을 가려 무엇하랴

─이영광, 「물불」

'햇빛=1억 5천만 킬로미터를 날아온 불'이라는 은유를 통해, 햇빛이 반짝이는 강물은 물과 불이 서로를 태우고 적시는 강렬한 감각적(촉각적) 인상으로 전이된다. 시각적 인상과 촉각적 인상이 뒤섞여 한결 강렬해졌다. "물이 키운 듯 불(햇빛)이 키운 듯한 버느나무 그늘에 기대어" 내가 생각하는 것은 "불인 듯 물인 듯도 한 한 사랑"이다. 이제 물과 불이 한몸인 강물의 풍경은 사랑의 은유가 된다. 그리고 물속에서 "빨간 알몸을 내놓고" 노는, "마음껏 불타"는 아이들이 이 은유에 동참한다. 그리하여 "물

불 가리지 않"는 것은 사랑의 어리석음이 아니라 천진함으로 긍정된다. "물불 가리지 않고 뛰어드는 것이,/ 저렇게 미치는 것이 옳겠지". 그것이 사랑의 본질임을 시인은 우리에게 말해 주는 것이 아니라 보여 준다.

  시 한 편을 더 읽어 보자.

    막차는 좀처럼 오지 않았다
    대합실 밖에는 밤새 송이눈이 쌓이고
    흰 보라 수수꽃 눈시린 유리창마다
    톱밥난로가 지펴지고 있었다.
    그믐처럼 몇은 졸고
    몇은 감기에 쿨럭이고
    그리웠던 순간들을 생각하며 나는
    한줌의 톱밥을 불빛 속에 던져 주었다
    내면 깊숙이 할 말들은 가득해도
    청색의 손바닥을 불빛 속에 적셔 두고
    모두들 아무 말도 하지 않았다
    산다는 것이 때론
    한 두름의 굴비 한 광주리의 사과를
    만지작거리며 귀향하는 기분으로
    침묵해야 한다는 것을
    모두들 알고 있었다
    오래 앓은 기침 소리와
    쓴 약 같은 입술 담배 연기 속에서
    싸륵싸륵 눈꽃은 쌓이고
    그래 지금은 모두들

눈꽃의 화음에 귀를 적신다
자정 넘으면
낯설음도 뼈아픔도 다 설원인데
단풍잎 같은 몇 잎의 차창을 달고
밤열차는 또 어디로 흘러가는지
그리웠던 순간들을 호명하며 나는
한줌의 눈물을 불빛 속에 던져 주었다

——곽재구,「沙平驛에서」

 이 시에는, 눈이 내리는 겨울날 시골 간이역에서 막차를 기다리는 사람들이 그려져 있다. "모두들/ 눈꽃의 화음에 귀를 적신다"고 했듯이, 이 시는 서정적 화음 속에 감싸여 있다. 이 속에서 쿨럭이는 기침 소리가 들리고, 담배 연기가 피어오르고, 또 몇몇 사람들은 졸고 있다. 시인은 '그믐처럼' 존다고 얘기한다. 만약, '초승'이나 '보름'처럼 존다고 했다면 어땠을까. 졸고 있는 모습(취의, 원관념)이 '그믐'(매개, 보조관념)을 통해 전달됨으로써 생의 쓸쓸함, 막막함, 고달픔 따위가 환기된다. 이렇게 묘사된 풍경 속에서 '산다는 것'이라는 추상적이고 철학적인 문제가 시적 비유를 통해 구체적으로 말해진다. 즉, "산다는 것(취의, 원관념)이 때론/ 한 두름의 굴비 한 광주리의 사과를/ 만지작거리며 귀향하는 기분으로 침묵해야 한다는 것(매재, 보조관념)"으로 이해된다. 귀향하는 자가 선물로 준비한 한 두름의 굴비 한 광주리의 사과에는 그자의 가난과 부끄러움이 묻어 있고 또 고향을 향한 애틋한 마음이 묻어 있다. 이것들을 만지작거리며 침묵하는 이를 통해 생의 남루함과 본원적인 그리움이 환기되고, '산다는 것'의 구체적인 의미와 질감에 도달하게 된다.

 여기서, '산다는 것(A)이 때론 ~한 것(B)이다'라는 구문에 주목해 보

자. '때론'이라는 부사어는 '산다는 것'의 의미를 유일하고 고정적인 것으로 확정 짓지 않게 한다. 시적 은유는 언제나 '때론'이라는 부사어를 전제하고 있다고도 말할 수 있다. 곽재구의 「沙平驛에서」를 모티프로 삼고 있는 임철우의 소설 「사평역」은 여러 인물들의 입을 빌려 '산다는 것'(A)에 대한 다양한 보조관념들(B1, B2, B3, B4, B5)을 늘어놓는다.[6] 문학적 은유는 '산다는 것'을 다르게 전달하는 수많은 은유들과 논쟁을 벌이거나 세력을 다투지 않는다. 반면, 장석주가 "폭압의 시대엔 은유만 발달한다."(「비」)고 썼을 때, 그 '은유'란 말은 은유의 수사적 기원이 망각되고 유일한 진리로 혹은 이데올로기로 혹은 가치의 척도로 주장되고 강요되는 표상들을 가리킨다고 할 수 있다. 이를테면, '천리마 운동', '새마을 운동', '시간은 돈이다' 등등의 것들.

병치 은유, 'diaphor'는 'dia'(through: ~을 관통하여)와 'phor'(semantic movement: 의미론적 작용)가 결합된 말이다. 여기선, 경험적으로도 의미론적으로도 분리되어 있는 어떤 (실제적 또는 상상의) 특정 경험들과 사물들이 병렬되어 있는데, 이 병렬을 참신하게 '통과'함으로써 새로운 의미가 조합된다. 병치 은유는 병렬(juxaposition)과 통합(synthesis)에 의해 새로운 의미를 창조하는 일을 대표한다. 휠라이트는 병치 은유의 근본적인 가능성을 지금까지 묶여지지 않았던 요소들을 결합하여 전혀 새로운 존재에 이르게 하는 데서 찾았다. 지금까지 묶여지지 않았던 요소들이란 상호 모

---

[6] "흐유, 산다는 게(A) 대체 뭣이간디……." 불현듯 누군가 나직이 내뱉었다. 그러자 사람들은 그 말꼬리를 붙잡고 저마다 곰곰이 생각해 보기 시작한다. 정말이지 산다는 게 도대체 무엇일까…… 중년 사내에겐 산다는 일이 그저 벽돌담 같은 것(B1)이라고 여겨진다. (……) 농부의 생각엔 삶이란 그저 누가 뭐래도 흙과 일뿐(B2)이다. (……) 서울 여자에겐 돈(B3)이다. (……)" 춘심이에겐 산다는 게 유행가 가락이나 술 취해 두들기는 젓가락 장단과 매양 한가지(B4)로 여겨지고, 한 대학생에겐 이 세상과 구별할 수 없는 그 무엇(B5)으로 생각된다.

방적 인자를 발견할 수 없는 것들을 말한다. 한 예를 들어 보자.

내용 없는 아름다움처럼

가난한 아희에게 온
서양 나라에서 온
아름다운 크리스마스 카드처럼

어린 洋들의 등성이에 반짝이는
진눈깨비처럼

— 김종삼, 「북치는 소년」

    1연, 2연, 3연은 "북치는 소년"과 어떤 유사성이 있을까. 대답하기 쉽지 않다. 그리고 1연, 2연, 3연은 형식적으론 등가적으로 배열되어 있는데, 의미상으로는 어떤 등가성이 있는가. 역시 대답하기 쉽지 않다. 휠라이트라면, 질문이 잘못되었다고 말할지도 모르겠다. 이 시의 미적 효과는 유사성을 인식하는 데서 발생하지 않는다는 게 그의 지적일 것이다. 굳이 상호간의 유사성과 관련성을 찾으려 든다면, 여러 가지 대답을 만들어 볼 순 있을 것이다. 그러나 중요한 것은, 휠라이트의 말대로 당돌한 배열과 연결을 '관통하여' 북치는 소년이, 결국엔 한 편의 시가 '새로운 존재'로 드러나게 된다는 점이다.

    이 시의 첫 구절, "내용 없는 아름다움"을 병치 은유의 미학적 목표와 효과를 설명하는 데 동원할 수도 있다. 휠라이트에 따르면, 순수한 병치 은유는 비모방 음악과 대부분의 추상 회화에서 어김없이 나타난다. 병치 은유에, 어떠한 치환 은유적 요소도 발견할 수 없다면, 다시 말해 두 사물 사이에 치환을 가능하게 하는 기반으로서의 어떤 모방적 요소(유사성)도 부재하다면, 의미론적 연결은 성립되기 어렵다. 치환 원리는 의미의 예술을 지향하고, 병치 원리는 무의미의 예술을 지향한다.

김춘수의 '무의미시', 이승훈의 '비대상시'는 병치 은유를 시작(詩作)의 한 원리로 삼고 있는 예들이라 할 수 있다. '무의미 시론'은 의미와 대상과의 연결을 끊고(의미와 대상에 기대지 않고) 시 자체 이외에 아무것도 가리키지 않는 '존재의 시'를 지향한다. 여기서 시는 의미와 대상, 즉 내용을 거절함으로써, '~에 대해 말하는 기능'(인식론적 기능)을 멈추고 그 자체가 목적인 '존재'에 다다르려 한다. 달리 말해, '내용 없는 아름다움'에 도달하고자 한다. 그러나 '언어'에는 이미 대상과 의미가 새겨져 있다. 때문에, '무의미 시론'은 다음과 같은 물음 위에 놓여 있다.

> 어떤 시는 언어의 속성을 전연 바꾸어 놓을 수도 있지 않을까? 언어에서 의미를 배제하고 언어와 언어의 배합, 또는 충돌에서 빚어지는 음색이나 의미의 그림자나 그것들이 암시하는 제2의 자연 같은 것으로 말이다. 이런 일들은 대상과 의미를 잃음으로써 가능하다고 한다면, '무의미시(無意味詩)'는 가장 순수한 예술이 되려는 본능에서였다고도 할 수 있을는지 모른다.
>
> ─김춘수, 「對象·無意味·自由」

휠라이트는 매력적이고 효과적인 은유 현상은 어떤 방식으로든 치환 은유적 요소와 병치 은유적 요소가 결합되어 있는 경우라고 했다. 그는 치환 은유와 병치 은유의 작용을 별도로 검토했지만, 실제 시에서 이 두 요소는 겹치거나 섞여 나타난다는 걸 분명히 해 둔다.

시 한 편을 더 읽어 보자.

나는 등이 가렵다

한 손에는 흰 돌을
한 손에는 우산을
들고 있다.

우산 밖에는 비가 온다.

나는 천천히
어깨 너머로 머리를 돌려
등 뒤를 본다.

등 뒤에도 비가 온다.

그림자는 젖고
나는 잠깐
슬퍼질 뻔한다.

말을 하고 싶다.
피와 살을 가진 생물처럼.
실감나게.

흰 쥐가 내 손을
떠나간다.

날면,

나는 날아갈 것 같다.

—신해욱, 「천사」

　시인이 날개를 달아 주는 대신 천사의 손에 쥐어 준 것 두 가지 "흰 돌"과 "우산", 그리고 천사의 손에서 떠나간 '흰 쥐', 이 세 가지는 어떠한 계열적 혹은 모방적 유사성을 가질까. 그런 질문은 쓸데없어 보인다. 이 세 가지 요소가 '새로운 천사'를 존재하게 만든다는 것, 휠라이트 식으로 말하자면 지금까지 묶여지지 않았던 요소들을 결합하여 전혀 새로운 존재를 시적으로 일으켜 세운다는 것이 중요할 것이다. 그리고 이 세 요소가 시 속에서 새롭게 스며들고 진동하고 운동한다는 것이 중요할 것이다. 말하자면, 새로운 것을 쓰는 것이 아니라 시를 쓰면서 새로워지는 것이 중요하다는 것.

　"나는 등이 가렵다."라는 첫 문장을 읽는 순간, '날개의 흔적' 혹은 '날개의 가능성' 같은 것을 연상했을지도 모르겠다. 이것은 다소 관습적인 연상이다. 이런 연상을 굳이 하지 않아도 좋다. 다만 여기서 천사는 '등'을, '등 뒤'의 세계의 기적을 불편하고 간절하게 느끼고 있다는 것을 감지하면 좋겠다. 지금 이곳의 천사에게는 날개가 없는 것 같다. 두 개의 날개 대신에, "한 손에는 흰 돌", 다른 "한 손에는 우산을/ 들고 있"는 천사. "우산 밖에는 비가 오"고, "등 뒤에도 비가" 오고, 등 뒤의 "그림자는 젖고" 있다. 슬퍼지지만("슬퍼질 뻔"했지만) 슬픔을 노래할 언어가 이 천사에게는 없다. "피와 살"의 실감이 없다. 이 희미함이 천사를 가볍게 만든다. 마침내 "흰 쥐가 내 손을/ 떠나간다." '흰 쥐', 이 작고 돌연한 생물은 언제부터 천사의 손에 쥐어져 있었을까. '흰 돌'이 '흰 쥐'였던 걸까, '흰 쥐'가 '흰 돌'이었던 걸까. 그런 질문도 불필요하게 느껴진다. '흰 돌'의

무게, '흰 쥐'의 생물성이 천사를 이 세계에 서 있을 수 있게 해 주었으리라. "흰 쥐가 내 손을/ 떠나"가고, 이제 더욱 희미해지고 가벼워진 천사는 지상으로부터 발이 들리는 것 같다. 바람이 불면, 날아갈 것 같다. "날면,/ 나는 날아갈 것 같다." 그렇지만 천사는 이 세계를 떠나고 싶지 않은 것 같다.

벤야민은 파울 클레의 그림 「새로운 천사(앙겔루스 노부스)」를 무척이나 좋아했다고 한다.[7] 이 시를 읽고, 어쩐지 벤야민의 기분에 가까이 간 것 같은 기분. '새로운 천사들'이 태어나는 곳에서 우리는 가까스로 희망을 본다. 바람이 불면, 떠밀려 갈 것 같고, 이 세계로부터 멀어질 것 같고, 저 멀리 날아가 버릴 것 같은.

환유

'환유'는 예전에도 시에 많이 쓰였던 언어 운용법 중 하나였다. 다른 글쓰기에서는 물론이고. 시론에서 환유가 별로 논의되지 않았던 건, 그것이 시의 원리나 특성에 부합하는 용법이 못 되었고, 또한 못 된다고 간주되어 왔기 때문이다. 앞에서 살폈듯이 야콥슨도 시의 원리에 은유를,

---

[7] 이 그림의 천사는 마치 그가 응시하고 있는 어떤 것으로부터 금방이라도 멀어지려고 하고 있는 것처럼 보인다. 이 천사는 눈을 크게 뜨고 있고, 입은 벌여져 있으며 또 그의 날개는 펼쳐져 있다. 역사의 천사도 그렇게 보일 것이 틀림없다. 우리들 앞에서 일련의 사건들이 그 모습을 드러내고 있는 바로 그곳에서 그는, 잔해 위에 잔해를 쉴새없이 쌓이게 하고 또 이 잔해를 우리들 발 앞에 내팽개치는 단 하나의 파국을 보고 있다. 천사는 머물러 있고 싶어하고, 죽은 자들을 불러 일깨우고, 또 산산이 부서진 것을 모아서는 이를 다시 결합시키고 싶어한다. 그러나 천국으로부터는 폭풍이 불어오고 있고, (……) 이 폭풍은, 그가 등을 돌리고 있는 미래 쪽을 향하여 끊임없이 그를 떠밀고 있으며, 그의 앞에 쌓이는 잔해의 더미는 하늘까지 치솟고 있다. 우리가 진보라고 일컫는 것은 바로 이러한 폭풍을 두고 하는 말이다.(발터 벤야민, 「역사 철학 테제 9」)

산문의 원리에 환유를 연결시키지 않았나. 야콥슨에 따르면, 환유는 '인접성'을 바탕으로 배열된다. 은유가 서로 상이한 것들 사이에서 '유사성'을 '발견'하고, 그리하여 상이한 것들 사이에 구심점을 구축해 내는 데 반해, 환유에는 발견의 힘이나 통일성을 부여하는 구심력이 별로 없다. 대부분의 환유적 연결에는 이미 인접성과 관련성이 관습적으로 인정되므로, 그 연결 자체가 인식론적 충격을 주지도 않는다. 인식론적 가치로 따지자면, 환유는 은유에 비해 한참 떨어진다. 그러나 환유가 인식론적 발견과 합일을 목표로 삼는 용법이 아니라면, 이를 기준으로 환유와 은유를 저울질하는 건 그다지 공평하지 않다.

어쨌든, 문제는 근래에 들어 왜 환유적인 원리가 새삼스럽게 부각되고 조명되는가 하는 점일 것이다. 전통적으로 은유를 중심으로 논의되어 왔던 시 장르에서도 주목할 만한 양상으로 환유적인 원리와 방법이 쓰이고 있다. 어떤 평자들은 '환유시'라는 말을 사용하기도 한다. 이 글에서는 '환유적인 원리와 방법이란 무엇인가'라는 질문으로 문제에 접근하는 게 아니라, '환유적인 원리와 방법이 어떻게 기능하는가'라는 질문으로 다가가고자 한다. 이를 통해 환유가 새삼 그리고 새롭게 떠오르게 된 이유와 그 맥락을 이해할 수 있을 것이다.

이런 경우를 한번 생각해 보자. 어떤 학생이 방과 후에 혼자 남아서 별로 쓰고 싶지 않은 반성문을 쓰게 되었다. 녀석의 마음엔 문득 '반성'이란 게 뭘까, 하는 의아심이 생긴다. '반성'이란 단어를 '엣센스 국어사전'에서 찾아보기로 한다. "반성: ① 자기의 과거의 행위에 대하여 그 선악·가부를 고찰함. ② 〔심〕 주체가 자기 자신을 관찰함. ③ 〔논〕 판단이 존립할 수 있는 조건을 고찰함." 녀석에겐 '선악' '가부'라는 단어가 맘에 걸린다. 나는 선한가, 악한가, 옳은가, 그른가. 녀석은 자못 철학적이 된다. 그래서 내친 김에 '선악'이란 단어의 뜻도 알아보기로 한다. '선악'이란 단어 근처에 '선악과'라는 단어가 적혀 있다. "선악과:〔기〕 선악을 알게 된다는 나무 열매.(에덴동산에서 아담과 이브가 여호와의 계명을 어기고 따먹었다는 열매)" 나무 열매라고? 이쯤 되면, 슬슬 장난기가 발동한다. 반성 — 선악 — 선악과 — 나무 열매 — 자방(子房) — 주머니 — 돈 — 엽전…….

이렇게 환유적인 고리들은 의미를 모으지 않고 의미를 미끄러지게 하고 흩어지게 한다. 하나하나의 고리들은 인접해 있지만, 그 연결은 필연적인 게 아니고 우연에 기대어 있다. 어떻게 흘러갈지 알 수 없다. 그러니 그 끝도 알 수 없고, 끝이란 건 있지도 않다. 의미는 고정되지 않는다. 의미는 해체된다.

빨강 초록 보라 분홍 파랑 검정 한 줄 띄우고 다홍 청록 주황 보라. 모두가 양을 가지고 있는 건 아니다. 양은 없을 때만 있다. 양은 어떻게 웁니까. 메에 메에. 울음소리는 언제나 어리둥절하다. 머리를 두 줄로 가지런히 땋을 때마다 고산 지대의 좁고 긴 들판이 떠오른다. 고산증. 희박한 공기. 깨어진 거울처럼 빛나는 라마의 두 눈. 나는 가만히 앉아서도 여행을 한다. 내 인식의 페이지는 언제나 나의 경험을 앞지른다. 페루 페루. 라마의 울음소리. 페루라고 입술을 달싹이면 내게 있었을지도 모를 고향이 생각난다. 고향이 생각날 때마다 페루가 떠오르지 않는다는 건 이상한 일이다. 아침마다 언니는 내 머리를 땋아 주었지. 머리카락은 땋아도 땋아도 끝이 없었지. 저주는 반복되는 실패에서 피어난다. 적어도 꽃은 아름답다. 적어도 나는 그렇게 생각한다. 간신히 생각하고 간신히 말한다. 하지만 나는 영영 스스로 머리를 땋지는 못할 거야. 당신은 페루 사람입니까. 아니오. 당신은 미국 사람입니까. 아니오. 당신은 한국 사람입니까. 아니오. 한국 사람은 아니지만 한국 사람입니다. 이상할 것도 없지만 역시 이상한 말이다. 히잉 히잉. 말이란 원래 그런 거지. 태초 이전부터 뜨거운 콧김을 내뿜으며 무의미하게 엉겨 붙어 버린 거지. 자신의 목을 끌어안고 미쳐 버린 채로 죽는 거지. 그렇게 이미 죽은 채로 하염없이 미끄러지는 거지. 단 한 번도 제대로 말해 본 적이 없다는 사실이 안심된다. 우리는 서로가 누구인지 알지 못한다. 말하지 않는 방식으로 말하고 사랑하지 않는 방식으로 사랑한다. 길게 길게 심호흡을 하고 노을이 지면 불을 피우자. 고기를 굽고 죽지 않을 정도로만 술을 마시자. 그렇게 얼마간만 좀 널브러져 있자. 고향에 대해 생각하는 자의 비애는 잠시 접어 두자. 페루는 고향이 없는 사람도 갈 수 있다. 스스로 머리를 땋을 수 없는 사람도 갈 수 있다. 양이 없는 사람도 갈 수 있다. 말이 없는 사람도 갈 수 있다. 비행기 없이도 갈 수 있다. 누구든 언제든 아무 의미 없이도 갈 수 있다.

—이제니, 「페루」

"나는 가만히 앉아서도 여행을 한다." 이 여행은 환유적이다. 양 한 마리, 양 두 마리, …… 그렇게 양을 세며 반쯤 잠든 듯이 앉아 있었을까. 그러다가 (하얀) 양에게서는 찾을 수 없는 색깔들, 빨강 초록 보라 분홍 ……, 그런 색깔들을 하나씩 불러 보았을까. 라캉이 데카르트의 코기토를 뒤집어서 "나는 생각하지 않는 곳에서 존재하고 존재하지 않는 곳에서 생각한다."라고 했던 것처럼 "양은 없을 때만 있다."라고 시인은 말한다. "나는 가만히 앉아서도 여행을 한다."는 진술을 '나는 여행을 하지 않을 때 여행을 한다.'는 말로 바꿔 볼 수 있을 것 같다.

메에 메에 우는 양의 울음소리를 떠올린다. "울음소리는 언제나 어리둥절하다."라고 했듯이 어리둥절한 여행이 시작된다. 잠깐 "한 줄 띄우"듯이 생각이 끊기기도 했을 텐데, "머리를 두 줄로 가지런히 땋을 때", 언니가 내 머리를 양 갈래로 땋아 주던 어린 시절의 아침으로 연상은 어느새 옮겨 간다. "머리카락은 땋아도 땋아도 끝이 없었"던 것 같은 느낌. 그 느낌처럼, '두 줄로 땋은 머리―고산 지대의 좁고 긴 들판―고산증―라마의 울음소리―페루……' 한없이 이어질 것 같은 환유의 고리를 따라 상념은 "경험을 앞지"르며 "하염없이 미끄러"진다. 점점 어리둥절해진다. 정박할, 귀환할 "고향이 없는 사람"이라는 자의식은 이 환유의 고리를 더욱 미끄럽게 하고 출렁이게 하고 어지럽게 한다. "고향에 대해 생각하는 자의 비애", 의미의 기원을 찾는 자의 슬픔은 "잠시 접어두"고, "고향이 없는 사람도 갈 수 있"는, "누구든 언제든 아무 의미 없이도 갈 수 있는" 의식의 흐름에 몸을 싣는다. "나는 생각하지 않는 곳에서 존재하고 존재하지 않는 곳에서 생각한다." 초현실주의자들이 제출했던 이른바 '자동기술법'을 미학적으로 채택하고 있는 이 시는 존재를 향한 긴 여행을 떠났다. 아직도 돌아오지 않은 것 같다.

또, 이런 연쇄는 어떤가.

> **모스크 바**(bar)에 가자 **모스크 바**에 가면 당대 최고의 가수 빅토르 최를 만날 수 있다 **제네 바**의 가수는 항**상 하이**디, 그녀는 요들송만 부른다 **바르샤 바**의 술값은 너무 비싸 위스키 한 잔에 **이스탄 불**(dollar)을 내야 한다 이쯤 되면 우리가 **모스크 바**에 가는 것은 당연해진다 **모스크 바**에 가기 위해선 우선 차가 있어야 한다 **카사블랑 카**(car)나 **알래스 카**보다는 **니스** 칠이 되어 있는 **스리랑 카**를 추천한다 **스리랑 카**를 타고 **오슬 로**(path)를 따라가다 보면 **암스테르담**(fence)이 나온다
> ─오은, 「말놀이 애드리브─모스크 바에는 빅토르 최가 있다」 부분

오은의 '말놀이 애드리브'는 계속된다. 이 시는 그의 첫 시집 『호텔 타셀의 돼지들』을 관통하는 특유의 '말놀이' 시학의 방법론을 잘 보여 준

다. 그는 이 시집의 「자서(自序)」에 이렇게 썼다. "천둥과 번개/ 개와 원숭이/ 까마귀와 배/ 앙꼬와 찐빵/ 붕어와 붕어빵/ 웃음과 울음/ 눈물과 눈물/ 홈스와 뤼팽/ 커피와 담배/ 金과 숲/ 사드와 자허마조흐/ 누벨바그와 트뤼포/ 알리바바와 알리바이// 나와 너는 거의 모든 관계,/ 아무리 의심해도/ 섣불리 숨길 수 없었다." "붕어와 붕어빵"처럼 인접한 관계들, 그러한 관계들이 다양한 방식으로 재조합되고 연쇄되고 배치되면서 '나'와 '너', '나'와 '세계'의 "거의 모든 관계"들, 숨기고 싶었던 관계들까지 노출되고 누출된다. 물론 그의 시를 읽는 즐거움은 그 무엇보다도 놀이의 참신한 규칙을 매번 다시 찾고 다시 깨뜨리는 데서 발생할 것이다. 우리도 한번 찾아보고 깨뜨리면서 그의 말놀이 애드리브를 이어가 보자.

대개 환유적인 시들은 우연과 불확정성(발산, 흩어짐, 이탈, 미완성, 미숙함)에서 미학적인 에너지를 얻는다. 신나는 자유 혹은 불안한 자유 혹은 자유로운 불안에 의해 이끌리고 미끄러진다. 은유적인 에너지가 구심력으로 작용하는 데 반해, 환유적인 에너지는 원심력으로 작동한다.

또한 어떤 경우엔, 환유적인 원리나 방법을 전략적으로 사용하여, 현실의 파편성과 부조리성을 표나게 드러내고 환기시킨다. 나아가 은유적으로 봉합된(통합된) 세계란 허상일 뿐이라고 폭로한다. 이런 국면은 환유를 사실주의와 연결시키고 은유를 낭만주의와 연결시킨 야콥슨의 견해를 되새기게 한다. 어찌 됐든, 환유적인 시들을 은유 중심의 전통 시학적 관점에서 판단하거나 자리매김하긴 어렵다. 환유적인 원리와 방법은 포스트모던한 시대와 그 감수성에 잇닿아 있다. 몇 편의 시를 더 골라 읽으면서, 환유적인 방법론이 우리 시대와 만나는 방식에 대해 좀 더 생각해 보기로 하자.

나갔다. 들어온다. 잠잔다. 일어난다.

변보고. 이빨 닦고. 세수한다. 오늘도 또. 나가 본다.

오늘도 나는 제5공화국에서 가장 낯선 사람으로.

걷는다. 나는 거리의 모든 것을.

읽는다. 안전제일.

우리 자본. 우리 기술. 우리 지하철. 한신공영 제4공구간. 국제그룹 사옥 신축 공사장. 부산뉴욕 제과점.

지하 주간 다방 야간 맥주홀. 1층 삼성전자 대리점. 2층 영어 일어 회화 학원. 3층 이진우 피부비뇨기과의원. 4층 대한예수교장로회 선민중앙교회. 5층 에어로빅 댄스 및 헬스 클럽. 옥상 조미료 광고탑.

그리고 전봇대에 붙은 임신 · 치질 · 성병 특효약까지.

—황지우, 「活路를 찾아서」 부분

"나갔다. 들어온다. 잠잔다. 일어난다./ 변보고. 이빨 닦고. 세수한다. 오늘도 또 나가 본다."로 지루하게 나열된 동작들은 시간적인 인접성에 의해 연결된 것들이다. 그리고 "나갔다"와 "들어온다" 사이엔 거리를 걸으며 "거리의 모든 것을 읽는" 행위가 끼여 있다. "거리의 모든 것"은 공간적인 인접성에 따라 읽힌다. 이 시가 보여 주는 환유적인 연결 고리에는 어떠한 놀랄 만한 사건이나 관찰도 꿰여 있지 않다. 그런데, 어쩐지 황당하지 않은가. 특히, "지하 주간 다방 야간 맥주홀. 1층 삼성전자 대리점. 2층 영어 일어 회화 학원. 3층 이진우 피부비뇨기과의원. 4층 대한예수교장로회 선민중앙교회. 5층 에어로빅 댄스 및 헬스 클럽. 옥상 조미료 광고탑."으로 이루어진 5층짜리 건물은 길거리 어디서라도 볼 수 있을 법한 평범한 한 건물일 뿐인데, 지하 · 1층 · 2층 · 3층 · 4층 · 5층의 간판들 그리고 옥상의 광고탑까지 그냥 그대로 쭉 열거해 놓고 보니

어쩐지 그로테스크한 느낌을 주지 않는가. 공간적인 인접성의 정도로 따지자면 매우 밀접하지만, 이 배치 이 연결 어디에서도 유사성과 필연성은 찾을 수 없다. 이렇듯 기괴한 연결을 우리가 지극히 심상한 경험으로 받아들이고 있다는 사실, 바로 이 점이 삶의 파편성과 부조리성을 환기시킨다. 이 한 채의 건물이 그럴진대, 제5공화국은 어떠할 것이며 세계는 어떠할 것인가. 한 시인이 "제5공화국에서 가장 낯선 사람으로" 거리를 걷는 것은, 우리 자본·우리 기술과 같은 슬로건과 수많은 간판들 그리고 벽보들까지, 즉 "거리의 모든 것"을 또박또박 읽으면서 그 파편성과 부조리성을 환기시키는 자이기 때문이다. 우리들의 자질구레한 경험들도 감정과 해석을 빼고 이렇듯 건조하게 한번 환유적으로 진술해 보면, 그로테스크하지만 평범한 5층짜리 건물과 같은 인상에 닿게 될지도 모른다. 일례로, 비디오 가게에서 영화 한 편을 고르고 있는 장면. "나는 진열대에 꽂힌/「내 인생에 불을 밝혀 준 그대」/ 곁에서/「파라다이스」 곁에서/「카인과 아벨」 곁에서/「지옥의 초대장」을 뽑아들고/ (……) 햇빛에게 길을 묻는다"(오규원,「비디오 가게」).

이원은 두 번째 시집 『야후!의 강물에 천 개의 달이 뜬다』에 붙이는 자서(自序) 자리에 의미심장한 두 줄의 글귀를 써 놓았다. "나는 클릭한다/ 고로 나는 존재한다". 국어사전을 뒤적이는 대신, 이젠 컴퓨터 모니터 앞에 앉아 보자. 물론 마우스에 손을 얹고. 이쯤에 이원의 시「나는 검색 사이트 안에 있지 않고 모니터 앞에 있다」가 놓인다. 꽤 긴 시이고 또한 무한히 길어질 수 있는 시인데, 전문을 인용해 보기로 한다.

  연휴 첫날 아침 흰색 반소매 티셔츠와
  카키색 반바지를 입고 수목원 입구에 도착한다
  하늘에는 구름도 인공위성도 떠 있지 않다

지도를 펼쳐본 뒤 그림자의 나사못을
풀고 그림자는 그곳에 놓아두고
산책로로 들어선다
넓은 풀밭은 아침광장이라는 푯말을 달고
펼쳐져 있다 새들의 울음소리는 적막이
먹고 없다 김밥도 음료수도 싸오지 않은
나는 한참 동안을 풀밭만 바라본다
풀 속에 발바닥이 달라붙지는 않고
바코드 인식기 같은 햇빛이 달라붙는다
지도를 다시 펼친다
내가 지나온 곳의 맞은편 능선을 따라 에덴 계곡
에덴 동산 약속의 땅 모리아 산 갈보리 산
하늘나라 하늘나라 계곡으로 오르는 산책로가 있다
하늘나라와 하늘나라 계곡은 지도가
더 이상 오를 수 없는 끝에 걸려 있다
내가 닿고 싶은 곳은 이곳이 아니다 무심코
에덴 계곡으로 손을 옮기다 말고 그러나
불쑥 갈보리 산을 열고 만다
갈보리 산에는 아직도 흰 눈이 이동 성막처럼
쌓여 있고 눈 속에 나무 십자가 하나가 꽂혀 있다
십자가 위로 못 자국 대신 접속 가능의 커서가
떠올랐지만 하늘나라까지는 오르지 않고
허겁지겁 야생화 정원으로 내려온다
한 줄기에 열 개의 분홍 금낭화가 나란하게
달려 있다 두 개는 검게 시들었다

지고 있는 꽃들은 저희들 각각 지상에

내려와야 한다 나는 업데이트된 애기동자꽃을

연다 그러나 애기동자꽃의 서버를 찾을 수 없다는

그곳에서 나는 갑자기 멈추어 선다 막힌 세계

너머에는 광활한 신대륙이 펼쳐지고 있겠지만 창은

금방 벽이 되어 내 앞에 선다

진공 포장되어 장기 보존되고 있는 것이

나일 수도 있다

오래전 저장된 게임이

나일 수도 있다

그러나 나는 정보가 아니어서 의자에 엉덩이를

놓고 허리를 등받이에 바싹 붙인다

내 몸이 닿아 있는

세계에서는 여전히 땀냄새가 난다

 검색 사이트, 사이버 공간은 '클릭'을 통해 무한하게 펼쳐진다. 모니터 앞에서 "수목원 입구"에 도착할 수 있고, 또다시 지도를 클릭하면 "아침광장이라는 푯말" 앞에, 다시 클릭하면 "에덴 계곡"⋯⋯ "갈보리 산"의 "창"을 열 수도 있다. 때로 (애기동자꽃의) "서버를 찾을 수 없다"는 메시지가 뜨기도 한다. "창은 금방 벽이 되어 내 앞에" 서기도 하는 것이다. 그럴 때, "업데이트된 애기동자꽃"은 어디서 찾을 수 있을까. 그렇지만 "막힌/ 세계 너머에는 광활한 신대륙이 펼쳐"져 있을 테니, 어디선가는 우연히 업데이트된 애기동자꽃을 찾게 될 게다. 클릭, 클릭, 클릭⋯⋯.
 '나는 클릭한다 고로 나는 존재한다'는 명제는 바꿔 말하면, "어디든 갈 수 있다는 사실이 나다"(「실크로드」)라는 확인이다. 굳이 모니터 앞이 아니래도, "도로"에서 "엘리베이터"에서 "극장"에서 "지하철"에서, 휴대폰을 쥔 "나는 어디에서도 접속 가능하"고 전송 가능하다. 그러나 그 어디에도 나의 발자국은 찍히지 않고 신발은 닳지 않는다. 나는 버튼을 누르거나 클릭할 뿐이다. 이 지점에서 '나'는 의심된다. 어쩌면, "진공 포장되어 장기 보존되고 있는 것이/ 나일 수도 있다". 어쩌면, "오래전 저장된 게임이/ 나일 수도 있다". '나'는 확실하지 않다. 환유적인 원리를 따라가다 보면, 이처럼 '나'에 대한 의심과 해체에 다다르게 될 수 있다. 이원은 이렇게 말한다. "뿌리가 없다는 사실을 인정한 날 밤부터 잠이 오기 시작했다 (⋯⋯) 몸의 뿌리는 꿈에 있다는 사실을 다리가 말한 다음 날부터 먼 곳이 보이기 시작했다 어디든 갈 수 있다는 사실이 나다 세계는 푸르거나 검다는 것을 인정한 다음 날 아침 신발을 신었다". 앞에서 본 이제니 시인의 버전으로 하면, "고향이 없는 사람도 갈 수 있다."

하나의 달이 천 개의 강에 도장을 찍어 주는 「월인천강지곡(月印千江之曲)」의 세계에는 중심이 있다. 이 세계에서 천 개의 달은 단 하나의 달이라는 원본을 지시한다. 그래서 천 개의 달은 동일하다. 이 동일성은 부처의 자비가 치우침 없이 공평함을 확인시켜 주는 매개이며, 원본에 대한 신앙의 토대가 되어 준다. 그러나 "야후!의 강물"에서는 원본을 알 수 없는 천 개의 달이 현란하게 뜬다. 천 개의 손가락이 천 개의 달을 지시할 수 있을 뿐, 손가락들은 모아지지 않는다. 이 세계는 그러므로 미로의 세계며, 상현의 달과 하현의 달을 만월과 반월을 동시에 볼 수 있는 이상한 시간의 세계다. 현대인은 이 사이버 세계에서 사랑을 나누고 놀고 노동한다. 그렇지만 이 사이버 세계 바깥, 여전히 땀냄새가 나는 "내 몸이 닿아 있는 세계"도 이미 '월인천강지곡'의 세계는 아니다. 황지우가 묘사한 5층짜리 건물 한 채를 떠올려 보자. 그럴 것도 없이 창문 밖을 한번 내다보자.

6 이미지

'이미지'라는 말의 용법

 흔히 문학적 용법으로서의 '이미지'는 '말로 만들어진 그림'이라고 규정된다. 시에서, 운율이 음악성과 관련해 논의되었다면, 이미지는 대체로 회화성과 연결되어 다루어졌다. '이미지'의 문학적 번역어로 우리는 '심상(心象)'이라는 용어를 사용하는데, 이 경우에도 회화성은 문자적으로 표시된다.
 이미지란 말은 특정한 문학 운동의 명칭에 뚜렷이 새겨져 있는 말이기도 하다. 1910년대 영미 '이미지즘'. 그리고 1930년대 한국 시단에서도 '이미지즘'은 의미심장하게 받아들여졌다. 이미지스트 정지용은 "언어 미술이 존속하는 이상 그 민족은 열렬하리라."라고 말했다. 그가 말한 '언어 미술'이란 시였다. 이미지즘 시운동을 창작 활동과 시론 활동 양쪽에서 뒷받침한 김기림은 이미지즘 시의 지향을 '조소성' 혹은 '회화성'에서 찾았다. 김기림은 감정을 음악성과 연결시키고(자연 발생인 것) 지성을 회화성과 관련지으면서(제작되는 것), 이미지즘과 주지주의적인 태도를 결부시킨다. 그에게는 이러한 이미지즘 시야말로 모던한 시로 생각되었다.

1910년대 영미 이미지즘을 이끈 에즈라 파운드는 "많은 양의 작품들을 내놓는 것보다 일생에 걸쳐 하나의 이미지를 제시하는 것이 낫다."고까지 말했다.[1] 그는 '이미지스트가 하지 말아야 할 몇 가지'를 제시했는데, '이미지스트'란 말도 그가 만들어 냈다고 알려져 있다. 그가 내놓은 이미지스트의 금기 사항 중에서 강조되는 하나는 '추상화를 두려워하라'는 것이다. 그렇다면 피해야 할 추상화와 같은 시는 어떤 것일까. 그는 "어렴풋한 평화의 땅"과 같은 표현을 예로 든다. "어느 무엇을 드러내지 않는, 불필요한 낱말이나 형용사는 쓰지 말 것." 그렇다면 사실적으로 묘사하라는 것일까. 그건 아니다. 그는 단호하게 '묘사적이 되려고 하지 말라'고 충고한다. 그는 셰익스피어의 표현, "가랑잎 빛깔의 외투를 걸친 새벽"을 칭찬했다. 이 표현엔 화가가 제시하지 못하는 어떤 것, 곧 시적인 발견이 들어 있기 때문이었다. 그에게 훌륭한 이미지스트란 대상을 그럴듯하게 묘사하는 자가 아니라 감각적이고 명확한 이미지를 창출하는 자이다.

'이미지'를 이론적으로 설명하기 위해 많은 논자들은 이미지의 유형을 분류하기도 한다. 이를테면, 김춘수는 '비유적(metaphorical) 이미지'와 '서술적(descriptive) 이미지'로 나누었다. 비유적 이미지란 실제 대상 혹은 관념을 전달하는 역할을 하는 이미지를 말한다. 반면 서술적 이미지는 관념을 구상화하거나 대상을 재현하는 데 어떤 기능도 하지 않고 이미지 자체가 존재가 되는 절대적 이미지를 일컫는다. 일반적으로 애용되는 분

---

[1] 에즈라 파운드, 이일환 옮김, 「이미지즘」, 『시의 이해』(정현종 · 김주연 · 유평근 편, 민음사, 1983).

류법은 ①'정신적 이미지(mental image)' ②'비유적 이미지(figurative image)' ③'상징적 이미지(symbolic image)'로 나누는 것이다.(A. Preminger) 첫 번째, 정신적 이미지(혹은, 지각적 이미지)란 '심상(心象)'을 문자적으로 풀이할 때 가장 어울리는데, 시를 읽으면서 독자가 마음속에 떠올리게 되는 감각적 이미지를 가리키는 말이다. 세분하면, 시각·청각·미각·후각·촉각·근육 감각(근육의 긴장과 이완)·신체 기능 감각(심장 고동, 맥박, 호흡, 소화……)에 호응되는 이미지들. 중요한 건, 이렇게 세세하게 감각을 가르고 쪼개어 구분하는 게 아니라, 시를 통해 새롭고 풍요로운 감각적 경험을 누리는 것일 터이다. 두 번째 비유적 이미지, 세 번째 상징적 이미지에서도 감각적 경험과 환기는 중요하다. 그러니까, 이 분류법에서 각각의 영역을 배타적으로 나눌 분명한 경계선을 찾을 순 없다. 웰렉(Rene Wellek)은 '이미지'·'메타포'·'상징'·'신화'와 같은 용어가 의미론적으로 서로 겹친다는 점을 강조한 바 있는데,[2] ① ② ③의 용어들도 마찬가지라고 할 수 있겠다.

  지금까지 문학적 용법으로 이미지가 논의되는 개론적인 국면을 살펴보았다. 굳이 문학적 용법이라는 점을 도드라지게 표시한 이유는, 이미지라는 용어가 워낙에 광범위하게 그리고 일상적으로 쓰이고 있는 말이기 때문이다. 우리는 자주 '이미지를 관리한다'는 말을 쓴다. 또한 이미지 관리가 잘 안됐을 때, 이를테면 어처구니없는 실수를 했거나 감정 조절을 못했거나 하얀 옷에 케첩을 묻히거나 했을 때, 이미지를 구겼다느니 망쳤다느니 하는 말을 하곤 한다. 이런 식으로 이미지란 용어는 일상 회화에서 심심지 않게 구사된다.

  더욱이 오늘날 우리 시대에 '이미지'는 제1의 자연을 압도하는 제2의

---

[2] 르네 웰렉·오스틴 워렌, 이경수 옮김, 『문학의 이론』(문예출판사, 1987).

자연으로 생활 세계 곳곳에 심어지고 번식되고 있다. 오늘날에는 '습관은 제2의 천성이다.'라는 격언보다 '이미지는 제2의 천성이다.'라는 말이 더 큰 설득력을 가질 만하다. 우리는 '이미지 메이킹(Image Making)'이란 말을 종종 쓴다. '이미지를 만드는 일'은 소위 잘 나가는 사업 아이템이 되었다. 이미지 메이킹 연구소 혹은 이미지 컨설팅 회사 같은 데를 우리는 별로 특이한 직장으로 여기지 않는다. 개인적인 수준에서만이 아니라 다양한 단체들이나 기업들, 나아가 국가적인 차원에서도 이미지는 관리되어야 하는 것이며 연구되고 만들어져야 하는 것으로 간주된다. '이미지는 경쟁력이다'와 같은 슬로건에서는 '이미지'와 '경제적인 가치'가 동일시되기도 한다.

한편으로, 사이버 공간에서 자신을 대표하는 가상 육체라고 할 수 있는 '아바타'에 대해 한번 생각해 보자. 게임이나 채팅 서비스에서는 주로 몇 가지 캐릭터를 조합하거나 이미 만들어 놓은 아바타를 제공하지만, 그래픽 기술이 날로 향상되면서 기성품(Ready-made)을 이용하는 게 아니라 문자 ID처럼 사용자가 자신만의 개성 있는 아바타를 직접 만들 수 있는 나만의 아바타도 등장했다. 누군가 아바타를 꾸미는 데 공을 들일 때, 그는 자신이 원하는 이미지를 실현하고 있는 중일 것이다. 2003년 린든랩이 첫 출시한 「세컨드 라이프(Second Life)」라는 3차원 가상 세계. 소셜과 게임이 접목된 '세컨드 라이프'에서 사용자는 자신의 분신인 아바타를 통해 찌질한 현실 세계와는 다른 제2의 인생을 펼칠 수 있다. 2000년 EA 플레이 레이블에서 개발해서 선보인 「심즈(The Sims)」 1편은 심즈 2, 심즈 3과 이를 보완하는 다양한 확장팩과 아이템팩을 거느리며 계속 진화했다. 심즈는 유저들에게 컴퓨터 속 가상의 삶을 시뮬레이션하게 하면서 기발하고 매력적인 스타일과 꿈들의 디테일을 리얼하게 꾸미고 꾸려 가는 즐거움을 선사한다. 세컨드 라이프는 퍼스트 라이프(First Life: 현실 세계)

를 모방하면서 퍼스트 라이프의 한계를 가볍게 초월한다.

흔히들 오늘날을 '영상 시대'라고 표현한다. 어떤 시에서 한 시인은 TV를 "나의 친구 나의 애인 나의 스승"이라고 불렀다. 그리고 "파란 눈으로 TV를 켜고 나는 세계를 본다"고 썼다.(하재봉, 「비디오/ TV는 폭발한다」) 전 세계적으로 흥행에 성공한 3D 영화 「아바타」를 본 관객들 중에서 일명 '아바타 우울증'을 호소하는 사태가 빚어졌다는 후문이 꽤 흥미롭게 보고되었던 적이 있었다. 영화 속 외계 세계 판도라에 매혹되면서 잿빛 현실이 무의미하게 보이게 되고 자살 충동까지 느끼는 사람들이 생겨났던 것이다.

한 작가의 다음과 같은 진술은 영상 세대들이 가진 감수성의 한 면모를 엿보게 해 준다.

> 그래서 소설이 참 좋았다고 말하자, 느닷없이 도널드 덕 얘기를 꺼냈다. 그리운 친구 도널드 덕은 내 첫 소설에 나왔던 등장인물 중 하나였다. 내게 도널드 덕이라면, 백민석에게는 박스바니다. 박스바니를 비롯한 만화 친구들은 『헤이, 우리 소풍 간다』에 나온다. 우리 어렸을 적에 디즈니 만화는 일요일 아침에, 워너브러더스 만화는 평일 저녁에 방송했다. 혹시 백민석은 교회 가느라 디즈니 만화를 보지 못했던 것인지도 모르겠다. 어쨌든 나는 도널드 덕을 선택했고 백민석은 박스바니를 선택했다.
>
> ─김연수, 「백민석 소설체로 쓴 백민석론」

> 그리고 이 소설을 나와 함께 뉴 트롤즈의 아다지오를 들으며 87년 대선을 투표권이 없는 눈으로 지켜보았고, 「영웅본색」, 「개 같은 내 인생」, 「천국보다 낯선」의 순으로 영화를 보았던 나의 세대에게 바친다.
>
> ─김연수, 제3회 작가세계문학상 당선 소감

소설 속에는 도널드 덕이나 박스바니 같은 만화 친구들이 등장한다. 도널드 덕을 선택한 작가가 있고, 박스바니를 선택한 작가가 있다. 이제, 작가의 개성을 드러내는 자리에 만화 친구들의 캐릭터와 이미지가 등장하게 된 것이다. 그리고 "「영웅본색」, 「개 같은 내 인생」, 「천국보다 낯선」의 순으로 영화를 보았던 나의 세대에게" 바친다고 말하는 문학상 수상자도 있게 된 것이다. 유하는 자신의 영화 「말죽거리 잔혹사」[3]를 '이소룡 세대'에게 바친다고 했다. 이 영화는 이소룡의 쌍절곤이 극장에서 사라지고 성룡의 얼굴이 간판에 내걸리는 장면을 엔딩으로 삼았다. 여러분들은 어떤 만화 캐릭터를 특별하게 떠올리며, 또 어떤 영화들에 매혹되었는지? 어린 시절 나의 친구로 누군가는 세일러문을 선택하고, 또 누군가는 피카츄를 선택하겠지.

아마도 매혹적으로 그리고 강력하게 당신을 사로잡은 이미지를 꼽아보라고 할 때, 한 편의 시를 인용하는 이는 별로 많지 않을 것이다. 그 숫자가 중요한 건 아니겠지만, "「영웅본색」, 「개 같은 내 인생」, 「천국보다 낯선」의 순으로 영화를 보았던 나의 세대에"서는, 더욱이 그다음, 그다음 세대에서는 더 찾기가 쉽지 않을 것이다. 전통적인 문학적 용법으로서의 이미지는 주변화되고 있다. 그렇지만 앞에서 봤던, 시적 이미지는 회화가 제시하지 못하는 뭔가를 발견한다고 했던 에즈라 파운드의 견해를 약간 고쳐 얘기한다면, 시적 이미지는 영상 이미지가 제시하지 못하는 어떤 것을 창출한다. 물론 거꾸로 말할 수도 있다. 그러므로 어느 한쪽을 특권화하고, 매체적 차이와 그 양상을 위계화하는 건 그다지 생산적인 논법이 못된다. 차라리 때로 고려되어야 할 건 이런 것이다. 이미지가 제2의 자연(실체)이 되었다는 것.

---

[3] 우리는 이 영화를 그의 시집 「세운상가 키드의 사랑」, 중에서도 특히 「진추하, 라디오의 나날」, 「새들은 말죽거리에 가서 잠들다 — 성수에게」 같은 몇몇 작품을 떠올리면서 볼 수 있다.

이미지의 힘

천운영의 소설 「바늘」에는 문신을 해 주는 여자가 나온다. 여자는 바늘을 가지고 문신을 원하는 사람들의 몸에 거미나 전갈, 호랑이, 칼, …… 따위를 그려 준다. 우리는 그녀를 육체에 이미지를 새겨 주는 존재라고 부를 수 있겠다. 육체에 새겨진 이미지는 그 육체와 정신에 어떤 영향력을 미친다. 이 소설에서 문신은 "아름다운 상처 혹은 고통스러운 장식"이다. 고통을 이겨 내는 사람만이 바늘 문신을 얻을 자격이 있다고 여자는 생각한다. 문신을 한 남자들은 그녀의 집을 나서면서 스스로에게 이런 최면을 걸고 있을지도 모른다. '나는 거미를 품은 자야. 나는 거미야. 나는 강해. 나는 두려워할 게 없어.' 아래는 이 소설의 첫 부분이다.

남자는 세상에서 가장 큰 거미를 그려 달라고 했다. 남자가 가져온 인쇄물은 거미라기보다는 커다란 홍게처럼 보였다. 새를 먹는 골리앗거미. 세상에서 가장 큰 거미의 이름이다.
"이 완벽한 대칭 좀 봐. 꼭 반으로 접어 찍어 낸 것 같지 않아?"
남자는 인쇄물 속의 골리앗거미를 노려보며 말했다.
"똑같이, 똑같이 그려 줘. 몸을 덮고 있는 이 보송보송한 털까지."
남자가 원하는 것은 거미의 털이나 대칭으로 잘 뻗은 다리가 아니다. 남자는 협각류의 외피를 원한다. 거미가 작은 몸집에도 불구하고 다른 동물에게 위압적인 존재가 될 수 있는 것은 그들이 단단한 외피를 획득한 탓이다. 나를 찾는 대부분의 사람들은 나에게서 협각류의 단단한 외피를 얻으려 한다. 인간의 살갗은 협각류보다는 과일에 가까워 쉽게 상처가 나기 때문이다. 하지만 연약하기 때문에 오히려 쉽게 인간의 살에 거미의 외피를 그릴 수 있다.

그리고 다음은 이 소설의 마지막 부분이다.

나는 그의 가슴에 새끼손가락만 한 바늘을 하나 그려 주었다. 티타늄으로 그린 바늘은 어찌 보면 작은 틈새 같았다. 어린 여자아이의 성기 같은 얇은 틈새. 그 틈으로 우주가 빨려 들어갈 것 같다.
그는 이제 세상에서 가장 강한 무기를 가슴에 품고 있다. 가장 얇으면서 가장 강하고 부드러운 바늘.

이제, 이미지를 새기는 바늘은 "세상에서 가장 강한 무기"라고 말해진다. 작은 틈새 같은 바늘, 가장 얇으면서 가장 강하고 부드러운 바늘은 이제, 또 하나의 이미지가 된다. 이미지를 새기는 도구이면서 스스로 이미지가 되는 바늘. 그 속으로 "우주가 빨려 들어갈 것 같다."
어떤 시인들을 우리는 이미지에 매혹된 존재라고 부를 수 있다. 그들은 끊임없이 들여다본다. 블랑쇼는 이렇게 말한다. "왜 매혹인가? 본다는 것은 거리를 전제로 한다. 즉 무엇을 보는 행동 이전에 그 무엇에서 분리되고자 하는 결심이 우선 있어야 하는 것이다. 또한 본다는 것은 그것과 접촉하지 않을 수 있는 힘, 즉 접촉 속에서 오는 혼돈을 피할 수 있는 힘을 전제로 한다. (……) 거리를 둔 접촉에 의해서 우리에게 주어지는 것은 이미지이며, 매혹은 이미지에 대한 정열이다."[4] 명심하자. '거리'가 사라졌을 때, 나르시스는 물에 빠져 죽었다.
이제, 이미지에 대한 정열과 매혹을 특히 잘 보여 주는 시들을 한번 살펴보기로 하자. 김명인은 '바다'를 보고, 채호기는 '수련'을 본다. 먼저, 김명인의 「다시 바닷가의 장례」.

---

[4] 모리스 블랑쇼, 박혜영 옮김, 『문학의 공간』(책세상, 1990), 30~31쪽.

내가 이 물가에서 그대 만났으니
畜生을 쌓던 모래 다 허물어 이 시계 밖으로
이제 그대 돌려보낸다
바닷가 황혼녘에 지펴지는 다비식의
장엄함이란, 수평을 둥글게 껴안고 넘어가는
꽃수레에서 수만 꽃송이들이 한번 활짝 피었다 진다
몰래몰래 스며와 하루치의 햇빛으로 가득 차던
경계 이쪽이 수평 저편으로 갑자기 무너져 내릴 때,
채색 세상 이미 뿌옇게 지워져 있거나
끝없는 영원 열려다 다시 주저앉는다
내 사랑, 그때 그대도 한줌 재로 사함 받고
나지막한 연기 높이로만 흩어지는 것이라면
이제, 사라짐의 모든 형용으로 헛된
불멸 가르리라
그대가 나였던가, 바닷가에서는
비로소 노을이 밝혀드는 황홀한 축제 한창이다

「다시 바닷가의 장례」라는 작품 앞에는 「바닷가의 장례」라는 작품이 있다. 「장엄 미사」도 있고, 「바다의 아코디언」도 있다. 「바닷가의 장례」와 「바다의 아코디언」은 시집의 표제가 된 작품이기도 하다. 시인은 다시, 다시, 바닷가에서 혹은 다시, 다시, 그의 마음속에 떠오르는 바다 이미지로부터 시를 쓴다. 그리 반복했건만 시인은 이렇게 말한다. "추억과 고집 중 어느 것으로 저 영원을 다 켜댈 수 있겠느냐."(「바다의 아코디언」)

어떤 한 산문에서 시인은 "출렁거림이 할 일의 전부란 듯이 저렇게 고즈넉한 바다. 그 바다 위에 고여 오르는 영원한 시간을 나는 지금 바라본다."고 썼다. 그가 들려주는 바다 얘기에 좀 더 귀를 기울여 보자. "바다는 끝없는 출렁거림으로 상승과 하강의 반복을 되풀이하면서 살아 있는 자의 시간을 무화(無化)시킨다. 인간의 시간도 결국은 기슭에 부서지는 포말이고 말 것이라는 사실을 깨달았을 때, 저 도저한 허무란! 그러나 바다는 또한 날마다 궁륭 높이 해 수레를 밀어 보내 생생하게 실감되는 새로운 하루 속으로 우리를 실어 나른다. 그러므로 우리에게 바다는 추동(推動)의 공간이자 침강의 공간이며, 열린 공간이자 닫힌 공간이다. 저 멀리 수평선은 이곳에 내가 사로잡혀 있음을 역설로 보여 주면서, 한편으로는 어디론가 끝없는 동경으로 나를 이끈다. 열림과 닫힘, 그 모순의 국면뿐만 아니라 그것의 날카로운 부딪힘을 통해 우리는 현존의 이중성과 생의 갈등을 뼈저리게 느낀다."

위 시, 「다시 바닷가의 장례」에서 시인은 "사라짐의 모든 형용"을 황혼 녘 바닷가의 장엄한 풍경을 통해 수긍한다. 내 사랑 그대에 대한 나의 추억과 고집도 그 풍경 속으로 돌려보낸다. 그 순간, 사라짐의 모든 형용은 "노을이 밝혀드는 황홀한 축제"에 속하게 된다. 내가 꿈꾸었던 불멸의 사랑은 이제 찬란한 소멸의 이미지로 새겨진다. 다시 말해, 찬란한 소멸의 이미지로 내 사랑은 살아남게 된다. 그가 바다로부터 이미지를 끌어내는 일이란 동시에 바다에 새로운 이미지를 포개 놓는 일이기도 하다. 이제 바다에는 찬란하게 사라진 그의 사랑도 그리고 우리들의 사랑도 출렁이고 있다.

다음으론, 채호기의 '수련'을 살피자.

이 종이 위로 올라와야 한다. 종이를 맞바라보면서 거기에 찍힌 글자들을 읽으려 하지 말고, 어서 이 흰 종이 안으로 들어오기 바란다. 걸어다니는 글자들과 만나서 사귀거나, 글자들의 몸과 비비고, 글자들을 자세히 들여다보고, 냄새를 맡아 보고, 그 소리를 듣기 위해서. 아니면 생전 처음 보는 새 글자를 세우거나, 글자를 낳거나, 글자를 먹어 보기 위해서.

이 종이의 가장자리에는 눈에 보이지 않는 벽이 있다. 종이를 둘러싸고 입체의 투명한 물질이 가로막고 있다. 그러나 이 종이 안에 들어오려고 마음먹는다면 언제든 들어올 수 있다. 이 투명한 장애물은 어떤 누구를 제지하기 위한 것이 아니라, 이곳이 수련의 자리임을 표시하기 위해 있는 것이다.

*

수련, 睡蓮, nénuphar(이 발음하기도 힘든 불어는 모네Monet의 수련이다.)
만약, 수련을 사랑한다면
수련을 갖고 싶을 것이다. (옷을 조금 적시거나 물에 빠질 위험을 감수한다면, 연못에 가서 꺾으면 된다. 그러나 그렇게 하면 수련을 갖지 못한다. 꺾어 온 수련은 금방 물이 빠져 말라비틀어질 것이기 때문이다. 그리고 물과 떨어져 있는 수련이라니! 그건 수련이 아니다. 또한 이런 방식이 이 종이 안에서 통하지 않는다는 것은 너무나 뻔한 사실이다.)

수련을 사랑했던 모네
모네는 수련의 육체를 가졌다.
　　　　　　　　　　　　　　―채호기, 「수련의 육체」

"수련을 사랑했던 모네/ 모네는 수련의 육체를 가졌다"는 건 대체 무슨 말일까. 시인은 그 구절 바로 앞에서, "만약, 수련을 사랑한다면 수련을 갖고 싶을 것이다."라고 말하면서도, 연못에 가서 수련을 꺾으면 수련을 갖지 못한다고 덧붙인다. 수련을 직접 소유하면 수련을 갖지 못한다는 것이다. 이쯤에서 물을 떠나 말라비틀어지게 되는 수련의 비극과 함께 이미지를 사랑하여 이미지 속으로 투신한 나르시스의 비극을 떠올려 봐도 좋을 것이다. 나르시스는 자신이 사랑한 것이 자신의 이미지라는 사실도 끝내 모른 채 이미지와 함께 익사했다.

수련을 꺾어다 손에 쥐지 않고 수련의 육체를 갖는 일을 모네는 그림을 통해 실현했고 시인은 시를 통해 성취하고자 한다. 그런데 왜 '수련'인가. 시인의 말을 들어 보자. "내가 사는 동네 근처 연못에는 6월에서 8월까지 수련이 피고 있는 것을 볼 수 있다. 나는 한두 해 여름 내내 자전거를 타고 수련이 핀 연못으로 달려가 한동안 수련을 쳐다보다가 돌아오곤 했다. 그러다 보니 언젠가부터 내 몸 안에 수련은 하얀 멍처럼 피어 내 몸의 일부가 되었다. 나는 그 멍을 지우기 위해서라도 수련을 시로 표현하지 않을 수 없었다. (……) 뿌리와 줄기를 물속에(보이지 않는 곳에) 감추고 꽃만 물 밖으로(보이는 곳으로) 내미는 수련은 언어를 몸으로 하고 느낌이나 생각을 그 언어로 표현하는 시와 형태적으로 동류의 것으로 내게는 받아들여졌다. 수련이 수중 세계의 신비를 알려 주는 메신저라면 시는 바로 우리 몸이 부딪치며 겪는 세계를 의미화하여 알려 주는 메신저이다. 나는 몸과 정신(혹은 감각과 의식)이 겹쳐지는 접점을 시로 표현할 수 있기를 열망하여 왔는데, 수련 연작들을 통해서는 시와 수련(언어와 실물)이 겹쳐지는 접점을 시로 포착하려고 노력했다."

시와 수련, 언어와 사물이 겹쳐지는 접점에서 시가 쓰인 종이는 "이곳이 수련의 자리임을 표시하기 위해 있는 것"이 된다. 흰 종이 위로 올라온 수련의 육체를 글자들이 현현한다면, 우리의 독서 또한 바로 우리 몸이 부딪히며 겪는 경험이 될 수 있다. 그러므로 시인은 말한다. "종이를 맞바라보면서 거기에 찍힌 글자들을 읽으려 하지 말고, 어서 이 흰 종이 안으로 들어오기 바란다. 걸어다니는 글자들과 만나서 사귀거나, 글자들의 몸과 비비고, 글자들을 자세히 들여다보고, 냄새를 맡아 보고, 그 소리를 듣기 위해서. 아니면 생전 처음 보는 새 글자를 세우거나, 글자를 낳거나, 글자를 먹어 보기 위해서."

바슐라르는 수련이 핀 물가로 걸어 나가면서 이렇게 중얼거리는 모녀를 특별하게 기억한다. "밤새 수련은 어떤 알을 낳았는가?"[5] 그런데, 흰 종이 위로 올라온 수련, '수련/이미지'에게도 이렇게 물을 수 있을까. 다만 여기선 채호기의 다른 시 한 편을 부분 인용해 두기로 한다. "백지의 자궁으로 잉크가 흘러들고/ 수련을 잉태하고 있는 흰 백지에/ 분만을 준비하는 글자들의 구멍.// 너의 시선이 닿는 순간 수련은 피어난다./ 잔잔한 백지의 수면 위로,/ 네 의식의 고요한 수면 위로."(「백지의 수면 위로」)

아래에서 읽게 될 시는 이장욱의 「꽃과 그림자」다. 이 시에는 '꽃/이미지', '사람/이미지'란 표현이 나온다.

2000년 4월 어느 날, 삼성전자 서비스 센터 앞에서 지하로 뚫린 전철역 입구를 내려가다가, 한없이 내려가다가, 그 가장 아래 계단 오른쪽 구석에서 당신은,

당신이 생애 단 한 번도 보지 못한 꽃이 돌 틈으로 피어나는 광경을 목도한다. 당신이 본 것은 피어난 꽃이 아니라 꽃의 피어남, 그러므로 믿을 수 없는 것은 한없이 지하로 뚫린 4월의 아침이었다.

그 꽃/이미지에 의해 당신은, 한 순간 굳어 버린다. 그때는 당신의 시계

---

5 가스통 바슐라르, 이가림 옮김, 『꿈꿀 권리』(열화당, 1980), 7쪽.

가 AM 07:45에서 깜박이고 있던, 그것이 마치 심장 박동처럼 당신을 깜빡이게 하고 있던, 그 박동 속으로 저속 촬영의 사람/이미지들이 흘러다니던,

그런 시간이었다. 문득 멈춰선 당신, 무슨 생각이 들었는지 당신은, 아무도 모르게, 피어나는 꽃의 이름을 부른다. 당신의 입에서 지나치게 낯선 발음으로 흘러나온 그 이름은 언젠가, 아주 오래전 언젠가 오랫동안 그리웠던 것이었지만, 그 그리움에 의해 잠시 정겨웠다는 사실만을 기억할 수 있을 뿐.

당신은 그 이름 앞에 잠시 망연하다. 그리하여 꽃/이미지가 이루는 한 세상 앞에서 당신은, 당신을 스쳐 간 수많은 현현의 순간에 대해 생각한다. 가령 어떤 적요의 풍경;하오의 잡담 속에서 문득 떠오른, 아주 오래전 어느 새벽 거리의 느낌;새벽 거리의 저 끝에서 고독한 자세로 천천히 다가오던, 안개의 향기. 드디어 당신은 약간 웃는다.

그리하여 4월 어느 날 아침 지하철역의 당신은, 천천히 꽃/이미지를 향해 다가간다. 다가가서, 사람들/이미지와 꽃/이미지 사이에 선 당신은, 고요하고 빠른 손놀림으로 꽃, 그 유현한 피어남을 꺾는다.

누군가 당신을 보았다면 〈잔인하다〉고 말할 수도 있었으리라. 그러나 잠깐 흘러가는 풍경처럼 웃는 당신. 꽃/이미지를 지하의 허공에 흩뿌리는 당신. 망연히 웃으며 천천히 굳어가는 사람처럼.

이 시에서 시적 주인공에게 부여한 대명사는 '나'가 아니라 '당신'이다. '당신'은 '또 다른 나'라고 할 수 있다. 혹은 정말로 바로 이 시를 읽고 있는 당신, 그런 2인칭일 수도 있다. 또는 어떤 한 남자, 3인칭일 수도

있다. 이 시에서의 '당신'에는 1인칭, 2인칭, 3인칭이 겹쳐져 있다. 혹시 "누군가 당신을 보았다면 〈잔인하다〉고 말할 수도 있었으리라."는 진술을 접할 때, 으스스해지지는 않았는지.

　아무튼, 당신은 2000년 4월 어느 날, 전철역 입구를 한없이 내려가다가 그 가장 아래 계단 오른쪽 구석에서 생에 단 한 번도 보지 못한 꽃이 돌 틈으로 피어나는 광경을 본다. 그것을 서술자는 '꽃/이미지'라고 명료하게 지칭한다. 꽃이 피어나는 광경을 목도하는 자와 그 광경을 '꽃/이미지'라고 명명하는 자 사이에는 인식론적인 간격이 있다. 후자, 곧 '꽃/이미지'라고 지칭하는 자는 '이미지'의 작용에 대해 의식하고 있으며, 실체와 이미지 사이의 거리를 감지하고 있다. '꽃/이미지'는 당신이 문득 보게 된 어떤 한 여자일 수 있다. 당신이, 당신과 아무 상관도 인연도 없는 한 여자에게서 꽃이 피어나는 광경을 떠올리게 되었다고 해보자. 당신은 이제 그 여자는 보지 못하고 꽃이 피어나는 광경만을 보게 된다. 당신은 꽃의 이름을 불러 본다. 그러자 당신의 입에서는 "아주 오래전 언젠가 오랫동안 그리웠던" 이름이 낯선 발음으로 흘러나온다. 그 이름은 당신이 사랑했던 한 여자의 이름일 수도 있다. '꽃/이미지'를 발생시킨 익명의 여자와 '꽃/이미지'의 이름으로 호명된 여자는 동일하지 않다. 어쨌든, 그 이름 앞에서 "당신은, 당신을 스쳐 간 수많은 현현의 순간에 대해 생각한다." 매우 감각적으로 되살아나는 순간들. 이를테면, "아주 오래전 어느 새벽 거리의 느낌", "안개의 향기". 당신에겐 오랫동안 상처이기도 했을 그리움 혹은 추억으로부터 당신은 벗어나고 싶어진다. 당신은 천천히 꽃이 피어나는 광경으로 다가가 "꽃, 그 유현한 피어남"을 꺾는다. 그런데 당신은 2000년 4월 어느 아침, 당신이 무슨 짓을 했는지 아는지? '꽃/이미지'가 꺾이는 순간, 당신과 아무 상관도 인연도 없었던 한 여자에겐 대체 무슨 일이 벌어진 것인지? '꽃/이미지'임을 명료하게 의식하고 있는 서술자는 당신의 행위에 개입하지 않는다. 그는 이미지에 사로잡힌다는 것이 때로 이렇게 섬뜩한 일일 수 있다는 걸 보여 줄 뿐이다. 여기서 우리는 나르시스의 비극 옆에, 수련의 비극 옆에, 당신의 참혹, 혹은 어떤 한 여자의 불운을 적어 놓을 수 있을 뿐.

'키치' 세대의 시

1991년 '키치 세대의 시'라는 기획으로 시집 한 권이 출간된 일이 있었다. 유하, 하재봉, 함민복, 함성호, 김정란의 시들이 10편 남짓씩 묶인 시집이다. 시집 제목으론, 탤런트 최진실이 한 전자 제품(비디오) 광고에서, 유하의 표현(「수제비의 미학, 최진실論 — 안 이쁜 신부도 있나, 뭐」)을 살리자면 귀엽게 삐죽대며 했던 말, "안 이쁜 신부도 있나, 뭐"를 뽑아 놓았다. 한때 꽤나 사람들의 입에 오르내리며 소위 '유행어'가 되기도 했던 멘트다. 키치 문화의 한 속성을 '안 이쁜 신부도 있나 뭐'라는 삐죽거림에 기대 얘기해 볼 수 있을 것도 같다. 유하는 이렇게 쓰기도 했다. "90년대는 그렇게 기억될 거야 이제 진실은 어여쁜 키취의 이름으로나 불리곤 하지" (「재즈 7」). 키치는 미(美)를 민주적으로 유통시킨다. 다시 말해, 예쁘게 꾸며진 신부가 희귀한 존재가 아니듯이 시적이고 예술적인 건 특권적인 게 아니다. 그림엽서도 레스토랑도 시적이고 예술적으로 꾸며질 수 있고, 우리는 그런 그림엽서를 살 수 있으며 그런 레스토랑에서 우아하게 식사를 할 수도 있다.

'키치'란 무엇인가.[6] 키치는 관례상 '허위의 미적 형식'으로 정의된다.

---

6 마테이 칼리니스쿠, 이영욱·백한울·오무석·백지숙 옮김, 『모더니티의 다섯 얼굴』(시각과 언어,

미켈란젤로의 「천지창조」, 레오나르도 다빈치의 「모나리자」 같은 걸작품의 복제품이나 유사품을 우리는 '가정용품'으로 구입할 수 있다. 키치란 말은 '허위적이고 저속한 치장'으로 통용된다. 키치는 미(美)가 구매 및 판매가 가능한 것이라는 근대의 환상과 크게 관련돼 있다. 키치는 다양한 형태의 미가 수요와 공급이라는 시장의 기본 법칙을 따르는 다른 상품과 마찬가지로 사회적으로 유통되는 역사적 시기에 출현했다. 키치는 처음에는 주변부적인 현상으로 존재했다가, 산업 발전이 초래한 전면적인 사회적·심리적 변화 속에서 '문화 산업'이 꾸준히 성장하면서 그 세력이 커졌다. 주로 소비 지향적으로 서비스 중심적인 후기 산업 사회에 들어서 키치는 근대의 문명화된 삶의 중심 요소가 되었다. 키치는 일상적으로 그리고 불가피하게 우리를 둘러싸고 있는 예술이 된 것이다. 오늘날 키치는 통상적으로 대중문화나 대중 예술의 다양한 양식들을 지칭하는 용어로 사용된다. 만화, 무협지, 영화, 광고, TV 드라마, 대중가

1993), 283~320쪽 참조. 칼리니스쿠는 로저 프라이(Roser Fry)가 쓴 논문 「시각과 디자인」의 한 부분을 인용해서 키치적인 분위기와 그 속성을 선명하게 보여 준다. "나는 이후의 글들을 철도역 식당에서 쓰느라고 애쓰고 있다. 이곳에서 나는 이 장소가 제공하고 있는 끔찍할 정도로 친근한, 하지만 다행하게도 스쳐 지나가는 이미지들을 주목해 보고 있다. 이러한 종류의 공공적인 장소는 단지 평균적인 시민들이 자신의 가정에서 표출하곤 하는 정신을 반영하고 있을 뿐이라는 점을 기억해야 할 것이다./ 나의 눈이 훑고 있는 공간은 매우 작다. 그러나 그것이 제공하고 있는 막대한 양의 '예술'에 나는 소름이 끼칠 정도이다. 나의 눈이 향하고 있는 창문 아랫부분은 스테인드글라스로 치장되어 있다. (……) 13세기 유리 사용의 관례를 잘 알고 있는 사람이 디자인한 것으로 보인다. 앞쪽에는 적어도 400년 동안 적어도 그만큼 많은 나라에서 차용해 왔을 장식을 하고 있는 레이스 커튼이 달려 있다. (……) 그 위에는 가짜 은메달이 걸려 있다. 그 은메달 위로는 어떤 주조물이 걸려 있는데, 그것은 일 인치 정도의 너비로, 이음 고리 장식을 새겨 넣은 그리스·로마 양식류의 온갖 타락한 형태가 그 전체에 퍼져 있다. (……) 하지만 이러한 고통스러운 목록화 작업은 단지 이 식당의 '예술'적 발명품들 중 일부분에 대한 보고일 뿐이다. (……) 치장, 이것이야말로 이런 모든 것들의 궁극적인 목표다." 프라이가 묘사한 20세기 초의 한 식당은 극히 상이한 시대와 나라의 문화적(혹은 예술적) 양식들을 모방하고 있는 물건들로 채워져 있다. 칼리니스쿠는 이것들을 '무익한 치장'이라고 몰아붙이지 않는다. 키치가 신분 상승의 욕망과 연관돼 있는 경우에도 일상생활의 무의미함과 진부함을 벗어나 환상적 도피처를 제공할 수 있는 심리적으로 보다 중요한 기능을 가지고 있다는 점을 그는 지적해 둔다.

요, UCC 동영상…….

그런데, 오늘날 여러 젊은 작가들이 스스로를 '키치 세대'라고 자의식적으로 표명하고 있다는 점에 주목할 필요가 있다. 이들은 키치 문화에의 매혹 혹은 중독을 드러낸다. 우리는 앞에서 이미지는 이제 제2의 자연(실체)이 되었다고 했는데, 키치 문화야말로 광범위한 자연으로 우리를 둘러싸고 있다. 이들은 제1의 자연으로부터 예술적 감성을 키운 게 아니라 이 제2의 자연에 둘러싸여 성장한 세대다. 키치적인 감성과 방법론은 다양한 방식으로 '키치 세대'라는 자의식을 가진 작가들의 작품과 만나고 부딪히게 된다.

그 첫 번째, 어떤 시인들은 키치에의 매혹을 드러내면서 동시에 키치를 비판한다. 이 경우에 '키치 중독자'이자 '키치 풍자가'라는 아이러니하고 미묘한 위치는 키치 문화와 '나'의 관계를 복합적으로 드러내 준다. 키치에 중독된 자이면서 키치를 혐오하는 자의 시.

푸른 거울 속에 양조위를 빠뜨린다 계략처럼 밤이 깊어가고 나는 라디오나 듣고 싶다 펜으로 심장의 弦을 구슬프게 뜯던 한 시절이 바람 따라 흘러가고 나는 자꾸만 라디오나 틀고 싶다 계략처럼 밤은 그렇게 또 자기 나름대로 깊어가지만 나는 밤마다, 밤보다 내가 더 깊다 푸른 거울 속에 양조위를 빠뜨린다 양조위는 홍콩의 영화배우다 아니다 양조위는 양조장 집 지붕 위의 한 사나이를 떠올리게 한다 밤이 깊다 아니 밤보다 더 깊은 것들이 있다 푸른 거울 속에 양조위를 빠뜨린다 계략처럼 밤이 깊어가고 나는 자꾸만 라디오나 듣고 싶다

* 거울 속에 빠진 양조위: 나는 위의 콜라주 「거울 속에 빠진 양조위」를 보면서 거기에서 떠오르는 이미지로 몇 편의 시를 썼다. 원래 내가 가지고 있는 콜라주는 컬러이므로, 여기에 소개된 흑백사진이 무슨 느낌을 불러일으킬지는 나도 모른다. 덧붙이자면, 요즘 내가 가장 혐오하는 시들은 시 속에 사진을 끼워 넣거나 영화 이야기 나부랭이를 시 속에 삽입하는 그런 시들이다. 나는 그런 혐오로부터 나를 끝장내기 위해 몇 편의 시들을 썼다. 나는 근본적으로 천박한 것들을 사랑하는지도 모른다. 그러나 모든 사랑에는 한계가 있다. 그리고 그 사랑이 한계에 다다른 지점에서부터 천박함은 말 그대로 천박함일 뿐이다. 이제부터라도 글이 되지 않을 때는 차라리 라디오나 들어야겠다. 라디오 속에는 음악이라도 있으니까. 그런데 위에 나오는 콜라주는 옛날 축음기에 달린 소리통 같지 않아요?

——박정대, 「거울 속에 빠진 양조위*」

시인은 각주에서 콜라주「거울 속에 빠진 양조위」를 보면서 거기에서 떠오르는 이미지로 몇 편의 시를 썼노라고 밝혔다.「거울 속에 빠진 양조위」, 혹은 영화「동사서독」, 혹은「아비정전」은 그를 매혹시킨 이미지이며, 동시에 그에게 새로운 이미지를 발생시키는 장소가 된다. 어떤 시인들이 바닷가를 걷고, 수련을 들여다보듯이, 그는「거울 속에 빠진 양조위」를 응시한다. 시인은 "푸른 거울 속에 양조위를 빠뜨린다"고 말한다. 이제, 양조위는 어떻게 변주되어 거울 위에 떠오를 것인가. "양조장집 지붕 위의 한 사나이"?「양조위」라는 시도 있고,「「동사서독」에 의한 變奏」라는 시도 있다. 그는 그렇게 시를 쓴다. "펜으로 심장의 현을 구슬프게 뜯던 한 시절이 바람 따라 흘러가고 나는 자꾸만 라디오나 틀고 싶다"고 중얼거리며. 나의 심장으로부터 음악(시)이 나오는 게 아니라 라디오로부터 음악이 흘러나온다는 걸까. 시인은 라디오에,「거울 속에 빠진 양조위」에 끌리면서, 한편으로 자신의 이런 끌림을 의심한다. 무슨 "계략"에 휘말린 건 아닐까?

다시, 각주를 보자. 각주는 메타적인 진술이다. 여기는 자신의 시쓰기에 대해 말하는 자리가 될 수 있다. 그는 시 속에 사진을 끼워 놓거나 영화 이야기 나부랭이를 시 속에 삽입하는 그런 시들을 혐오한다고 말한다. 그런데 그가 그렇게 한다. 그는 자신의 혐오를 끝장내기 위해 그렇게 한다고 강변한다. 혐오의 뒷모습(혹은 앞모습)은 '사랑'이다. 그는 "근본적으로 천박한 것들을 사랑"한다. 그 사랑이 한계에 다다르는 날이 바로 그가 혐오를 끝장내는 날일지도 모르겠다. 그는 짐짓 모든 문제를 덮어 둔다는 듯이, 이렇게 말하면서 각주를 닫는다. "이제부터라도 글이 되지 않을 때는 차라리 라디오나 틀어야겠다. 라디오 속에는 음악이라도 있으니까. 그런데 위에 나오는 콜라주는 옛날 축음기에 달린 소리통 같지 않아요?"「거울 속에 빠진 양조위」로부터는 여전히 시가 흘러나오는 모양이다.

일찍이 김현이 "키치 중독자이며 키치 반성가"로 호명했던[7] 유하. 그의 시, 「세운상가 키드의 사랑 2」를 보자. 유하는 "바람부는 날이면 압구정동에 가야 한다"고 말하기도 했는데, 이 단정적 진술은 '왜 바람부는 날에 압구정동에 가는가'라는 물음을 동반하고 있다. 그에게 '바람'은 인간 심성에 내재된 욕망의 다른 이름이다. 그는 말한다. 욕망의 풍차는 터미네이터처럼 자신과 대상 둘 중 하나가 마멸될 때까지 멈추지 않는다. 그때까지 욕망의 풍차가 도는 압구정동에 가야 한다. 박정대가 혐오를 끝장내기 위해 혐오를 실천한다고 천명하듯이. 그리고 그 혐오의 뒷모습(혹은 앞모습)이 매혹이듯이, 유하는 '압구정동'을, '세운상가'를 욕망한다.

> 사춘기의 나날, 유일한 낙이 있었다면
> 오르넬라 무티, 린제이 와그너, 엘리다 벨리……
> 세운상가 다리 위에서 이방의 여배우 이름이나 뇌까리는 것,
>
> 세운상가, 욕망의 이름으로 나를 찍어낸 곳
> 내 세포들의 상점을 가득 채운 건 트레이시와 치치올리나,
> 제니시스, 허슬리, 그리고 각종 일제 전자 제품들,
> 세운상가는 복제된 수만의 나를 먹어 치웠고
> 내 욕망의 허기가 세운상가를 번창시켰다
>
> 후미진 다락방마다 돌아가던 8미리 에로티카 문화영화
> 포르노의 세상이 내 사랑을 잠식했다
> 여선생의 스커트 밑을 집요하게 비추던 손거울과

---

[7] 유하의 첫 시집 『武林일기』(1995)의 해설.

은하여관 2층 창문에 매달려 내면의 음란을 훔쳐보던
거울의 포로인 나, 오 그녀는 나의 똥구멍
가끔은 서양판 변강쇠 존 홈스가
나의 귀두에 다마를 박으라고 권했다
금발 여배우의 매혹이 부풀린 영화감독이라는 욕망,
진실은 없었다, 오직 후끼*된 진실만이 눈앞에 어른거렸을 뿐

네가 욕망하는 거라면 뭐든 다 줄 거야
환한 불빛으로 세운상가는 서 있고
오늘도 나는 끊임없이 다가간다 잡힐 듯 달아나는
마음 사막 저편의 신기루를 향하여,
내 몸의 내부, 어두운 욕망의 벌집이 웅웅댄다
그렇게 끝없이 웅웅대다가 죽음을 맞으리라
파열되는 눈동자, 충동의 벌떼들이 떠나가고
비로소 욕망의 거울은 나를 놓아줄 것이다

* 후끼: 중고 제품을 새것으로 조작하는 기술을 가리키는 은어.

    세운상가에서 통용되는 '후끼'라는 은어는 '키치'를 빗대는 말로 사용돼도 괜찮을 것 같다. 그러니까, "후끼된 진실만이 눈앞에 어른거렸을 뿐" 옆에, "이제 진실은 어여쁜 키치의 이름으로나 불려지곤 하지"라는 구절을 갖다 놓아도 괜찮을 듯싶다. 세운 상가는 "욕망의 이름으로 나를 찍어낸 곳"으로 지목된다. 또한 "내 욕망의 허기가 세운상가를 번창시켰다"고 고백된다. "사춘기의 나날, 유일한 낙이 있었다면/ 오르넬라 무티, 린제이 와그너, 엘리다 벨리……/ 세운상가 다리 위에서 이방의 여배우

이름이나 뇌까리"던 소년은 시인이 되었고 또 영화감독이 되었다. 그는 「바람부는 날에는 압구정동에 가야 한다」라는 시를 썼고 또 영화를 만들었다. 그에게도 "나를 키운 건 팔할이 바람이다"(서정주, 「자화상」). 그런데 서정주의 '바람'과 그의 '바람'은 같은 유가 아니다. 압구정동, 세운상가의 풍차를 돌리는 욕망의 바람. 그 바람은 그의 내부에서도 그리고 바깥에서도 웅웅거리며 분다. 아, 그런데 바로 이건 우리 시대의 자화상이 아니던가.

"사춘기의 나날, 유일한 낙이 있었다면/ (……) 이방의 여배우 이름이나 뇌까리는 것". 소년 유하의 낙이 그런 것이었다면, 소년 권혁웅은 마징가 Z, 짱가, 그랜다이저, 원더우먼, 《선데이 서울》, 애마부인 시리즈, 육백만불의 사나이……에게서 낙을 구했을까. 시인 권혁웅에게 이 키치적인 이름들은 지나간 시간의 문을 여는 열쇠 같은 것이다. 이를 테면 「마징가 계보학」의 첫 구절, "기운 센 천하장사가 우리 옆집에 살았다". '마징가 Z'하면 떠오르는 추억의 노래, "기운 센 천하장사 무쇠로 만든 사람, 인조인간 로봇 마징가 Z, 우리들을 위해서만 힘을 쓰는 착한 이, 나타나면 우리 모두 벌벌벌 떠네……." 그 "기운 센 천하장사"는 어린 시절 우리 옆집에 살던 남자를 매개하면서 달동네의 어떤 풍경과 시간들을 소환한다.

기운 센 천하장사가 우리 옆집에 살았다 밤만 되면 갈지자로 걸으며 고래고래 소리를 질렀다 고철을 수집하는 사람이었지만 고철보다는 진로를 더 많이 모았다 아내가 밤마다 우리집에 도망을 왔는데, 새벽이 되면 계란 프라이를 만들어 돌아가곤 했다 그는 무쇠로 만든 사람, 지칠 줄 모르고 그릇과 프라이팬과 화장품을 창문으로 던졌다 계란 한 판이 금세 없어졌다

시인의 말을 좀 들어 보자. "나는 오랫동안 달동네에 살았다. (……) 나는 거기 살던 내내 언젠가 탈출기(脫出記)를 완성하겠다는 생각으로 살았다. 거기서 벗어난 지 십오 년이 되었는데 이제는 그곳이 나를 벗어나려 한다. 그곳, 서울시 성북구 삼선동 일대가 재개발에 들어갔기 때문이다. 내가 알던 이들은 이미 뿔뿔이 흩어졌다. 그들은 지금, 어디서, 무엇을 하며 살고 있을까? 그곳의 소로(小路)들과 사람들과 삶을 복원하고 싶었지만, 그것이 탈출기의 내용은 아니었을 것이다. 나는 주름 ─ 사람들의 동선(動線)이 그어 놓은 ─ 을 잔뜩 품은 어떤 장소에 관해서, 겹으로 된 삶에 관해서 말하고 싶었다." 권혁웅의 시집 『마징가 계보학』의 시들은 한 시절의 키치 문화를 통해 우리의 공통 감각을 환기시키면서 그때 그 시간의 잃어버린 풍경을 시 속으로 불러내고 재구성하는 작업을 한다. 키치 문화에 대한 공유를 바탕으로 '나'의 잊혀지는 시간을 '우리'의 잊혀지는 시간으로 불러 세우는 것이다.

다음으론, 나의 언어와 타자들의 언어를 넘나들며 '리믹스(remix)'하는 데 있어서 잡다한 키치적인 것들을 적극적으로 투입하는 방식을 찾아볼 수 있다. 그 인상적인 사례를 장석원의 시편들에서 찾을 수 있는데, '리믹스'라는 방법론 자체가 키치적인 것이라고도 하겠다. 그의 시적 리믹스는 이른바 고급 텍스트들과 키치와 거리의 풍경을 구별하지 않는다. 그것들은 그에게 날아온 세계의 파편들이며 시적 용광로에서 함께 녹는다. 다음은 그런 파편들의 예.

> 지금도 기억하고 있어요 시월의 마지막 밤을, 진실은 슬픈 영화처럼 잊혀져야 해요, 이룰 수 없는 꿈은 슬퍼요, 날 울리던 사랑과 진실 정애리 임채무 그리고 c'est la vie
>
> ─장석원, 「刺傷, 빗줄기」 부분

라디오에서 시보가 흘러나온다

라디오는 모든 것을 삼킨다

배스킨라빈스, 일요신문, 비보이, 달라이라마, KTX, 해양 수산부, 아메리카 인디언, 결혼반지, 모더니즘, 야전교범, 북악터널, 아도르노, 우리은행, 하이힐, 가창오리, 동호대교, 불심검문, 사발면, 개인택시, 멕시코만류, 리더스 다이제스트, 콩코스, 옥수수, 서정주, 채털리부인, 청약통장, 롯데리아, 문화상품권, 수유리, 기네스, 갤러리아, 코닥필름, 화계사, 동아운수, 잉여가치, 넥타이, 야간순찰, 라이터, 고리키, 남대문, 글러브, 안기부, 비정규직 철폐, 유모차, 스타벅스, 막스 베버, 프리즘, 민노총, 반시대적 고찰······

그리고 어느 금요일 저녁의 거리를 걸어갈 사람들

─장석원, 「모래로부터 먼지로부터」 부분

장석원의 시론에서 몇 마디 청해 듣는 걸로 시적 리믹스가 일으키는 효과에 대해 생각해 보기로 한다. "나는 나의 언어와 타자들의 언어를 구분하지 못한다. 나는 직접 화법을 모른다. 나는 자유 간접 화법을 작동시키는 다른 목소리들을 가끔 듣는다. 그들이 나를 호출한 것이다. 내 몸을 들락날락하는 많은 텍스트들이 나를 조종하는 광경에 넋을 놓는다. 나는 기꺼이 레미콘이 된다. 몸이 거푸집으로 바뀐다. (······) 나의 혼돈을 삼킨다. 변화가 나를 관통한다."[8]

또 한 가지는, 아방가르드적인 전략과 키치가 적극적으로 관련되는 경우다. 아방가르드는 미적으로 전복적이며 반어적인 목적 때문에 키치에 관심이 있다. 아방가르드적인 충동은 그 자신이 발딛고 있는 미적 전통과 관습에 스스로를 대립시키고 그 전통과 관습을 뒤집으려 하는 데

---

8 장석원, 「소음의 파괴술」, 《현대시학》, 2012. 5.

서 나온다. 이러한 열정을 '반(反)예술적 충동' 혹은 '미학에의 거절'이라고도 부를 수 있을 텐데, 이 문맥에서 아방가르드는 키치적인 방법론을 빌린다. 예를 들어 보자. 역사적으로 키치가 가장 빈번하게 베껴 왔던 걸작, 레오나르도 다빈치의 모나리자를 마르셀 뒤샹도 이용한 바 있다. 뒤샹은 1919년 뉴욕에서 모나리자의 복제판에 콧수염과 턱수염을 그려 넣고는 거기에 「L.H.O.O.Q」라는 제목을 달았다. 이 수수께끼 같은 단어를 프랑스어 알파벳 발음에 따라 읽으면 이런 음탕한 문장이 된다. "그녀의 엉덩이는 뜨겁다.(Elle a chaud au cul.)" 우리는 근래에 콧수염을 단 모나리자, 콧물을 흘리는 모나리자, 재채기를 하는 모나리자를 화장지 광고나 감기약 광고 같은 데서 본 적이 있지 않은지. 키치는 아방가르드와 별로 갈등을 일으키지 않는다. 키치를 빌린 뒤샹이 이렇게 상업 광고 속에서 멋지게 키치화된다. 키치와 아방가르드 혹은 아방가르드와 키치. 예술사적으로 보면, 뒤샹은 앤디 워홀에 의해 전적으로 키치화된다.

함민복은 "광고의 나라에 살고 싶다/ 사랑하는 여자와 더불어/ 아름답고 좋은 것만 가득 찬/ 저기 자본의 에덴동산, 자본의 무릉도원,/ 자본의 서방정토, 자본의 개벽세상"(「광고의 나라」)이라고 노래하기도 했다. "행복과 희망만 가득 찬/ 절망이 꽃피는, 광고의 나라"라는 구절까지 읽지 않더라도 우리는 그가 노린 아이러니를 어렵지 않게 간파할 수 있다. 광고가 보여 주는 이미지는 행복과 희망이다. 무릉도원이며 개벽세상이다. 그렇지만 유토피아에 대한 약속은 우리의 돈지갑을 열게 하면 그뿐, 지켜지지 않는다. 우리들도 그 이미지에 매혹되어 잠시 현실을 잊기도 하지만 현실과 이미지를 혼동하지는 않는다. 현실은 현실, 광고의 나라는 광고의 나라다. 그러나 또한 분명한 건 '이미지'는 우리들의 돈지갑을 열게 하고 욕망을 부추긴다. 그 이미지는 매력적이기 때문에 현실적인 힘을 갖고 있다. 욕망은 더욱 커지고, 그에 비례해 절망도 자란다. 현실은 현실, 광고의 나라는 광고의 나라이기 때문.

그런데, 함민복이 광고 문구와 시집 제목을 아래와 같이 민주적으로 나열해 놓을 때, 그가 노린 아이러니한 효과는 뜻밖에 미학적 전복에까지 뻗친다. 즉, 우리에게 '시적인 것'이란 무엇인가를 되묻게 하는 것이다.

　　그녀가 바다를 꿈꿀 때 ─ 쁘렝땅 백화점
　　내 손금에서 자라나는 무지개 ─ 문지 시인선 51
　　바람을 가른다 피로를 가른다 ─ 인코라민
　　내일이 있는 여자의 선택 ─ 엘칸토 까슈
　　스포츠는 살아 있다 ─ 아디다스
　　젊고 탱탱한 커플즈 매거진 ─ 젊은 엄마
　　사랑할 시간이 많지 않다 ─ 세계사 시인선 1
　　작은 목소리로 불러도 큰 메아리로 대답하는 큰 산의 마음 ─ 대우증권
　　일하는 모습이 아름답다 ─ 지성패션 조이너스
　　넉넉한 웃음과 여유 있는 사람들 ─ 브렌따노
　　언제나 싱싱한 맛 난 느껴요 ─ 코카콜라
　　하늘처럼 깨끗하게 날아가 봐요 ─ 차밍 샴프
　　동남아 색동 여행 ─ 아시아나 항공
　　비단길로 오는 사랑 ─ 문학아카데미사
　　그에게는 나를 이끄는 향기가 있다 ─ 미스 쾌남
　　낙타는 따로 울지 않는다 ─ 니힐시네마
　　잘가라 내 청춘 ─ 민음의 시 25

　　출처를 따로 밝히지 않았다면, 어떤 것이 광고 카피며 어떤 것이 한 시인이 고심을 거듭해 붙인 시집 이름인지 구별할 수 없을 것이다. 이 장면

에서, 문학의 영역을 자립적이고 특권적으로 설정해 온 관습은 심하게 손상받게 된다. 시를 조롱하는 시. 또, 다음과 같은 시는 어떨는지?

> 나는 사주고 싶네 사랑하는 애인에게 라이너 마리아 릴케 같은 스판덱스 브래지어, 사주고 싶네 아폴리네르 같은 팬티 스타킹, 아 소포로 한 짐 보내고 싶네 에밀리 디킨슨의 하얀 목덜미 같은 생리대 뉴후리덤
> ─오규원, 「詩人 久甫氏의 一日 3─쇼핑 센터에서」 부분

시는 그 스스로에 반역하면서 쓰여진다. '키치'를 빌려 시의 권위를 스스로 추락시키면서, 그 낮은 자리에서 시는 무슨 비전을 내놓을 수 있을까. 문득, "일찍이 나는 아무것도 아니었다"는 최승자의 시구절이 떠오르는 건 왤까.

그러고 보니, 우리는 맨 처음 문장으로 돌아와 있는 셈이 되었다. '시적인 것'은 '시'라는 문학 장르를 가로지른다. 아득하게 느껴지는 1950년대, 30대의 젊은 시인 김춘수는 이미 당시의 '산문시'를 가지고 장르의 해체와 시의 미래를 사유했다.[9] 시는 '시적인 것'을 배반하면서, 장르적인 전통을 흔들면서, 언제나 또 한 발자국 걸음을 떼어 놓았으며 다시 또 주어지지 않은 역사 속으로 걸어 나갈 것이다.

---

9 김행숙, 「김춘수가 '산문시'를 가지고 사유한 것들」, 『에로스와 아우라』(민음사, 2012) 참조.

박진

고려대 국문과와 동 대학원을 졸업했다. 1998년《세계의 문학》에 평론을 발표하면서 문학평론가로 활동하고 있다. 저서로 『장르와 탈장르의 네트워크들』, 『서사학과 텍스트 이론』, 『그래서 우리는 소설을 읽는다』(공저), 평론집 『달아나는 텍스트들』 등이 있다. 숭실대 베어드학부대학 교수를 거쳐 국민대 교양과정부 교수로 있다.

김행숙

고려대 국어교육과를 졸업하고 동 대학원 국문과에서 박사 학위를 받았다. 1999년《현대문학》으로 등단해서 시집으로 『사춘기』, 『이별의 능력』, 『타인의 의미』를 냈다. 그 밖에 『문학이란 무엇이었는가』, 『창조와 폐허를 가로지르다』, 『마주침의 발명』, 『에로스와 아우라』 등의 책을 썼다. 현재 강남대 국문과 교수로 있다.

문학의 새로운 이해
문학의 이동과 움직이는 좌표들

1판 1쇄 펴냄 2013년 2월 22일
1판 7쇄 펴냄 2022년 3월 15일

지은이 박진·김행숙
발행인 박근섭·박상준
펴낸곳 (주)민음사

출판등록 1966. 5. 19. 제16-490호
주소   서울특별시 강남구 도산대로1길 62(신사동)
        강남출판문화센터 5층 (우편번호 06027)
대표전화 02-515-2000 | 팩시밀리 02-515-2007
홈페이지 www.minumsa.com

ⓒ 박진·김행숙, 2013. Printed in Seoul, Korea

ISBN 978-89-374-8655-5 (03810)

* 잘못 만들어진 책은 구입처에서 교환해 드립니다.